みちのく歴史講座

古文書が語る東北の江戸時代

荒武賢一朗・野本禎司・藤方博之〔編〕

吉川弘文館

目　次

みちのく
歴史講座

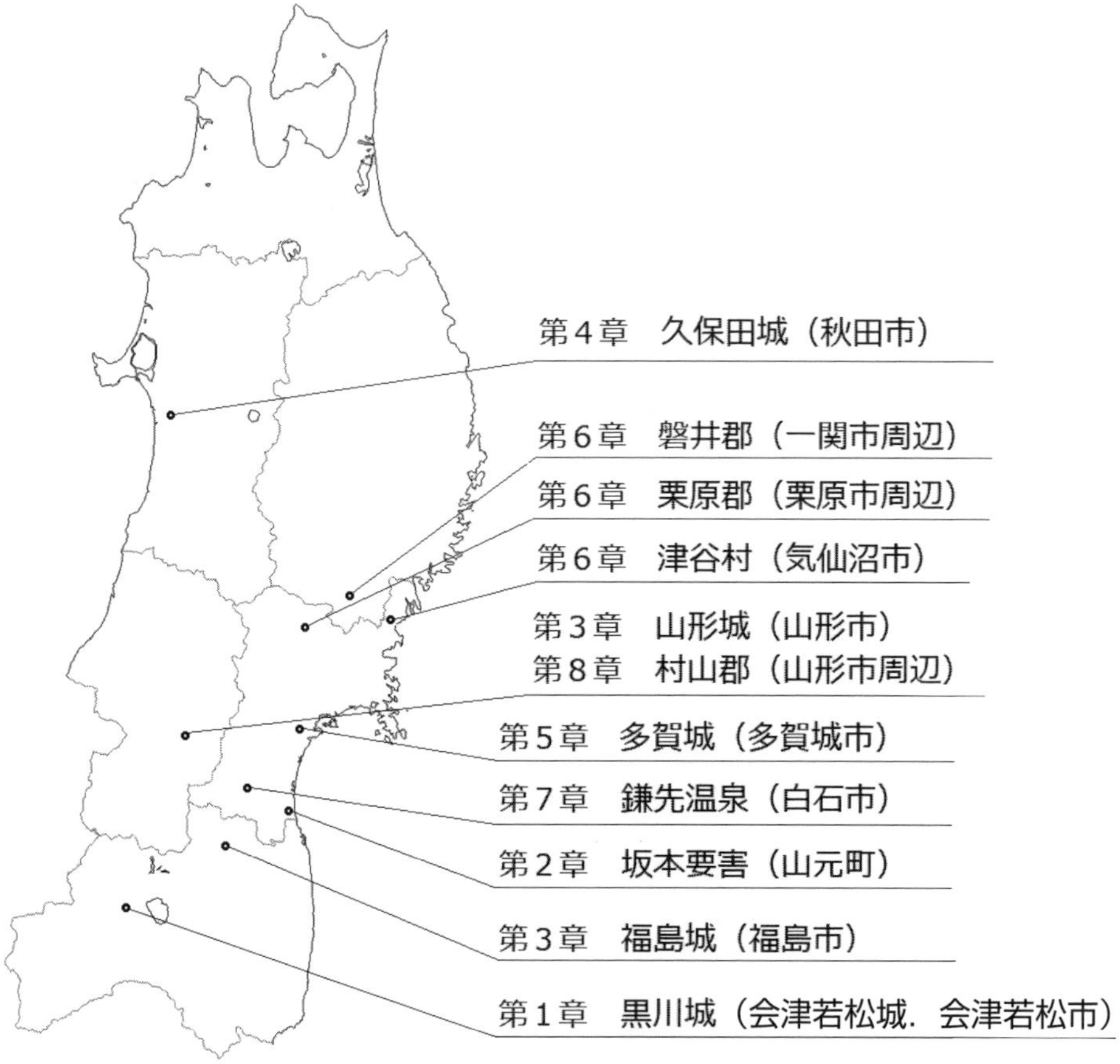

東北地域図（各章と関わりのある地域を記した）

はしがき——読者のみなさまへ——

東北大学東北アジア研究センター上廣歴史資料学研究部門は、平成二四年（二〇一二）四月より活動を開始し、宮城県および東北地方を中心に歴史資料の研究をおこなっています。私たちは多彩な素材のなかで古文書を取り扱い、とくに江戸時代以降を得意分野としています。歴史を専門とする研究機関はたくさんありますが、私たちの部門では、①地域に伝わる歴史資料の保全および調査、②研究の基礎となる文書目録の作成、③地域史研究の活性化、といったところが特徴として挙げられます。そのうち、本書は③に深く関係しています。

部門では、研究成果を市民の方々と共有するため、日常的な古文書解読講座や歴史講演会を実施してきました（二〇一九年度は一一講座・一六〇回）。そのうち、東北大学東北アジア研究センター主催「みちのく歴史講座」および「秋季古文書歴史講座」は中核的事業であり、歴史に関心を持つ方々が最新の研究動向を知る機会になっています。主催者としては、講師が伝える研究成果と、それを熱心に聞き入る受講者たちの真剣さ、という「ライブ感」を大事にしているのですが、毎回の成果を一度だけでとどめてしまう「もったいなさ」と、改めてテキストを読み返す重要性という観点から本書の出版を企画しました。また、受講者の方々からも講座内容を本にしてほしい、という強い要望が多数届けられましたので、講師の先生方にもご快諾を得て、今日に至りました。

江戸時代の歴史、東北の地域史、といったテーマで講座を開催していますが、本書では「武士」と「村落」に話題を絞り、具体的な成果を紹介することにしました。

〔みちのく歴史講座・秋季古文書歴史講座の成果から〕

第一章　佐藤憲一（秋季、二〇一九年一一月一四日）
第二章　野本禎司（秋季、二〇一九年一一月七日）
第三章　藤方博之（秋季、二〇一九年一一月二八日）
第四章　金森正也（秋季、二〇一九年一一月二一日）
第五章　髙橋守克（みちのく、二〇二〇年一月二四日）
第六章　高橋美貴（みちのく、二〇一九年三月二二日）
第七章　荒武賢一朗（秋季、二〇一九年一二月五日）
第八章　渡辺尚志（みちのく、二〇一九年七月二七日）

右の講座内容をもとに、講師のみなさんに原稿化をお願いしました。講座の雰囲気をよりリアルに伝えるため、あえて論文調の叙述はやめて、話し言葉でまとめていただいています。また、テーマによっては難しい史料を解釈していくこともしばしばありますが、できるだけわかりやすく、歴史のストーリーが読者のみなさんに伝わるよう、工夫をしました。

〔第一部　侍たちの古文書を読み解く〕

第一部は、東北地方の武士に注目したテーマで構成されています。みなさんがよくご存じの伊達政宗から、大名家に属するさまざまな階層の侍たちについて、各論では詳しく分析をおこないました。史実を明らかにする素材も、手紙・公文書・絵図・家譜・日記など、多彩な史料が並びます。いずれも当時作成された文書を丹念に読み込み、武家社会における支配のあり方や、人々の意識・行動について研究を進めています。

〔第一章〕本章では、有名な戦国武将の一人である伊達政宗を取りあげます。筆まめであった政宗の手紙のうち、初めて豊臣秀吉と会ったあとに自らの家臣に宛てて書かれた三通が中心となります。天正一八年（一五九〇）に秀吉は、関東の雄である北条氏に最後通牒を突き付け、全国の大名に小田原攻めに加わるよう動員をかけました。政宗にも動員令は届きましたが、悩んだ末に秀吉への臣従を決断し、小田原で初めて両者が顔を合わせます。この話は、テレビや小説でもよく出てくるシーンのひとつです。この謁見は、東北地方に覇を唱えた政宗が豊臣政権のもとで近世大名としての一歩を踏み出した一大転機となりました。そのような情勢のなかにあって、政宗はどのような思いを抱いていたのでしょうか。本章では、文面の解釈をはじめ、字の書きぶりや配置、花押の種類などに注目して解説を加えています。右筆《ゆうひつ》に本文を書かせた手紙でも追伸部分を自ら書き加えているものがあり、歴史上の人物の心情に迫るために極めて有効な史料であることを説得的に論じていきます。

〔第二章〕大條家《おおえだ》は室町時代に伊達家から分家した由緒をもち、江戸時代には「一家」という家格に位置づけられ、歴代当主が仙台藩の要職を務めました。本章では大條家に伝わった古文書の分析から、仙台藩における地《じ》方知行《かたちぎょう》制の実態を考察しています。地方知行制とは、主君が家臣に領地（知行地）を与え、年貢の徴収などを任せて直接支配させるものです。元和二年（一六一六）、大條家は亘理《わたり》郡坂本（現宮城県山元町）への知行替えを命じられ、約二〇〇貫文（二〇〇〇石）を与えられます。それ以降、知行地は四〇〇貫文まで増えていきますが、本拠は明治維新まで坂本にありました。仙台藩では、上層の七〇家ほどが「城」「要害」「所」「在所」といった拠点を与えられています。このうち軍事的要地は「城」、「要害」と位置づけられ、その周辺には藩士の家来（伊達家からすると陪臣《ばいしん》）の住まいや寺院・町場が配置されて、都市的な空間が形成されました。大條家についても各年代の絵図を比較しながら、坂本要害における土地利用の変化や家臣団の変容を明らかにします。

〔第三章〕　譜代大名の堀田家（正俊系）には、幾度かの領地替えを経験するなかで山形や福島の藩主であった期間（一六八五～一七四六年）があります。この時代は、大老まで務めた堀田正俊が暗殺されたあとの政治的不遇と、財政難が顕在化しました。本章では、そのような困難に際して堀田家では家臣団をどのように扱ったか、また家臣たちの行動を紹介していきます。堀田家に対する奉公の履歴が記された家臣たちの「家譜」は重要な手がかりです。統計的な分析の結果、主従関係を解消する事例が山形・福島時代に多くみられました。家臣から暇《いとま》を願い出る場合、理由として家計の苦しさを挙げる者が目に付きます。背景には、堀田家の財政難のために家臣たちの封禄を削減していたことが指摘できます。いっぽう、堀田家からの召し放ち（リストラ）は、二度おこなわれています。組織編成が揺れ動くなか、財政難でも奉公を続ける者、浪人となった後に帰参を願う者も存在しました。このような危機的状況が堀田家とその家臣団に残した影響についても言及します。

〔第四章〕　財政が苦しい大名家は、しばしば商人から借金をしました。借りる側と貸す側（銀主）で身分が異なる両者は、日常的にどのような付き合いをしていたのでしょうか。本章では、一九世紀前半に秋田藩の勘定奉《かんじょうぶぎ》行《よう》を務めた介川東馬《すけがわとうま》の日記から、大坂の商人たちとの関係を分析します。奉行在任中に大坂在勤を五度も経験した介川は、面会した人物とのやりとりや、酒席や各所への見物などさまざまな出来事を詳細に記録しました。日記からは、出入りの商人と多くの酒席をともにしたことがわかります。そのなかには商人側の趣向を凝らした接待があり、いっぽうでは武士たちを強く誘って付き合わせるような事例もみられます。また介川は、交渉相手の発言を記録しているので、彼らの心情や見解が明らかになるほか、資金繰りに苦労する秋田藩への助言をいとわない商人の存在もありました。金融、ビジネスとみてしまうと、冷徹な関係をイメージしますが、武士と商人の間に多面的な関係が取り結ばれていたことを明らかにしています。

〔第二部　村落社会を分析する〕

第二部では、環境と人間の関係を基軸に、村落社会に生きる人々の実態を明らかにしました。自然災害への対応、文明社会における山林資源の利用、温泉経営と社会、紅花《べにばな》生産地帯の人々と行動を対象として、それを直接・間接を問わず、詳細を伝える史料に注目し、多角的に分析することを心がけています。個々の事象を克明に描き、さまざまな立場の人間が生活していた社会のあり方を改めて見つめ直します。

〔第五章〕平成二三年（二〇一一）三月一一日に発生した東日本大震災では未曽有《みぞう》の被害があり、その爪痕は今も消えることはありませんし、その後も全国各地で地震や台風による自然災害が毎年のように発生しています。本章は、災害痕跡のある遺跡約五〇ヵ所の分析をもとに宮城県の災害の歴史を総合的にまとめた論考です。遺跡から発見される津波、地震、火山噴火、気象などの災害痕跡を、いかに調査し、そこから何がわかるのか、多くの図版を用いて具体的に叙述します。さらに文献史料や古生物学・地質学など隣接諸分野の研究者と連携して調査をおこなうことで、より正確な情報を捉えられることを具体例にもとづき紹介しました。宮城県内の遺跡で発見された津波痕跡の年代を比定していくと、なぜ東日本大震災が「一〇〇〇年に一度の大震災」といわれたか、あるいは稲作が広まった弥生時代以降と違って縄文人がなぜ高台に居住したのかなどの証拠も災害痕跡が示していることにも言及します。

〔第六章〕本章は、江戸時代の環境と人々の関係について詳しく考察をしています。まず、陸奥国磐井郡（現岩手県一関市）に伝わる古文書の整理・分析を通じて、一八世紀における仙台藩の山林資源の利用実態を明らかにしました。元文五年（一七四〇）に発生した山林をめぐる争論から、当時の時代背景がよく理解できます。三ヵ村が共同で利用する入会山を及川源太郎という浪人が囲い込んで伐木し、村の権益を侵していました。その理由は、鍛冶屋が必要な薪炭の木材を供給し、自身の資金源としていたからです。この時代には農具の発達など産業の変化がみられ、鉄生産による山林資源の過剰利用は、仙台城下の燃料不足を招いているほか、追波浜沿岸地域（現宮城県石巻市）では薪《たきぎ》の盗難が多発したことなどを指摘します。このような分析によって、「ヤマ」の問題にとどまることなく、海・河川の状況にも目を配り、仙台藩の環境史を説得的に論じた点は重要です。

〔第七章〕近世初頭から鎌先《かまさき》温泉（現宮城県白石市）の経営をおこなってきた一條家の古文書を素材に、温泉経営と村落社会の関係を考察します。鎌先温泉は陸奥国刈田郡蔵本村にありますが、同村の耕作地は百姓より「家中前」と呼ばれる白石《しろいし》城主・片倉《かたくら》家の家来（武士）が多く所有しており、彼らの屋敷も村内にありました。この村は武士と百姓が共存する社会をつくっていたといえます。一條家は、百姓であると同時に、片倉家配下の武士でもあり、そして主たる生業の温泉経営者でもあるという社会のなかで三つの顔をもつ存在です。仙台藩では温泉経営をする湯守《ゆもり》を任命し、彼らから「湯役」という税を上納させていましたが、「温泉産業」が成り立つことで地域経済を潤していた側面もあります。本章の検討を通じて温泉をめぐる家、村、そして藩の歴史が、一條家の社会的地位や産業史といった論点によって、村落の実態を鮮明にしています。

〔第八章〕江戸時代の出羽国村山地方（現山形県）は、①複数の領主が混在する「非領国」であること、②商品作物として紅花が特産品であること、③その生産によって百姓の戸数が増加した、という特徴があります。本章では、この地で百姓たちが講じた二つの手段を詳しく論じました。第一には、村々の有力者が参加する「郡《ぐん》中議定《ちゅうぎじょう》」というルールによって、治安の悪化や食料の確保という地域課題の解決を図ろうとしていた点に注目します。第二として、「兵蔵《ひょうぞう》騒動」という世直し一揆を検討し、組織・集団の実像に迫りました。そこから一揆に参加した人々の思いや、その後の「和合」を重視していたことを指摘しています。村山地方の百姓たちの明治維新とは、郡中議定による地方自治発展路線と、百姓一揆にみられる民衆の不満という二面性があり、社会矛盾を何とか抑制・緩和し、百姓自らの経営を維持・発展させていこうとした姿をとらえています。

本書は、東北大学東北アジア研究センターの助成により、東北アジア研究専書の一冊として刊行されました。今回の出版に際して、センター編集出版委員会をはじめ、関係各位には大変御世話になりました。また、公益財団法人上廣倫理財団には部門の開設以来、多大なご支援を頂戴しています。企画段階から編集、刊行に至るまで吉川弘文館編集部の永田伸さんには適切な助言、迅速な作業にて立派な本に仕上げていただきました。末筆ながら、皆様方に万謝の意を表します。

二〇二〇年九月

荒武賢一朗
野本禎司
藤方博之

◇第Ⅰ部　侍たちの古文書を読み解く

第一章　古文書は語る——伊達政宗の手紙から——

佐藤憲一

1　伊達政宗自筆書状——天正一八年六月九日——

秀吉に初めて謁見したときの手紙　伊達政宗（一五六七～一六三六）の手紙を紹介しながら、古文書の面白さ、奥深さをテーマとしてみたいと思います。まず紹介する手紙は、天正一八年（一五九〇）に政宗が有名な関白豊臣秀吉（一五三六～九八）に初めて謁見したときのものです（図1－1）。この手紙を使いながら、これが書かれた時代背景や謁見の状況、政宗の心境などを読み解いていきたいと思います。

【読み下し文（図1－1）】伊達五郎成実《しげざね》宛書状　天正一八年（一五九〇）六月九日

今日九日巳刻出仕《みのこくしゅつし》候て、万々仕合はせとも能《よ》く候こと、是非《ぜひ》に及ばず候。関白《かんぱく》様直々《じきじき》、種々御入懇《ごじっこん》の義とも、言句《ごんく》を絶し候。とてもかほどまで御懇切《ごこんせつ》候とは、御察《おさつ》し有るべからず候。仍《よ》つて明日十日に御茶湯《ちゃのゆ》有るべきに候。明々後日は、その口《くち》へ御かへしあるべきに候。奥州五十四郡も、大かた調ひさうにて候。旁御《かたがた》満足察し入るばかりに候。此状《このじょう》の写し、方々へ相越《あいこ》さるべく候。何とも急ぎ候間、早々、恐々謹言。

六月九日　午刻《うまのこく》　政宗（花押）

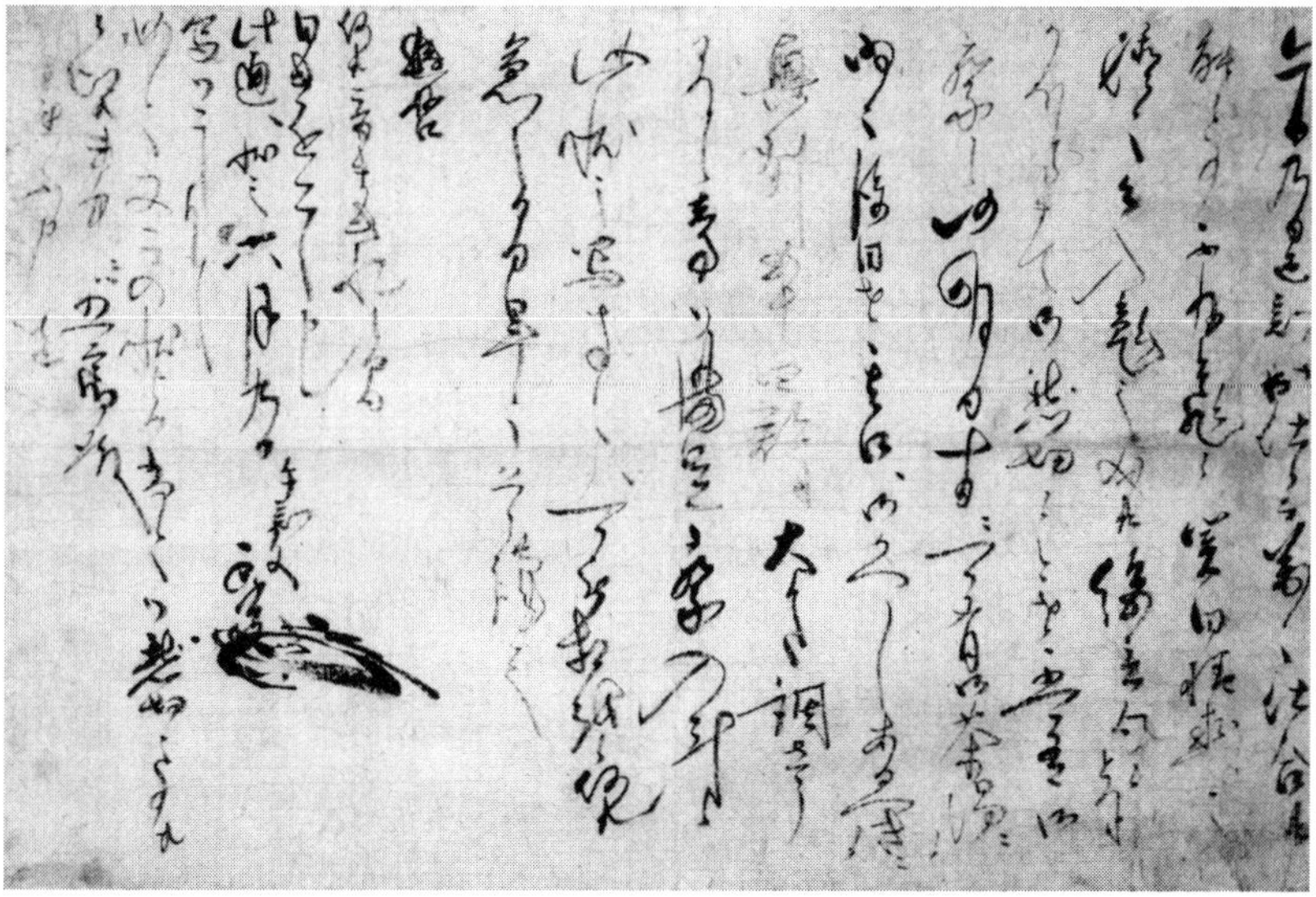

図 1-1　伊達政宗書状（31.0×46.7 センチ．成実宛　宮城県図書館蔵）

五郎殿

追啓、
何とも取り紛れ候間、日き《（記）》をこ《（越）》し申し候。此通りへ状の写し御こ《（越）》し候べく候。必々、又この状より尚々御懇切の事ども候得ども、書中には□□《（かこ）》れ申さず候。以上。

この手紙は現在、宮城県図書館に所蔵されていて、掛け軸になっています。時々展示されることもあるようですから、ご覧になっている方がおられるかもしれません。これは伊達成実（一五六八～一六四六）という政宗の重臣の一人に宛てた手紙なのです。日付は六月九日です。関白秀吉に呼び出された政宗が、相模国小田原（現神奈川県小田原市）に駆けつけ、初めて謁見したときの様子を知らせた手紙です。

このとき秀吉は全国の大名を動員し、陸と海から大軍をもって小田原城の北条氏を包囲中でした。世に言う「小田原征伐」です。征伐は悪いやつらを討つという意味ですから、最近の歴史家たちはそういう言い方はしませんが、俗に知られる「小田原征伐」のことです。

謁見場所は箱根の近くにある石垣山城《いしがきやま》（現小田原市）でした。石垣山城は俗に「石垣山一夜城《いしがきやまいちやじょう》」と呼ばれます。このお城がちょうど普請《ふしん》中で、まだ完成はしていなかったようですが、その普請場で謁見したと伊達家の記録（『伊達治家《じか》記録　二』）にあります。このとき、秀吉は五五歳、政宗は二四歳でした。この小田原での謁見については、皆さんテレビや小説などでよくご存じかと思いますが、そのときの様子を書いた手紙なのです。当事者である政宗本人が書いているのですから、まさしく歴史的な手紙といっていいと思います。

秀吉の小田原攻め　手紙を詳しく見ていく前に、政宗が参陣するまでの経緯をあらかじめおさらいしておきたいと思います。

まず、秀吉の動きです。秀吉は長かった戦国の世を統一すべく、織田信長の跡を引き継いで、天下統一への歩みを進めていたのですが、畿内、四国、九州と平定して、残るは関東と奥羽だけでした。関東のもっとも有力な大名が小田原城を本拠としていた北条氏でした。いっぽう、奥羽にあって、まだ秀吉に従っていなかったのが政宗でした。当時、政宗は会津の黒川城《くろかわ》（現福島県会津若松市）にいました。後の会津若松城です。関東の北条氏と奥羽の伊達氏を屈服させれば、秀吉の天下統一はほぼ成し遂げられる状況だったわけです。

天正一七年（一五八九）一一月、秀吉は小田原の北条氏へ宣戦布告状を突き付けます。そして、全国の大名を動員して、小田原の北条氏を攻めるわけです。関白としての動員令ですから、当然政宗のところにも届きました。「早く小田原に来て、北条氏を討て」という命令だったわけですが、政宗はすぐには従いませんでした。そうこうしているうちに年が明けて天正一八年三月、今度は秀吉自らが京都を発って小田原へやって来ます。まさに、小田原に来て陣頭指揮を執る体制に至ります。

政宗の勢力拡大と惣無事令　いっぽう、政宗の方はどうかというと、だいぶ出遅れてしまいましたが、東北から天下を目指して着々と歩を進めていました。天正一七年六月五日には、会津の蘆名《あしな》氏と磐梯山《ばんだいさん》麓の摺上原《すりあげはら》で合戦し、これを破ります。蘆名氏は、ご存じのように鎌倉時代からの名門であり、古い歴史を持つ家柄です。室町時代には会津の守護などと呼ばれ、伊達氏と並ぶ奥羽の有力な戦国大名の一人でした。政宗はこの蘆名氏を破り、蘆名氏の居城黒川城と会津近辺の広大な領土を手に入れたのです。

ところが、この戦は豊臣秀吉が全国に出していた惣無事令に違反する行為でした（藤木久志一九八五）。簡単に言うと、私戦禁止令です。秀吉は勝手に大名同士が戦をして領地を奪い合うことがないように、それを禁止する命令を出していたのです。蘆名氏は伊達氏よりも早く使者を派遣して、秀吉に臣従の礼を取っていました。秀吉の家来になることを約束していたのです。そこで秀吉は、自分の家来となった蘆名氏を、政宗が勝手に惣無事令に違反して討ち取ったことに怒り、「すぐに上洛して弁明しろ」と言います。ところが、政宗はこれも無視しました（図1－2）。

さらに政宗は余勢を駆って、天正一七年末まで仙道《せんどう》（現福島県中通り地方）の諸大名を屈服させ、白河まで手に入れます。この天正一七年末の時点で政宗は、北は宮城県中部から山形県長井地方、南は福島県白河、西は会津から越後の境まで、東は福島県相馬、それから南の岩城を除く中通り地方までという広大な地域を手中に収めます。まさに南奥羽を制覇したといっていいでしょう。これは政宗が生涯で獲得した最大の版図です。戦国大名政宗の絶頂期でした。さあ、これから関東に打って出て天下を目指そうとしていた矢先、待ったをかけたのが秀吉だったのです。

政宗の決断　秀吉の家来たちからは、至急小田原へ参陣するよう矢のような催促が届けられます。ただ、政宗

図1-2　伊達政宗甲冑倚像（瑞巌寺提供，井上久美子氏撮影）

はなかなか参陣を決意しませんでした。参陣するということは、戦わずして秀吉に屈服することになります。恭順か、秀吉の大軍を迎え撃って戦うか、政宗は非常に悩みました。

　伊達家家臣団の意見も一致しなかったことが、当時の伊達家の日記（「伊達氏天正日記」）に残っています。その日記を見ると、重臣たちが集まって、毎晩のように軍議が開かれているのです。「今から小田原へ参陣するのでは首を取られに行くようなものだから、行く必要はない。秀吉の大軍を迎え撃って、討死覚悟で伊達の意地を通すべきだ」という主戦論。その筆頭が実は伊達成実だったといわれています。いっぽう、「今からでも遅くないからともかく小田原に駆け付けた方がいい。いずれ秀吉の大軍と戦っても勝ち目はない」という恭順論。これを主張したのがもう一人の政宗の有名な家臣、片倉小十郎景綱《かげつな》（一五五七〜一六一五）でした。迷いに迷った揚げ句、政宗は参陣を決断します。それが天正一八年三月だったのです。

　結局、この年の五月九日、政宗は居城の黒川城を発って、北陸経由で小田原に向かいます。なぜ関東を通らなかったかというと、関東は北条氏の領地だったからです。そのため一ヵ月もかかってしまいました。小田原に着いたのは六月五日です。ところが、秀吉はすぐには会ってくれませんでした。箱根に底倉《そこくら》という所がありますが、そこに押し込められて、秀吉の使者による尋問を受けます。なぜ遅れたのか、なぜ会津を勝手に奪ったのか、と。その一つひとつに政宗は弁明しました。そして、やっと六月九日秀吉との謁見が許されたのです。

小田原参陣までの経緯、秀吉の動き、政宗の動きをお話ししてきました。こういう背景の中で二人は会うことになったのです。

伊達成実への手紙　それでは図1－1の手紙を見ていきたいと思います。前にも言いましたが、小田原での政宗と秀吉の接見は、誰もが知っている有名な場面です。小説やテレビでは必ず紹介される場面です。秀吉は遅れて参陣した政宗を、全国から集まった大名たちが居並ぶ中で「政宗、来い」と呼んでその首を杖でつつき、「もう少し遅く来たら、おまえの首はなかった」と脅したという有名な場面です。政宗も白装束で謁見に臨みました。死を覚悟して決意を表したのでしょう。そういう場面として必ず描かれます。でも、実際はどうだったのか、それをこの手紙から読み解いていきたいと思います。

政宗は非常に達筆です。原文（『仙台市史　資料編10　伊達政宗文書1』（以下『政宗文書』と略す）に六九九号として翻刻）をすぐに読める人は少ないので、読み下し文を付けました。それでも意味が分かりにくいので、後で訳文を紹介します。

読み下し文　原文を見ると、至るところに漢文体の言い回しが出てきます。下から戻って読んだりすることがよくあります。そこで普通の日本語を読むように書いたのが読み下し文です。それを見てください。

「候文《そうろうぶん》」のため、何を言っているか分からないと思うのですが、当時はこういう文章を書いていたのです。最後に「早々、恐々謹言」で締めくくっています。これは書止文言《かきとめもんごん》といいます。今でも手紙の最後に「敬具」などと書きます。「不一」や「草々」と同じです。

図1-3　伊達成実木造（亘理町教育委員会提供）

その後に日付があって、「六月九日」と書いてあります。天正一八年の手紙ですが、年号は書いていません。手紙は今もそうですが、大体年号は書かないものです。私信であり、公的な文書とは違うので、年号を省くのが当時も今も共通しています。その下に「午刻《うまのこく》　政宗」と署名しています。「午刻」は刻付《こくづけ》といいます。この手紙を書いた時刻です。その下に花押《かおう》を据えています。そして、宛名です。ここに「五郎殿」と書いています。「五郎殿」とは伊達成実のことです（図1－3）。

これで一応手紙は終わっているのですが、実はこの手紙には追伸文があります。それが「追啓」の部分です。ちょうど日付と宛名の上に小さく書いてあります。これが追伸です。だいぶ今の追伸の書き方とは違いますね。当時はこんな書き方をしたのです。紙を大切にし、できるだけ一枚の紙に収めるために、余白を利用して書いています。追伸の部分には次のように書いています。

「何とも取り紛れ候間、日きをこし申し候。此通りへ状の写《うつ》し御こし候べく候。必々、又この状より尚々御懇《こん》切《せつ》の事ども候得ども、書中には」とあって、そのあとは字がかすれて読めないのです。でも、恐らく前後の関係から、「書中には書かれ申さず候」と書いていると思われます。そして、「以上」で終わっています。

成実へのメッセージ　今私が読んだ順に政宗は書いていったのです。本文を書いて、日付を書いて、宛名を書いて、そして追伸文を余白に書いていきました。だから、このように窮屈になっているのです。

次に訳文を紹介します。私の現代語訳ですが、次のようになると思います。

「今日九日巳刻《みのこく》」は昔の時刻で、現在の午前一〇時ごろに当たります。「今日九日午前一〇時ごろ、関白様」、これは秀吉のことです。秀吉は天正一三年七月に関白職に就いています。最高の位に就いたと言っていいでしょう。「関白様の下へ伺候したが、事が全てうまく運んで何も言うことはない」、うまくいったと言っているわけです。「関白様直々の御懇意は言葉に言い表せないほどである。これほどまで懇切なもてなしを受けようとはそなたも想像できなかったであろう。よって、明日一〇日に茶の湯に招待され、明々後日は黒川へ帰国を許されることになった。奥州五十四郡の仕置きも大方こちらの希望どおりに整いそうである。みんなもきっと満足するであろう。この手紙の写しを方々の関係者に送ってほしい。何とも急いでいるので、早々、恐々謹言」。

日付の「六月九日午の刻」は、まさに正午です。政宗がこの手紙を書いたのはこの日の正午だったことが分かります。その下に「政宗」と書いてあって、花押があります。花押とは書判《かきはん》（筆で書いた判）のことです。本人しか書けないもので、本人を証明するものです。効力は印鑑と同じです。勝手に他人がまねできないように工夫を凝らしています。そして、「五郎（成実）殿」と続きます。

追伸です。「忙しいので、送り先を記した日記（名簿）を添える。これらの人々にこの手紙の写しを送り届けてほしい。このほかいろいろ懇切なもてなしを受けたが、書面には書き切れない。以上」と言っています。

このとき、政宗と一緒に小田原まで行った家臣はそれほど多くなかったようです。ただ、片倉小十郎景綱は政宗に同行し小田原まで行きました。ところが、成実は黒川城で留守をしていたのです。成実は主戦論の急先鋒でした。政宗は小田原に行ったら無事に帰れないかもしれない、そういう不安を抱きつつ行ったのです。万が一帰ってこられない、あるいは召し捕られてしまうようなことがあった場合は、奥州に乗り込んでくる秀吉軍を迎え撃って成実が最後の戦をするという構えだったと思われます。

紙面から伝わる切迫感　この手紙の内容を見ると、ともかくものすごく急いで書いているということが伝わってきます。本文の中でも「何とも急ぎ候間」とか、追伸では「何とも取りまぎれ候間」ということを繰り返しています。奥州で心配している家臣たちを一刻も早く安心させたい、無事だということを知らせたい、という政宗のはやる気持ちが筆跡によく表れています。最初は淡々と書いているのですが、徐々に気持ちが高ぶってきて、文字も本当に踊っているような感じがします。

この手紙を書いたのが九日の正午です。ところが、秀吉に会いに行ったのは、一行目に書いてあるように午前一〇時です。午前一〇時に秀吉に呼ばれて会いに行って、どれくらい秀吉と会っていたか正確には分かりませんが、無事に謁見を終えて戻ってきて、この手紙を書いたわけです。ですから、この間二時間しかないのです。急いで戻ってきてこの手紙を書いたということは、この刻付を見ただけでも分かります。この筆跡と刻付を見た成実は、殿様は自分たちのことを心配して、一刻も早く知らせようとこの手紙を書いているのだということが分かったはずです。

一部を拡大してみると、例えば本文五行目に「仍って、明日十日」などというのがあります。この「仍」や「明日」の「明」という字は、政宗独特の筆の使い方でもあるわけですが、まさに踊っているような感じです。八行目に出てくる「察し入るばかりに候」という書き方を見ても、いかに急いで筆を運んでいたかがよく分かります。

それから、手紙は筆で書くのですから、必ず途中で墨を継がなければなりかせん。ところどころに文字が濃いところがあります。これは墨を継いだ所です。リズミカルに濃淡が出てくるのです。例えば六行目「明々後日」などは字が濃いでしょう。ここで墨を継いだのです。また次に「その口」のところで濃くなっています。ここで墨を継いだ後、どこまで書いたかというと、次の行の「奥州五十四郡も」まで一気に書いたのです。そして、「大方」で墨を継いでいます。この間、「その口」から「五十四郡も」まで、勘定してみたら二〇文字あります。墨を含ませて二〇文字を一気に書いていったということです。これを見ただけでも、いかにスピーディーに筆を運んでいたかが分かります。

政宗の心情　政宗が心配している家臣たちに、いかに早くこの手紙を届けようとしたか、受け取った成実には分かったはずです。それが家臣たちに対する主君政宗の誠意だったことも。こういう政宗の心の動きが筆跡に表れ、相手の心に伝わる。政宗は生涯、手紙は自筆で書いてこそ相手に伝わるということを実践した人です。自筆で書いてこそ伝わる心、そういうものを大切にした人だと私は思っています。

結局、何とか無事に謁見を終え、命も助かりました。そして、何よりも、秀吉のもてなしが極めて丁重だったということがこの手紙からうかがえます。政宗には予想外のことだったかもしれません。一〇日には茶の湯に誘われ、「明々後日には黒川に戻っていい」と言われたと書いているのですから、本当に安心したという感じでしょう。そういう政宗の心の内がよく分かる手紙です。

このとき、奥州で留守をしていた成実は二三歳でした。政宗は他の家来たちにも自分で無事を知らせたい気持ちだったでしょうが、時間が惜しい。そこで名簿を添付して、成実の方からこれらの人たちに知らせてくれ、と言ったわけです。これも政宗の誠意の表われだったと思います。

2　伊達政宗自筆書状——天正一八年六月一四日——

藤沢で書かれた手紙　もう一通、政宗自筆の手紙を読んでみたいと思います（図1－4）。天正一八年の六月一四日ですから、図1－1の五日後に書かれた手紙です。小田原での秀吉との謁見の様子が、さらに詳しく書かれています。残念ながら、この手紙は宛名の部分が切断されていて誰に宛てたのかは不明です。

【読み下し文（図1－4）】宛先不明　天正十八年（一五九〇）六月十四日

当月三日の書翰、今日十四日相州藤沢の地にて一覧、本懐に候。一、去る五日に小田原へ着陣、同九日巳刻出仕せしめ、同十日朝に茶の湯にて召し出だされ、名物《めいぶつ》共御見せ、就中《なかんずく》天下に三つともこれ無き御刀・脇《わき》指直《ざし》談くだされ候。そのほか御入魂の儀ども、是非に及ばず候。さてまた、休息として相返され候。今日小田原より当藤沢へ相着き候。二十四・五日頃は、黒河《(川)》へ相帰るべく候。奥州五十四郡・出羽十二郡皆もって仕置き等仰せ付けられ候。会津のことは、いったん仰せ出だされ候条、先々　関白様御蔵所に成され候。万吉直々閑談に及ぶべく候。恐々謹言。

六月十四日　亥刻《いのこく》　政宗（花押）

追啓、判形《はんぎょう》少し違い候。直し候へば、如何のま〻。早々かくの如くに候。

まず本文があって、日付があって、署名、花押《かおう》があります。この手紙にも追伸文があります。秀吉との謁見を無事に終えた政宗が会津黒川へ帰る途中、相模国藤沢（現神奈川県藤沢市）で書いた手紙です。相手からもらった手紙に対する返事として書いたものです。手紙の内容や花押の形から、奥州で留守をしている重臣の一人に宛

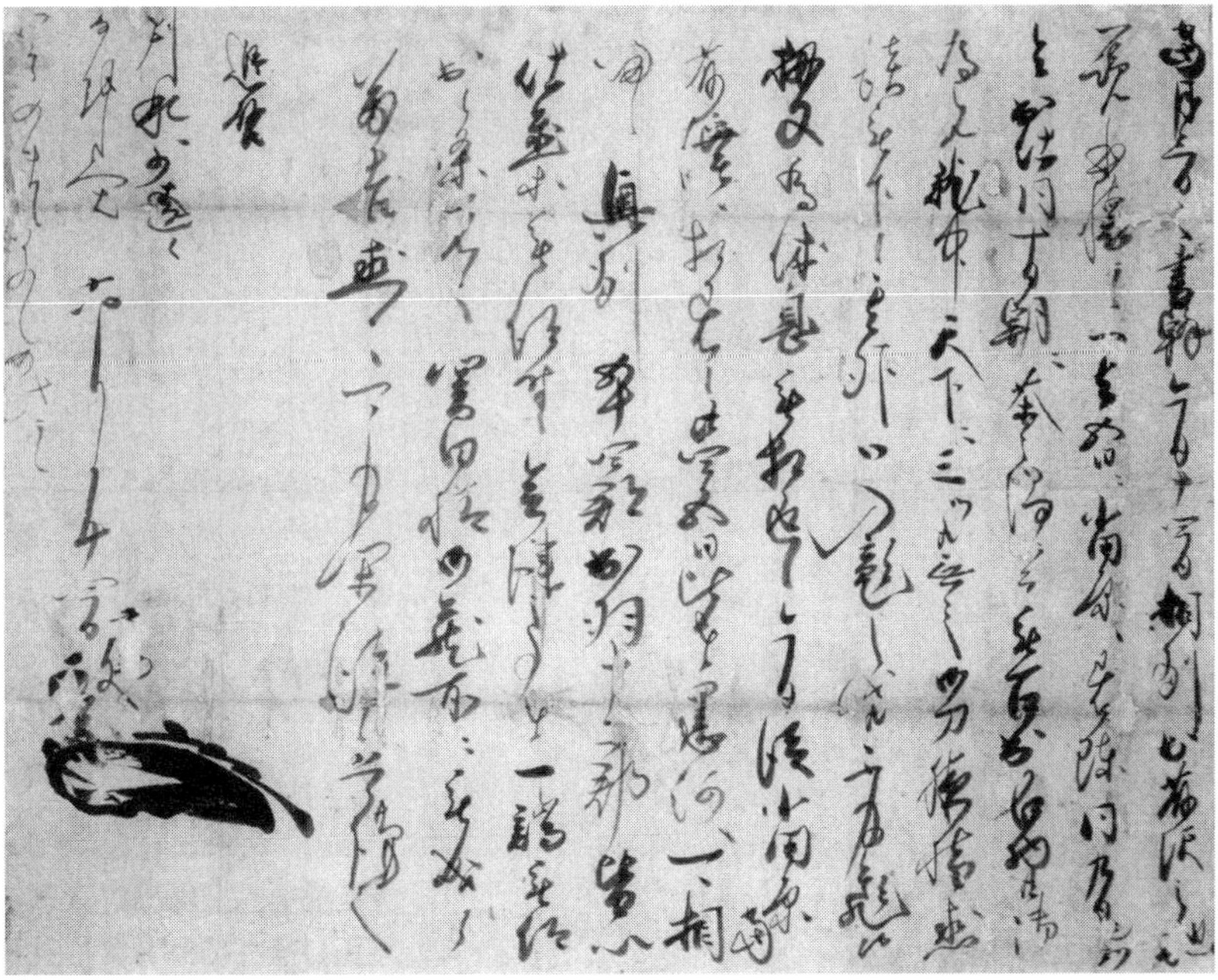

図 1-4　伊達政宗書状（33.1×42.7 センチ．天正 18 年 6 月 14 日　仙台市博物館蔵）

てたものと推測されます。

読み下し文　それでは読み下し文（原文は『政宗文書』七〇五号として翻刻）を見てみましょう。

日付が「六月十四日」と書いてあって、ちょっと見えにくいのですが、その下に刻付があり、「亥刻」と書いています。この手紙を書いた時刻です。「政宗」と署名して、花押が据えてあります。

ここに据えられた花押は、実は身内や家族、家臣にしか使わない花押です。政宗は花押を厳密に使い分けていました。今の私たちも実印《じついん》と認印《みとめいん》を使い分けていますが、そういう具合に分けていたのです。これは身内用、これは外向き（他の大名宛）用の花押というふうに。この花押は成実に宛てた手紙の花押と同じですから、家臣の一人に宛てたものと考えられます。

追伸文には「追啓、判形少し違い候。直し候へば、如何のまゝ。早々かくの如くに候」と書いてあります。判形は花押のことです。当時は花押と言わずに判形と言っていたようです。

書き直された花押　訳文は次のようになります。

「今月三日の書翰、今日一四日に相模国藤沢で拝読した。ありがとう。一つ、去る五日に小田原に着陣し、九日巳の刻（午前一〇時ごろ）に関白様の下《もと》へ出仕、一〇日朝には茶の湯に招待され、数々の名物を拝見した。中でも天下に三つともないという御刀《おんかたな》・脇指《わきざし》まで直々ご説明賜った。その他さまざまな御懇意、言葉には言い表せない。さて、休息として帰国を許され、今日小田原から藤沢へ着いた。二四、二五日ごろには黒川へ帰れるだろう。奥州五十四郡・出羽十二郡全て、関白様の仕置きが下った。会津の件は前に関白様の仰せがあったので、今後関白様の御蔵所（直轄地）とされることになった。万事、直接会ってゆっくり話をしたいと思う」。

日付の「六月一四日の亥の刻」は現在の午後一〇時ごろです。その時間に政宗はこの手紙を書いていたわけです。

追伸文は、「追伸、花押を少し書き間違えた。手直ししたが、どうだろう。まずはご覧の通り」という意味だと思います。花押を書き間違えることなどあってはならないことです。本人であることを証明する重要なものですから。普通は書き間違えたらもう一回手紙を書き直します。それくらい重要なものです。でも、ここでは「疑わないでね」という軽い感じです。こんな書き方をするのは信頼する家臣以外に考えられないでしょう。もし他の大名に花押を書き間違えたとしたら、面倒でも手紙をもう一度書き直すと思います。

前の手紙と花押の部分を比較してみてください。花押の形から見ると、どうも二回同じ個所に筆を入れているのです。ちょっと書き損じて、あっと思って、もう一回筆を入れて書き直したのです。そして、「間違えたけど、少し直したから」と断ったわけです。謁見を無事に終えた安心感から出た気のゆるみであったかもしれません。

政宗の安堵感　この手紙を見ると、全体として秀吉との謁見を無事に終えた安堵感のようなものが現れています。

まず、筆跡がだいぶ落ち着いていることが分かります。字の大きさも大体同じです。前の手紙のように大きくなったり小さくなったりしておらず、淡々と筆を運んでいる感じです。この筆跡を見ただけでも安堵感が伝わってくると思います。

おそらく政宗のことを心配した家臣の一人が手紙を出したのでしょう。それをちょうど政宗が小田原を発って藤沢に着いたときに受け取ったわけです。それで、この返事を書いたのです。

秀吉のもてなし　六月一〇日朝に政宗は秀吉から茶の湯に招待されました。実はこのとき、秀吉の茶頭《さどう》だった千利休《せんのりきゅう》（一五二二〜九一）が小田原に来ていて、政宗はこの利休の点前《てまえ》で秀吉から茶の湯の接待を受けることになったのです。ご存知のように利休はわび茶の大成者です。この頃上方ではわび茶が流行していたのですが、政宗も二年前から米沢で家来たちと一緒に都ではやっている茶の湯の稽古《けいこ》をしていました。そういう手紙（『政宗文書』三五二号）が残っています。利休のことは政宗も当然知っていたわけです。秀吉が利休の点前で客人をもてなすということは、最高のもてなしでした。千利休の高名を知っていた政宗も楽しみにしていたはずです（図1－5）。

ところが肝心の一〇日に、利休が体調を崩してお茶の席に出ることができず、政宗は利休の点前を味わうことができませんでした。残念に思った政宗は、その日にわざわざ利休を見舞っています。そして、馬一頭と太刀一

図1-5　豊臣秀吉木像（大阪城天守閣所蔵）

腰、それに金一〇両をお見舞いとして届けているのです。でも、直接会うことはできなかったようです。

また、秀吉は茶の湯に招待しただけではなく、自分が集めた名物の茶道具を政宗に見せたのです。当時は茶器一つが一国に値するといわれたくらいの時代でしたから、秀吉は自慢の茶道具を見せたのだと思います。それから、刀や脇差も。「これは天下に三つとない、ものすごい刀、脇指だぞ」と自慢したのでしょう。目に見えるようですね。このように、秀吉から懇切なもてなしを受けたから安心してほしい、と言っているわけです。

藤沢到着のタイミング　この日小田原から藤沢へ着いたと書いています。これは二通りに読めます。この日に小田原を出発して、その日のうちに藤沢に着いたとも読めますし、藤沢に着いたのがこの日だとも取れます。距離的には一日で歩けないことはありません。朝早く発って、夕方か少し夜にかかっても、急げば小田原から藤沢まで歩いて来られないことはありません。この手紙を書いたのが亥の刻、午後一〇時ですから、夜です。ということは、やはり朝早く小田原を発って、この日の夕方から夜にかけて藤沢に着いたのかもしれません。

奥羽仕置と政宗　最後の方に「奥州五十四郡・出羽十二郡」とあります。当時は陸奥国・出羽国合わせて六六郡あったのです。それらすべてに対して関白様のお仕置き（処置）が下ったとあります。どのような仕置きかというと、小田原へ参陣しなかった大名たちの領地を秀吉は没収したのです。そして、参陣した大名、あるいは秀吉の家臣にそれを分け与えたのです。これを「奥羽仕置」といいます（小林清治二〇〇三）。

政宗にとって気になるのは会津です。前年に蘆名氏と戦って奪い取った会津周辺の土地がどうなるかは気になるところでした。実は奪い取った段階で秀吉は「これは惣無事令《そうぶじれい》違反だから絶対に返せよ。おまえのものにはできないぞ」と言っていたのです。そこで会津近辺の領地は関白様にお返しし、いずれ関白様の御蔵所となることになったと伝えているわけです。

3　伊達政宗書状――右筆、天正一八年八月二日――

右筆書きの手紙　政宗の自筆の手紙を二つ読んできました。政宗は筆まめな人で、戦国武将の中でも際立って数多くの自筆の手紙を書いています。もちろん全部自筆で書いたわけではありません。右筆《ゆうひつ》という専門の物書《ものかき》（書き役）を抱えていました。政宗の場合、常時五、六人はいたようです。その右筆に代筆させて、最後に自分でサインして出した手紙もあります。当時の大名の手紙は、この方が一般的だったのです。

政宗の右筆書きの手紙を一通紹介しておきます。それが図1－6（『政宗文書』七四七号）です。宛名は亘理《わたり》兵庫頭重宗《しげむね》（一五五二～一六二〇）という政宗の家臣で、亘理郡を領地にしていた古くからの伊達家の重臣の一人です。後に重宗は遠田郡涌谷《わくや》（現宮城県涌谷町）の領主となります。その亘理兵庫頭重宗に宛てた天正一八年八月二日付の手紙です。八月二日ですから、図1－1から見ると約二ヵ月後の手紙です。

右筆の筆跡　筆跡を一見するだけで、前の二つの手紙とだいぶ雰囲気が違うことが分かります。本文があって、日付があって、署名、花押があります。これを見ると、文字の大きさや墨継ぎなどが一定していま

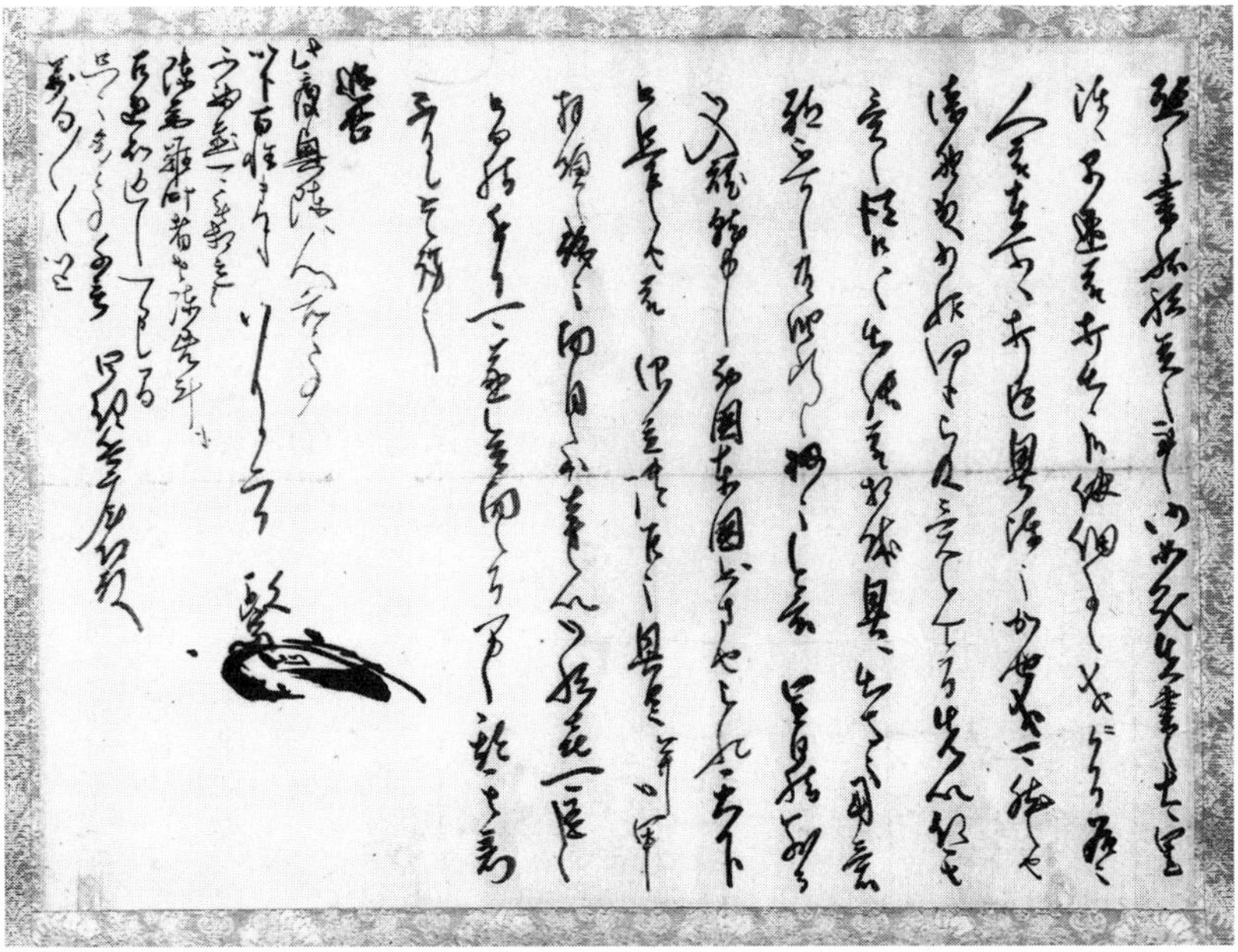

図1-6　伊達政宗書状（34.1×47.3センチ．亘理兵庫宛）

ず、文字がきれいにそろっているでしょう。書き手の感情の起伏が感じられない。今だったらパソコンのワードやスマホで書いたような文字が並んでいる感じです。しかし、それが右筆に求められることでした。できるだけ淡々と、正確に、早く書くことが右筆には求められていたのです。

政宗が手紙を右筆に代筆させる場合、多くは口述筆記だったと思います。政宗が言ったことを右筆が脇で書いていくわけです。それを政宗に見てもらい、良いとなったら清書して、もう一度政宗の下に持ってゆき、最後に政宗が花押を据えます。

この手紙に据えられた花押も先ほどから見ている花押と同じ、家臣宛ての花押です。「政宗」という署名も、この場合は右筆が書いています。宛名も日付もそうです。花押の部分だけ政宗が自筆で書いたのです。これで立派な政宗の手紙です。今でもそうでしょう。社長が秘書にパソコンで打たせて、それを見ていいということになれば、そこにサインするのと同じです。

追伸だけでも自筆で　ただ、この手紙で面白いのは、政宗自筆の追伸があるのです。日付と宛名の上の方に「追啓《ついけい》」と書いてあります。六、七行ぐらい細い文字です。実はこの部分だけ政宗の自筆なのです。つまり、清書した手紙を右筆が政宗のところに持ってゆき、「これでよし」ということで花押を据えたのでしょう。と同時に、追伸を一言ここに付け加えたのです。これは重宗に対する政宗の配慮だと思います。

受け取った重宗の方はうれしいですよね。殿様自らが最後に筆を取って一言付け加えてくれたのですから。これは今のわれわれでもそうですね。最近の年賀状などは、自筆の字がほとんどありません。でも、年賀状にたった一言、本人が書き加えてくれたらうれしい。それと同じだと思います。右筆に代筆させた手紙であっても、最後に一言自筆で追伸を加えることの効果を、政宗は十分意識して行っているのだと思います。

4　『伊達政宗言行録―木村宇右衛門覚書』から

小姓がまとめた言行録　小田原での秀吉との謁見の様子を、政宗は後にいろいろな人に語って聞かせていたようで、その一つに「木村宇右衛門覚書《おぼえがき》」（仙台市博物館蔵、小井川一九九七にて翻刻）という資料があります。木村宇右衛門は政宗の晩年の御小姓《こしょう》（政宗の身の回りの世話をする人）で、もっとも政宗の近くにいた家臣の一人です。その人が政宗から直接聞いた話、あるいは政宗の家臣たちから聞いた話をまとめた覚書です。同時代の人が見聞きした政宗の言行ですから、非常に面白いし信憑性《しんぴょう》も高いです。

ただ、一〇〇％事実かというと、ちょっと怪しいところもあります。それは肝心の政宗自身が記憶違いで語っているようなところがあるし、宇右衛門が聞き間違えたのではないかと思われるところもあります。でも、同時代の人でなければ書けないような活き活きとした描写が面白いのです。

「政宗の無念」と「秀吉の馳走」　この覚書には、小田原での秀吉との謁見の様子を書いた部分があります。その中から三つの場面を訳文で紹介してみたいと思います。

一つ目は、政宗が天下を取れなかった無念さを語ったという話です。

「秀吉公に早く箱根を越され、小田原落城後は吹く風に草木がなびく如く、東西南北一同に治まり、ついに天下に旗を挙げることが叶わなかった。まことに口惜しき次第なり」。

自分も戦国の世に生まれて天下を目指したが、秀吉に先を越され、結局、天下を取ることができなかった。それが残念だ、と。

二つ目は、小田原での秀吉のもてなしぶりです。豪華な京料理で政宗をもてなした秀吉が、「この料理は田舎者であるそなたに上方の生活とは一体どのようなものであるかを知らせるために何がいいかと考えた末、京料理とはこういうものだと見せるのが一番だと思って出したのだ。そなたは、陣中においてこのような贅沢なものを食うなど、これでは関白様の天下も長くは続かないだろうと思うかもしれないが、そんなものではないぞ」と語ったというのです。秀吉の人柄が髣髴《ほうふつ》としますね。

「一夜城」を見破る　三つ目は、「石垣山一夜城」の塀の張りぼてを政宗が見破ったという話です。

「石垣山一夜城」は、秀吉が小田原の北条氏を攻めるために新たに築かせた城です。笠掛山《かさかけやま》という山に建てられた山城でした。小田原城から直線距離にして三キロメートルぐらい離れています。そこに秀吉は総石垣の城を一夜で築いたので、「石垣山一夜城」と呼ばれるようになったのです。

もちろん、そんなことはあり得ないわけで、秀吉が石垣山城を築くに当たって壁や塀を一夜のうちに建てたように見せたから、そう言われるのです。小田原城で籠城していた北条氏の家臣たちがそれを見て、これではとても敵わないと驚いたという話は有名ですが、「木村宇右衛門覚書」にも、この張りぼてのことが出てきます。

政宗を誘って庭に出た秀吉は「そなたは利口な奴だ、と褒めながら、近くへ来いと言って某（政宗）の右肩に手を掛け、あちらこちらと指差しながら親しげに説明した」というのです。

また、「昨日までは見かけなかった辺りに、一夜のうちに白塀が出来ている。城中は静かなのに不思議だと秀吉公が仰せになるので、よく見ると、一晩で夥《おびただ》しく塗り込めた塀ではないか。あれは皆紙を張り付けたものではございませんか、と申し上げると、秀吉公をはじめ居並ぶ諸大名も、尤《もつと》もなことだと感心なされた。後日聞いたらやはり皆紙であった」とあります。

これを見ると「一夜城」張りぼての話はあながち後世の作り話ではない、といえるかもしれません。

総石垣の山城　「石垣山一夜城」は標高二五〇㍍の山城です。秀吉が東国では初めて総石垣の城を築いたので、石垣山城といわれているのです。秀吉はこの石垣を築くために、わざわざ近江国（現滋賀県）から穴太衆《あのう》という石垣築造の専門集団を呼んできました。当時東国で山城といったら、石垣を使わない城でした。土塁や空堀《からぼり》が中心です。ところが、秀吉は上方の城を東国に見せつけようとしたのでしょう。

石垣山城は、この年の四月から工事を始めて六月まで、約八〇日間の突貫工事で完成しました。延べ四万人が動員されたといわれています。けっして一時的な城ではなく、長期戦に備える本格的な城であったことは、秀吉が側室の淀君をわざわざ京都から呼んでここでもてなしていることからも分かります。諸大名も家族などを呼んだりしています。

本丸跡から小田原城下を見下ろすと、城下の中心に小田原城があり、小田原市街の東側には相模湾の美しい海岸線が見えます。

小田原城は政宗が秀吉との謁見を終えた約一ヵ月後に落城します。その後、石垣山城も取り壊されてしまいました。今も崩れた石垣が遺っています。まさに兵《つわもの》どもが夢の跡です。箱根の方に行く機会がありましたら、是非この「石垣山一夜城」跡を訪ねてください。歴史公園として整備されています（小田原市教育委員会一九九〇）。

5　伊達政宗は〝筆武将〟

秀吉との謁見とは　いろいろとお話ししてきましたが、結局われわれがテレビや小説で知る小田原での秀吉との謁見は何だったのかというと、私は秀吉が天下人としての威厳と寛容を示すことによって政宗を取り込もうとした、そういうパフォーマンスの場であったと思います。このことから秀吉が居並ぶ諸大名の前で、政宗の首を杖でつつきながら脅すような場面はなかったと考えています。ただ、政宗が白装束で行ったかどうかは不明です。手紙を見ても書いてありませんし、「木村宇右衛門覚書」にもこのときの装束については触れていません。

小田原参陣は政宗にとって人生最大の転機でした。自由な意志と決断で前途を切り開いてきた戦国武将政宗の終焉です。しかし、参陣という決断がなかったら、その後近世大名として仙台藩を築く政宗の人生はなかったのです。

自筆の手紙からみえる人物像　政宗という人は手紙をコミュニケーションの手段として大切にした人です。家族や家臣、友人に宛てた手紙からも、それがうかがえます。交友関係の広さも手紙を通して築き上げていったような気がします。武将だけでなく、皇族や公家、僧侶といった人たちとも政宗は親交がありました。幅広い人脈を築いていたのです。

人脈が広いということは、豊かな情報を得られるということです。豊かな情報が政治力、外交力となることは昔も今も変わりません。戦国動乱から近世秩序社会へと移行する転換期を生き抜く上で、それは政宗にとって大きな力となったのではないかと思います。

「書は人なり」「文は人なり」と言われますが、自筆の手紙は歴史上の人物にもっとも接近できる資料の一つであることを、お話しさせていただきました。

【参考文献】

小田原市教育委員会編『小田原城とその城下』（小田原市教育委員会、一九九〇年）

小井川百合子編『伊達政宗言行録―木村宇右衛門覚書』（新人物往来社、一九九七年）

「伊達氏天正日記」小林清治校注『伊達史料集（下）』（人物往来社、一九六七年）

小林清治『奥羽仕置と豊臣政権』（吉川弘文館、二〇〇三年）

佐藤憲一『伊達政宗の手紙』（新潮社、一九九五年）

佐藤憲一『伊達政宗の素顔―筆まめ戦国大名の生涯―』（読みなおす日本史、吉川弘文館、二〇二〇年）『素顔の伊達政宗』を再録

佐藤憲一『伊達政宗謎解き散歩』（KADOKAWA、二〇一四年）

仙台市史編さん委員会編『仙台市史　資料編10　伊達政宗文書1』（仙台市、一九九四年）

平重道責任編集『伊達治家記録　二』（宝文堂、一九七三年）

藤木久志『豊臣平和令と戦国社会』（東京大学出版会、一九八五年）

第二章　仙台藩士の知行地支配

――「要害」拝領・大條家文書から――

野本禎司

はじめに

本章は仙台藩士・大條《おおえだ》家の知行地支配とその特徴を明らかにしていきます。私は仙台藩について研究を進めるにあたり、大條家文書には魅力的な史料が数多くあり、さまざまなことを知ることができました。最初に、テーマにかかわっていくつかの前提と、私の課題をご紹介します。

大條家文書の性格　大條家文書の保全活動は、NPO法人宮城歴史資料保全ネットワークが中心となっておこなわれ、私の所属する上廣《うえひろ》歴史資料学研究部門では文書目録の作成を担当しました。約九〇〇点の史料群で現在、宮城県の山元町歴史民俗資料館に収蔵されています。歴史資料の保全活動では、古文書の保存処置や中性紙封筒に収めるなどの整理、デジタルカメラによる古文書撮影、目録作成などの過程があります。目録とは、古文書であれば、どういった内容であるか、作成者や宛名、年代、表題などを一点ずつ採録したものです。目録作成を終えると、その内容の特徴などを解題としてまとめておきます。大條家文書の解題では、その特徴が三点にまとめられていました。

一つ目は大條家の経営や家政に関わる史料がよく残っていること。二つ目には大條家は奉行《ぶぎょう》と呼ばれる他藩では家老に当たる要職を務めてきた家柄で、仙台藩政のことがよくわかる史料が残っていること。三つ目として文化関係の史料が残っていること。やはり要職に就く家柄ですので、知識や教養も非常に高いものを備えていました。このように大條家文書は、歴史資料保全がきちんとなされており、私はその文書群の性格を理解することができたのです。

問題関心の所在　こうした特徴をもつ大條家文書のなかで、一点目の大條家の経営や家政に関わる内容、とくに知行地関係の史料がよく残っている点に興味をもちました。これまで主に研究対象としてきた旗本との比較検討ができると思ったからです。旗本というのは、江戸時代、徳川将軍の直臣で一万石未満の石高を与えられた武家です。一万石以上の石高を持っている武家が大名になります。旗本と各藩の藩士の存在形態とは似ているところがあると研究史上いわれてきました（モリス一九八八など）。旗本は徳川将軍（江戸幕府）の直臣であるという点で藩士とは異なりますが、江戸時代の制度の中で存在する武家としてやはり共通する部分があります。それは地方知行制《じかたちぎょうせい》という制度で、旗本や藩士の中には領主として年貢や諸税を徴収し、家政を運営する者がいました。また、彼らは幕府や藩において軍事や行政に関わる役割を果たしていました。このように領主として知行地を支配する、そして組織の中で役職を務める、これらを両立することで社会に位置づく武家の仕組みが江戸時代の領主制だと私は思っております。そして、この特徴を捉えていくことが、近世における日本の統治構造を解明する上で必要不可欠な課題と考えています。

仙台藩研究の魅力　こうした私の問題関心からみたとき、仙台藩を研究する上で魅力的なことがあります。後ほど詳しく説明しますが、仙台藩は蔵米知行制《くらまいちぎょうせい》に完全に移行せず、江戸時代を通じて地方知行制を併存させていたことです。こうした藩は他にもありますが、仙台藩の地方知行制は、これから述べるようにそのしくみが特徴的で大変興味深いです（モリス一九八八、二〇一〇）。

以下、大條家文書を使用して仙台藩士の知行地支配のあり方を紹介していきますが、まずその前提となる大條家の知行地の変遷と、その特徴について説明します。つぎに仙台藩の地方知行制を特徴づけている「在郷屋敷《ざいごう》」を中心とした藩士が形成する城下町的な地域のありようを明らかにします。そして最後にこうした知行形態であることが、地域の歴史という観点からみると、どういった意義をもたらしているかということにも触れたいと思います。

1　大條家と仙台藩の地方知行制

大條家の歴代当主　はじめに大條家の歴代の当主を確認したいと思います。大條家は、伊達家の八代宗遠《むねとお》の三男・宗行《むねゆき》を祖とする仙台藩士の家で、「一家」と呼ばれる家格に所属しています。大條家の歴代の当主は、宗行を初代として次のとおり明治維新を迎えるまで一七代つづいており、七代宗直以降が江戸時代になってからの当主です。

宗遠―①宗行―②宗景―③宗元―④宗澄―⑤宗助―⑥宗家―⑦宗直―⑧宗綱―⑨宗頼―⑩宗快―⑪宗道―⑫道頼―⑬篤恭―⑭道英―⑮道直―⑯道冶―⑰道徳

傍線は、奉行職の就任者で、大條家の多くの当主が就いていたことがわかります。その就任期間をわかる範囲で表2－1にまとめました。これをみると一〇代宗快、一二代道頼《みちより》、一七代道徳《みちのり》のように、一度辞めても藩主からの要請をうけて再任するときもあります。また、九代宗頼《むねより》や一二代道頼のように仙台藩江戸屋敷で留守居役《るすいやく》などを勤める場合もありました。大條家は江戸時代中頃までに徐々に知行高を増やしていくのですが、その背景として大條家のこうした役職歴は重要な意味をもっています。

仙台藩の家格制度　大條家が所属している「一家」という家格は、仙台藩の武家社会でどのような位置にあるのでしょうか。表2－2は、江戸時代中期に作成された資料（『伊達世臣家譜』）をもとに仙台藩の家格をまとめたもので、上位から順番に示しています。①「一門」という家格は、戦国時代に大名であった由緒をもつ家柄、あるいは藩主の親族たちです。角田《かくだ》石川家や亘理伊達家、登米《とよま》伊達家、涌谷《わくや》伊達家、川崎伊達家など一一家ありました。これらの家々は、原則として藩政に直接関与する役職に就任しませんでした。②「一家」は、先ほど大條家で紹介したように戦国より早い時期に伊達家から分家として成立した家、あるいは伊達家に古くから仕えた有力者の家です。大條、秋保《あきう》、石母田《いしもだ》、片倉など一七家あります。③「準一家」は戦国時代に大名であった家の系譜を継いでいます。天童、松前、葦名など一〇家ありました。④「一族」は、「一家」とならんで古くからの家臣が配され、藩の要職にも就任できた家格です。大町、中島、茂庭《もにわ》など二二家がありました。つづけて⑤「宿老《しゅくろう》」という家格があります。この名称は、戦国時代、伊達家では領国経営の総括者を宿老と呼んでおり、その名残といわれています。遠藤、但木《ただき》、後藤の三家が所属しています。⑥「着座」は、「一家」「一族」の分家筋やのちに重職に登用された者が配されました。文字通り、正月の儀式などで着座したまま挨拶ができました。それから⑦「太刀上《たちあげ》」という家格があります。ここには上位の家格の分家筋や、何か理由があって降格されたものが配されました。一〇家ほどあり、正月の儀式の際に藩主に太刀目録を献上し、盃を頂戴しています。⑧「召出《めしだし》」という家格には八九家ありました。この家格は「一番座」「二番座」とさらに区別され、前者は譜代や上級家臣の

表 2-1　大條家歴代の奉行・江戸留守居など就任期間

歴代当主		就　任　年	辞　職　年	備　　考
⑨宗頼	兵庫	慶安 2 年（1649） 承応 2 年（1653） 万治元年（1658）10月	（1 ヵ年勤務） 万治元年（1658） 寛文 2 年（1662）正月	江戸留守居 江戸留守居
⑩宗快	監物	寛文 2 年（1662）正月 寛文11年（1671）4 月	寛文 6 年（1666）2 月 延宝 9 年（1681）7 月	
⑪宗道	監物	貞享 4 年（1687）3 月	元禄 6 年（1693）2 月	
⑫道頼	監物	享保17年（1732）6 月 宝暦 6 年（1756）⑪月	宝暦 3 年（1753）9 月 宝暦12年（1762）5 月（没）	元文 2 年（1737）江戸家老
⑮道直	監物	天保 3 年（1832）正月	天保14年（1843）8 月（隠居）	
⑯道冶	長門・河内	安政 2 年（1855）7 月	元治元年（1864）9 月（隠居）	
⑰道徳	孫三郎	元治元年（1864）8 月 慶応 4 年（1868）9 月	慶応 4 年（1868）4 月 明治 2 年（1869）4 月	

出典）『山元町誌』（1971 年）より作成

表 2-2　仙台藩士の家格

	家　　格	由　　　緒	家　数
1	一門《いちもん》	戦国時代に大名であった由緒をもつ者 藩主の親族	11
2	一家《いつか》	伊達家から早い時期に分かれた分家 古くからの有力家臣の家柄	17
3	準一家《じゅんいつか》	戦国時代の大名の分家や有力家臣	10
4	一族《いちぞく》	古くからの伊達家家臣	22
5	宿老《しゅくろう》	戦国時代に伊達家では領国経営の総括者を宿老と呼んだ	3
6	着座《ちゃくざ》	一家・一族の分家筋や中級家臣から登用されて要職に就いたもの	28
7	太刀上《たちあげ》	上位の家格の者の分家筋，故有って家格が降格されたもの	10
8	召出一番座《めしだしいちばんざ》 召出二番座《めしだしにばんざ》	より上位の家格の者の分家筋，藩主の側近として登用されたもの	38 51
9	平士《へいし》	仙台藩家臣団の中心	1068

出典）『仙台市史』通史編 3・近世 1（2001 年）

分家筋が主に配され、正月の儀式の際には元日に参加できました。後者は藩主の側近として活躍した者が所属し、正月二日の儀式に参列を許されました。ここまで紹介してきた八つの家格階層に所属する家臣は計一九〇家で、伊達家の中で上層に位置しています。

家臣団の総数　このほかに⑨「平士《へいし》」と呼ばれる家格階層に三〇〇〇人余り、その下に⑩「組士《くみし》」と呼ばれる一〇〇〇人余りの階層がありました。ここまでが士分（「侍」身分）とされます。さらに足軽などが所属する⑪「卒《そつ》」（「凡下」）という最下位の階層に五〇〇〇人余りおります。これらすべてを合わせて、伊達家家臣団は八〇〇〇人から一万人の規模でした。

仙台藩の家格制度の中では、①「一門」から④「一族」までは門閥とも称され、「一門」を除く約五〇家は、藩政において要職に就任できる階層です。大條家が含まれる②「一家」は、仙台藩の上位の家格に位置する家柄で、実際に大條家の当主の多くは前述のとおり奉行職など要職に代々就任していました。

藩士の知行形態　藩士たちを経済的なあり方で区別する形態について確認しておきましょう。江戸時代、藩主から知行地を与えられて年貢を自身で徴収する地方知行制と、藩の御蔵から現物米を受け取って生活する蔵米知行制や俸禄《ほうろく》制という知行形態がありました。一般的に時代が下るについて前者から後者へ変化するというのが定説として考えられていました。しかし、こうした一面的な見方は現在大きく見直されています（モリスほか一九九九）。

とりわけ仙台藩をはじめ藩士（給人）の知行制を精力的に研究されているJ・F・モリス氏の成果は重要です（モリス二〇〇九など）。史料をもとに実態を丁寧にみると、各藩の藩士たちは、さまざまな知行形態で存在しており、完全に蔵米知行制に移行せず地方知行制を遺していた藩が統治のしくみとして遅れていたわけでもありません。また、仙台藩の場合、「平士」以上の家格階層の五割から六割は、一〇貫文（一〇〇石）未満で俸禄制の者たちであったとされます。そのなかで大條家は最終的に四〇〇貫文（四〇〇〇石）を知行する大身の藩士でした。なお、江戸時代の生産高は石高制といって「～石」とされますが、仙台藩では貫高制《かんだか》がとられており「～貫文」などと表示されます。一貫文は一〇石に換算されます。

最初の知行地拝領　大條家は知行地をどこに拝領したのでしょうか。その変遷を追いかけたいと思います。大條家文書にて最初に知行を拝領したことがわかるのは、天文二二年（一五五三）正月一七日です。大條家六代目当主の宗家《むねいえ》が、伊達晴宗《はるむね》から伊達郡大条之郷（現福島県伊達市梁川町付近）に知行を拝領したことが記されている判物《はんもつ》が残されています（大條家文書四―八）。拝領した石高は書き上げられていないので不明です。次に、慶長九年（一六〇四）八月二八日、七代大條宗直が伊達政宗から気仙郡内（現岩手県南東部）に知行二〇〇貫文（二〇〇〇石）余りを拝領した黒印状が残されています（大條家文書四―八）。この二つの史料は、ある時期に継ぎ合わされ、木箱の中に収められて伝来しました。

その木箱の蓋にある墨書には「晴宗様御判物・貞山様（伊達政宗）御墨印」、さらに「延享元年十一月入ル」とあり、延享元年（一七四四）にこの木箱に収められたものと考えられます。この年の正月、一二代大條道頼《みちより》は藩主に従って江戸に出府、六月には国元へ戻るに際して重要な務めを果たし、褒美を与えられたことがわかりますが（『大條家坂元開邑三百五十年祭小志』）、大條家にとって延享元年にどのような意味があったのか、これ以上のことはわかりません。いずれにしてもこの史料が木箱に収められ、他の史料と区別がされて伝来してきたことはいえます。大條家にとって最初の知行拝領は、家のアイデンティティに関わる内容であり大切なものだったのです。

侍屋敷（家中屋敷）	寺屋敷	足軽屋敷	又家中屋敷	村高	現在の行政区域
宝暦３年（1753）				『旧高旧領』	
130	2	127	6	2902石余	山元町
		6		882石余	山元町
9		4		902石余	山元町
				2686石余	大崎市（旧松山町）
				1374石余	蔵王町
				511石余	仙台市
				6287石余	石巻市（旧河南町）
				1751石余	石巻市
				3613石余	美里町（旧小牛田町）
				2036石余	加美町（旧中新田町）

Ⅲ寛文２年６月10日「知行目録」（大條家文書 4-9）．Ⅳ宝暦12年12月29日「（書付，大條監物殿御加増御割につき）」（大條帳 東北編』（東京堂出版，1995 年）．

坂本への知行替　その後、大條家は元和二年（一六一六）九月、亘理郡坂本（坂元とも、現宮城県山元町）に知行替を命じられ、二〇〇貫文余りを拝領しました。これ以降、大條家はこの坂本本郷を中心として四〇〇貫文まで知行を増やしていきます。大條家の知行地がどのように変遷したかを表２－３にまとめました。大條家文書に残された「知行目録」に書き上げられている村名を整理したもので、約一〇年おきに知行が増加しています。この理由もあわせてみていきたいと思います。

なお、先に見た藩主の花押《かおう》がある判物、黒印が押されている知行宛行状《ちぎょうあてがいじょう》のほか、支配地を明記した知行目録も、藩士たちにとっては自分の知行を保証してくれる法的な背景になるので、どの藩士の家でももっとも大事に残されてきた古文書になります。

寛永検地と「二割出目」　寛永二一年（一六

表 2-3　大條家知行地の変遷

	郡名	村名	知行高			
			Ⅰ寛永21年（1644）	Ⅱ承応2年（1653）	Ⅲ寛文2年（1662）	Ⅳ宝暦12年（1762）
陸奥国	亘理郡	坂本本郷	191貫789文	241貫478文	257貫946文	（271貫文）
		高瀬村	16貫351文	16貫441文	17貫842文	（20貫934文）
		真庭村	11貫860文	11貫946文	21貫43文	（21貫43文）
	志田郡	下伊場野村		30貫135文	—	—
	刈田郡	円田村			19貫543文	（19貫543文）
	宮城郡	国分小泉村			4貫171文	（4貫171文）
	桃生郡	深谷鹿俣村				12貫文
	牡鹿郡	真野村				17貫710文
	遠田郡	北浦村				15貫文
	加美郡	四日市場村				5貫290文
		計	220貫文余	300貫文	320貫545文	400貫文

出典）Ⅰ寛永21年8月14日「知行目録」（大條家文書4-21）．Ⅱ承応2年閏6月21日「知行目録」（大條家文書1-29）．

家文書5-66）．宝暦3年11月「在郷屋舗書出之覚」（大條家文書5-12）．『旧高旧領』：木村礎校訂『旧高旧領取調

五三）に二〇〇貫文から二二〇貫文（二二〇〇石）に増加しています。このときの知行地は、坂本本郷を中心に高瀬《たかせ》村・真庭《まにわ》村（以上、現宮城県山元町）の三ヵ村で一円的にまとまっています。この二〇〇貫文（二〇〇〇石）増加の理由は、次のような仙台藩全体における政策に関わっています。仙台藩では寛永一三年（一六三六）一二月、若林（現仙台市）にある御牒蔵《みちょうぐら》が火災に遭い、検地帳をはじめ藩政に関わる諸帳面が焼失してしまいました（仙台市史二〇〇一）。これにより寛永一七年から領内全域にあらためて検地が実施されました。その際、検地の基準が一反＝三六〇歩から一反＝三〇〇歩に変更されました。この結果、実際の耕地面積に変化はなくても、数字の上では六〇歩＝二畝分の面積が増えることになったわけです。これが寛永二一年の知行目録で二〇貫文増加した理由です。検地の丈量基準が変わった結果、貫高表

示も二割増しになったのです。つまり、藩の政策にともなう書類上での加増であり、実質的に収入が増えたわけではないことに注意が必要です。

この寛永一七年の検地にともなう増加については「二《に》割出目《わりだしめ》」と呼ばれています。ところで、仙台藩では寛永一三年の火災による諸帳面焼失もあいまって藩士たちに自分の家の由緒書《ゆいしょがき》など家譜も追々提出させています。大條家文書では延宝から貞享年間（一六七三～八七）にかけて、こうした性格の古文書が数点残されています。たとえば貞享四年（一六八七）三月一〇日「従不求（九代大條宗頼）三代勤功書上《かきあげ》候控」（大條家文書一―五五―二、以下「勤功書上」）には「同（寛永）貳拾《にじゅう》壱年、惣御《そうお》検地《けんち》御改《おんあらため》、二割出拝領」と、「二割出目」分を「拝領」と記していたことがわかります。大条家にとって、寛永一七年の検地にともなう増加は、藩主からの「拝領」という意識であったのです。

承応二年の加増　承応二年（一六五三）に二二〇貫文から三〇〇貫文（三〇〇〇石）に加増した内容についてみていきましょう。まず、承応二年閏六月一一日付の九代大條宗頼宛て藩主忠宗の黒印状をみたいと思います（大條家文書四―七、図2－1）。この冒頭に「曰理郡坂本本郷・高瀬村・真庭村、於右三ヶ村、合弐百弐拾貫文」とあり、つづけてこのたび加増として「坂本本郷・高瀬村・真庭村、志田郡下伊場野村、合八拾貫文」と書かれています。八〇貫文（八〇〇石）の加増の地は、亘理郡三ヵ村のほかに志田郡下伊場野村（現宮城県大崎市）に与えられたことがわかります。このとき大條家の知行地は、亘理郡三ヵ村（現宮城県山元町内）だけでなく、遠隔地にも配置されることになりました。

江戸留守居役就任　加増の理由については、先ほど紹介した「勤功書上」に書かれています。当該箇所をみると「慶安弐年、江戸御留守居御番仰せ付けられ」とあり、さらに「両年罷《まか》り登り、壱ヶ年詰つかまつり候」と書

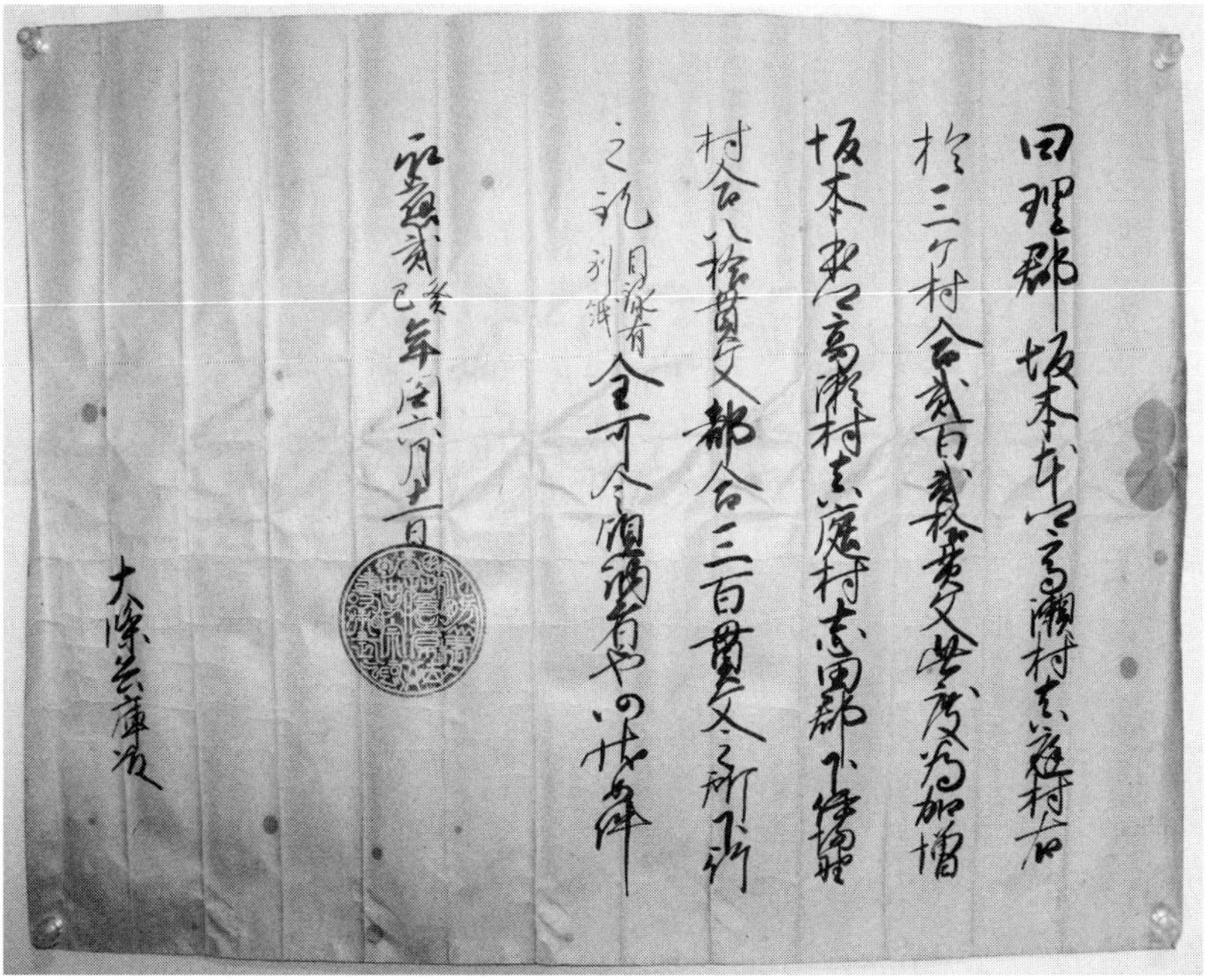

図 2-1　承応 2 年伊達忠宗黒印状（大條家文書 4-7）

かれています（図２－２）。当時の大條家当主九代宗頼は、慶安二年（一六四九）に江戸藩邸の留守居役を命じられ、二年間の滞在中に一年間勤めを果たしたことがわかります。この続きをみると「承応弐年、御留守居御番に罷り登り候ところ、じきじき品川様へあい付き、江戸定詰御奉公つかまつり候」と書かれています。品川様というのは後の三代藩主綱宗《つなむね》（一六四〇～一七一一）のことで、大條宗頼は承応二年にふたたび江戸で留守居役を果たすことになり、万治元年（一六五八）まで六年間勤めました。

さらに続けて読みますと、「同年、義山様より御加増の地、八拾貫文下し置かれ」とあります。同年というのは、この勤めを命じられた承応二年です。つまり、八〇貫文の加増は、二代藩主忠宗（義山様、一五九九～一六五八）から江戸留守居役を命じられたことを契

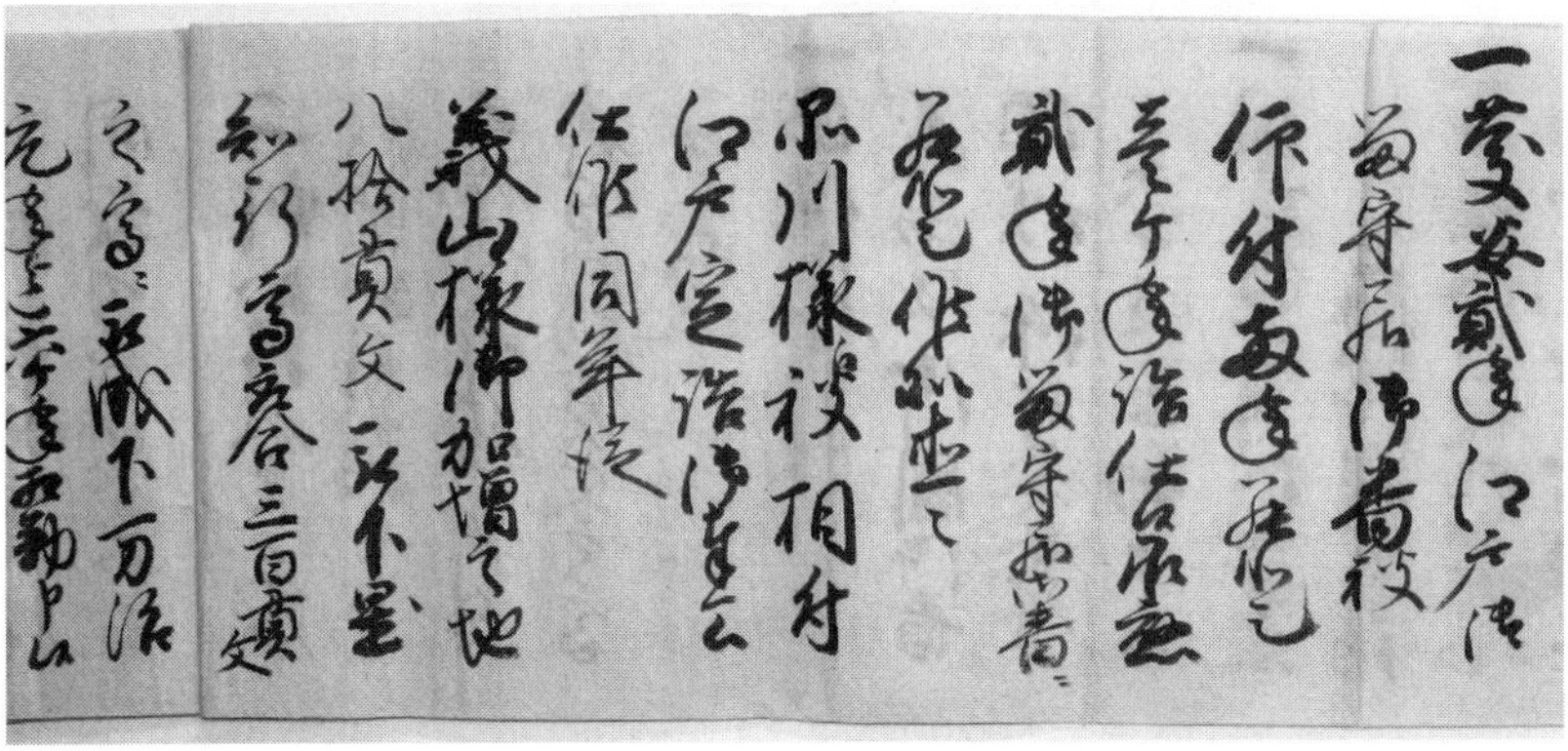

図 2-2　慶安 2 年江戸留主居役就任（大條家文書 1-55-2）

機に拝領したものでありました。大條家が江戸で留守居役を勤める上での経済負担を保障するために知行の加増がなされたわけです。

野谷地拝領による増加　寛文二年（一六六二）六月一〇日、三〇〇貫から三二〇貫五四五文に大條家の知行高が加増されたことを示す知行目録が残されています（大條家文書四―九）。これによれば、中核となる亘理郡三ヵ村のほかに、刈田郡円田村（現宮城県蔵王町）、宮城郡国分小泉村（現仙台市）が新たに加わり、知行地がさらに分散したことがわかります。いっぽうで承応二年の加増時に拝領した志田郡下伊場野村の名前はこの知行目録には書き上げられていません。

さて、増加の理由について「勤功書上」には「万治三年、知行所地付き野谷地《のやち》拝領、囲敷高弐拾貫五百四拾五文拝領、三百廿貫五百四拾五文の高に罷り成り候」とあります。つまり、当時の知行地に隣接する「野谷地」を万治三年（一六六〇）に拝領し、知行高が二〇貫五四五文分増えたとあります。拝領という形式で与えられた湿地帯である野谷地を藩士たちが自分たちで開発し、知行高を増加させる例は多く確認されます。仙台藩で広く行われていた新田開発の方針のもと、大條家も知行高の加増を図っていた様子がわかります。

宝暦一二年の加増　大條家にとって最後となる宝暦一二年（一七六

二）の加増についてみたいと思います。この加増については、同年一二月二九日付の大條悦之進（一三代大條篤恭）宛の書付に理由が記されています（大條家文書五―六六）。この史料には「大條監物存生之内御加増」とあります。つまり、一二代道頼（大條監物）の時に加増が決定されたものの亡くなったため、次当主である篤恭が実際に加増を拝領したという経緯となります。

大條道頼は、江戸時代中期の仙台藩政において長く要職にあった人物です（表2－1参照）。藩主でいえば五代吉村《よしむら》（一六八〇～一七五一）から七代重村《しげむら》（一七四二～一七九六）まで三代にわたって奉行職を勤めました。なお、宝暦三年（一七五三）、六代宗村（一七一八～一七五六）のときに奉行職を辞したものの、同六年に重村の藩主就任に際して再度奉行職を勤めるよう命じられるほど伊達家から厚い信任を得ていました。こうして道頼は、宝暦一二年五月三日に六五歳で亡くなるまで奉行職に就いており、亡くなる前に藩主重村から「千万の勤功」（『大條家坂元開邑三百五十年祭小志』）をもって五〇貫文（五〇〇〇石）の加増を受けたのです。これにより大條家の知行高は四〇〇貫文となりました。加増されたのは、桃生郡深谷鹿俣村・牡鹿郡真野村（現宮城県石巻市）、遠田郡北浦村（現宮城県美里町）、加美郡四日市場村（現宮城県加美町）で（大條家文書五―六六）、寛文二年（一六六二）の知行配置からさらに藩内各地に分散しました。

大條家の特徴　ここまで大條家の知行地がどこにあったのか、加増の理由や地理的配置などに留意しながらみてきました。宝暦一二年の加増後、大條家は明治維新を迎えるまで四〇〇貫文の知行高を支配しつづけました。ここで大條家の知行拝領の特徴を三点確認しておきたいと思います。

①役職遂行の基盤　最初に指摘したいのは大條家が奉行職など要職を勤めるために加増されていたということです。承応二年の八〇貫文、宝暦一二年の五〇貫文の加増が該当します。大條家は最初に紹介したように藩政に

おいて要職に就任できる「一家」という上位の家格にあり、実際に多くの当主が奉行職や江戸屋敷の留守居役などを勤めました。それゆえに加増の機会に恵まれていたわけです。もちろん大條家も他の仙台藩士同様に「二割出目」や野谷地の開発などによって知行高を加増させましたが、それはそれぞれ二〇貫文程度に過ぎません。要職を勤めるためには、一定度の経済規模が必要で、それが知行高で保障されていました。つまり、知行拝領は知行地を支配する領主としての立場だけでなく、仙台藩政において役職を勤めるための経済基盤であったことを確認しておきたいと思います。

②知行地の分散　つぎに大條家の知行地は、現在の宮城県内の広範囲にわたって分散していたということです。宝暦一二年の時点で知行している村は計九ヵ村になります。その配置を表2－3によって確認すると、本拠地である亘理郡三ヵ村（現山元町）は県南に位置しますが、加増によって拝領した村は、現行行政地名でいえば蔵王町、石巻市、そして美里町や加美町など県北の地域にもあります。つまり本拠地を中心に一円的に近い場所に知行地が集中しているのではなく、各地に散らばって知行していることが特徴です。

③相給の村　表2－3には、大條家の知行村の村高も石高表記にて示しています。各村の村高と大條家の知行高を比較すると、村高と知行高が一致していないことが読み取れると思います。つまり、大條家が知行しているのは村の一部であり、一村を一人の領主が支配しているのではなく、複数の領主が支配していることが特徴です。研究用語では、複数の領主が支配しているので相給支配と呼んでいます。

後者二点の特徴は、大條家に限ったことではなく、地方知行である多くの仙台藩士に共通するものです。すなわち、知行地が一円的にまとまっているわけではなく分散しており、かつ個々の村を一人で支配しているのではなく複数の領主が支配していました。このような知行形態を分散相給と呼んでいます。

2　「要害」拝領・大條家の在郷屋敷

仙台藩の地方知行制と「在郷屋敷」　ここからは仙台藩の地方知行制の独自性を特徴づける「在郷屋敷」について見ていきたいと思います。各藩士は仙台城下に屋敷を拝領していますが、地方知行の藩士は自分の知行地にも在郷屋敷を持っていました。これは知行と一緒に拝領した「城」「要害」「所」「在所」といった名称で、そこを中心として城下町的な様相を呈していました。また、各藩士は自分の家臣（陪臣《ばいしん》）を抱えており、彼らも在地に住まいを構えていました。こうした陪臣層は二万四〇〇〇人ほどいたとされています（仙台市史二〇〇一）。先ほど仙台藩の家格制度のところで述べたように、藩直属の家臣総数が八〇〇〇人から一万人ぐらいであったのと比べて、二倍以上の人数が武士身分として存在し、かつ村の中に住んでいたわけです。

城・要害・所・在所　「城」「要害」「所」「在所」は、中世以来、軍事的・政治的に拠点となっていた場所です（小林清治編一九八二）。軍事的要素が濃い場所は「城」「要害」、軍事的要素が比較的希薄な場所が「所」「在所」といえます。①「城」は、片倉家の居所である白石城のみです。江戸時代は「一国一城」が原則で、各藩に一つの城と決められていましたが、白石城は幕府からも認められていた正式な城です。白石城を中心に城下町が形成されていました。②「要害」は、中世以来の城郭地をそのまま居館として拝領しており、実質的には城と変わらないような様相を呈していました。また、城に準ずるため、改修のときには江戸幕府へ届け出をしなければなりませんでした。

要害の周囲には自分の家臣（陪臣）の「家中（下中とも）屋敷」、寺院（「寺屋敷」）や町場（「町屋敷」）などを配置し、さらに山林などを拝領していました。江戸時代中頃には二〇ヵ所ありました。③「所」は、「要害」に次ぐ要地で、軍事的な要素は少し希薄になります。構成要素は要害と同じで、藩領内に二八ヵ所ありました。④「在所」は、「所」同様に軍事的な要素は希薄で、構成要素では原則として町場（町屋敷）をもちません。藩領内に二一ヵ所ありました。こうした拠点を知行地とあわせて拝領することが仙台藩の地方知行制の大きな特徴です（以下、要害制度といいます）。「特殊な知行形態」と言われる所以といえます。城・要害・所・在所を知行とともにあわせて拝領した家が七〇程あったことになります。

要害制度と家格・知行高　もう少し仙台藩の地方知行制の特徴を確認しておきたいと思います。具体的には、ここまでみてきた家格制度や知行高にもとづく階層との相関関係があるのか見てみましょう。家格との関係をみると、要害を得た知行拝領者は「召出」以上の階層（一九〇家）に限られています。内訳は①「一門」、⑤「宿老」の家はすべて、②「一家」から④「一族」、そして⑥「着座」は約半数、⑦「太刀上」、⑧「召出」はその一割程度となります。

その相関関係に着目すると、大きく見れば家格制度と要害制度の上位者同士が比例対応しますが、たとえば⑥「着座」に所属する藩士が「要害」を拝領している場合、②「一家」のものが「在所」を拝領している場合もあります。したがって、家格制度と要害制度の序列は正確な相関関係にありません。これは知行高と要害制度との関係についても同様のことがいえます。たとえば、川崎伊達家は知行高二〇〇〇貫文ですが「要害」を、知行高一三〇〇貫文の茂庭家は「所」を拝領しています。仙台藩では家臣の序列を考える際に、家格制度、知行高、要害制度など複数の要素がありながらも個別にも機能していたといえるのだと思います。

坂本要害の様相　大條家が拝領した坂本要害をくわしくみていきましょう。要害では、藩士の居屋敷以外に、

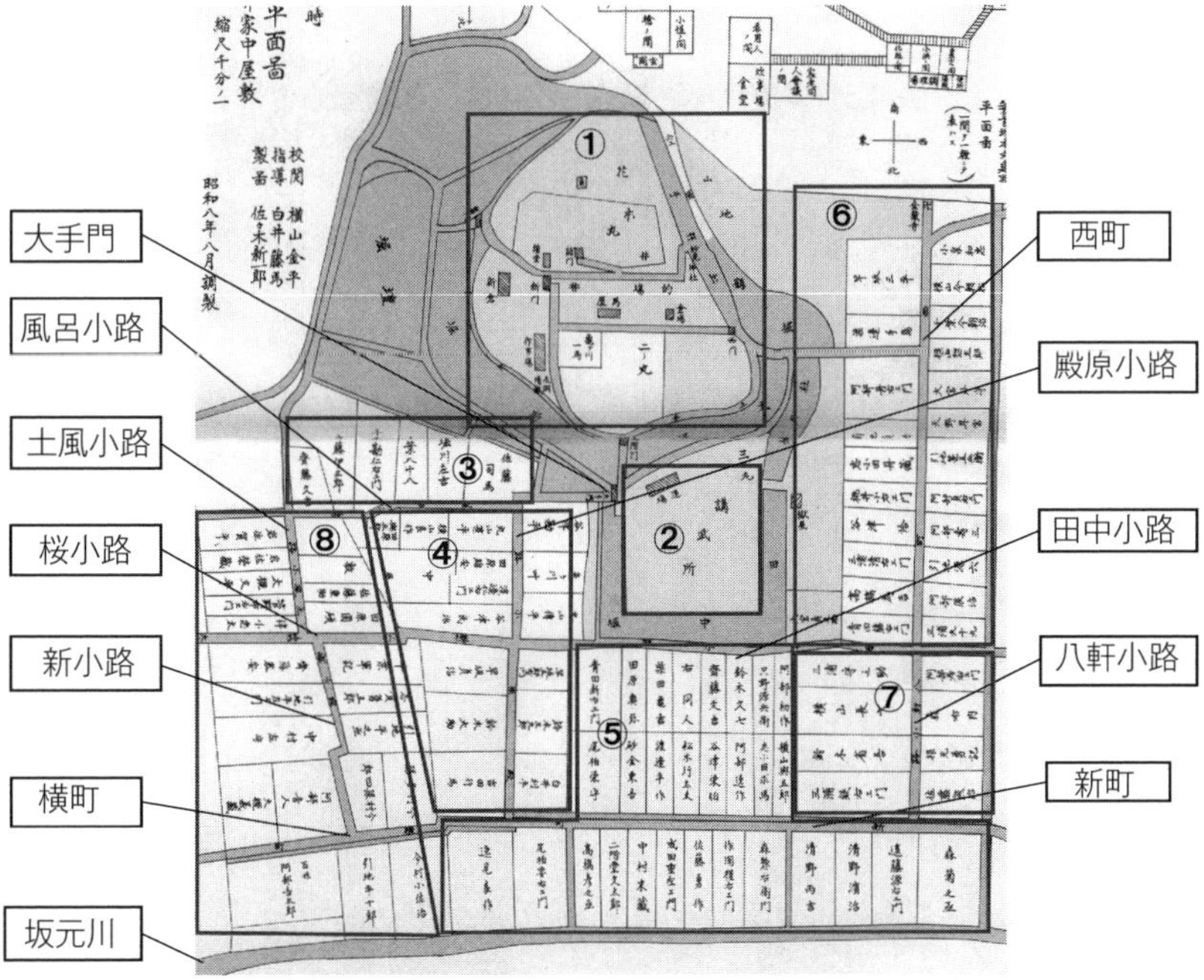

図 2-3　明治維新当時蓑首城平面図并家中屋敷（『山元町誌』1981 年）より作成

その家臣（陪臣）が住居している「家中屋敷」、足軽が住居する「足軽屋敷」、「寺屋敷」などが配置されることを述べました。坂本要害では、宝暦三年（一七五三）時に、家中屋敷が一三〇軒、寺屋敷が二軒、足軽屋敷が一二七軒ありました。また大條家では、坂本要害の隣接地だけでなく、同じ亘理郡真庭村・高瀬村にも家中屋敷・足軽屋敷がありました。大條家の知行地支配においてどのような役割を果たしていたのか気になりますが、今後の課題です。坂本要害に隣接する家中屋敷の配置については、これから絵図を利用してみていきますが、一〇〇人を超える大篠家の家臣が周囲に屋敷を構えていたこととなり、武士の集住地として無視できない規模です。当該地域にとって大きな意味をもったと思います。

家中屋敷の配置　図2−3は明治維新時の

様子を示した絵図です。蓑首城とありますが、坂本要害のことです。図の中央上段に「本丸」「二ノ丸」と書かれている場所を確認できると思います。また、ほぼ中央に「講武所」と書かれており、同じ区画に「三ノ丸」とも書かれています。そして「本丸」「二ノ丸」「三ノ丸」には堀がめぐらされています。「要害」は、近世城郭の特徴である高石垣が築かれているわけではありませんが、まさに城の様相を示していました。この城郭の北側、西側に長方形の区画がたくさん配置されています。これが大條家の家臣の家中屋敷です。この家中屋敷に居住する家臣名を把握するため、当時の地名を参考にして便宜的に八つの区画にわけて表2－4にまとめました。

①は本丸・二丸の区画、②は三丸の区画です。③は風呂小路の周辺、ここには大手門があるので、坂本要害に登城する上で一番近い所にあることになります。④は殿原小路周辺で、南北に通る殿原小路の両側にあり、ここも大手門に近い屋敷群です。⑤は三丸の堀を挟んで向かいに配置された新町・田中小路周辺、⑥は坂本要害の西門に近い西町周辺、⑦は西町の北側に配置される八軒小路周辺、⑧は東側に配置された横町・新小路・桜小路・土風小路周辺になります。これを明治維新時から二〇〇年以上前になりますが、寛永一九年（一六四二）の「坂本城御家中図」（山元町歴史民俗資料館所蔵、図2－4）に描かれた家中屋敷の配置状況と比較することで、坂本要害地域の土地利用の変化や大條家家中の性格の変化などに注目して検討してみたいと思います。

本丸・二丸・三丸の変容　明治維新時（図2－3、以下、A）と寛永一九年（図2－4、以下、B）の二つの絵図および表2－4を使用して区画ごとに比較していきます。まず①ですが、Bでは本丸・二丸の区画にも家中屋敷が配置されています。Aでは亀ヶ川《きがわ》家の一家のみでしたが、江戸時代初期は本丸・二丸にも多くの家臣が居住しており、時代が下るにつれ大條家の生活・政治空間へと変容していったといえます。①の区画に配置されていた家臣の多くは「馬上」とあります。大條家家中における身分階層を示しており、徒歩ではなく馬を利用する特

表 2-4　坂本要害周辺家中屋敷配置比較

	A. 明治維新当時		B. 寛永 19 年			知行高（寛永 21 年）
①	1	亀ヶ川一馬	1	馬上	渡辺善右衛門	2貫949文
本丸			2		早坂和泉	
二丸			3	馬上	亀川市兵衛	2貫780文
			4		大槻六郎兵衛	596文
			5	馬上	佐藤越後	829文
			6		青田与五兵衛	178文
			7	馬上	早坂内記	
			8	馬上	及川平左衛門	3貫766文
			9	馬上	亀川九右衛門	8貫392文
②		（講武所）	10	馬上	木村新蔵人	3貫245文
三丸			11	馬上	清野勘左衛門	3貫213文
			12		高田作助	512文
			13		清野左平次	
			14	馬上	砂金弥五助	1貫562文
			15		清野佐渡	1貫55文
			16		横山長兵衛	
			17		佐藤助兵衛	
③	2	佐藤司馬	18	馬上	川名七兵衛	1貫996文
風呂小路	3	堀川佐吉	19		大山孫十郎	
	4	千葉八十八	20		千葉惣八郎	
	5	千葉勘仁右衛門			（風呂屋敷）	
	6	斉藤伊三郎				
	7	斉藤久吉				
④	8	谷津勘平	21	馬上	谷津五右衛門	2貫444文
殿原小路	9	亀ヶ川叶	22		鈴木五兵衛	1貫103文
	10	丸山伝平	23	馬上	早坂掃部左衛門	1貫308文
	11	丸山甚平	24		管野清左衛門	
	12	田原雄安	25		相原主殿	
	13	渡辺仁右衛門	26		清野休兵衛	753文
	14	谷津民治	27	馬上	岩渕十右衛門	1貫980文
	15	横山良作	28		佐藤正右衛門	
	16	田原與三郎	29		鈴木休左衛門	793文
	17	早坂五郎右衛門	30		田口九郎右衛門	1貫221文
	18	鈴木三九郎	31		吉田肥後	903文
	19	白井利平	32	馬上	青田吉右衛門	884文
	20	早坂貞治	33		森利兵衛	596文
	21	鈴木大助	34	馬上	木村休七	1貫148文
	22	吉田行馬	35		犬飼作右衛門	1貫114文
			36	馬上	鈴木甚左衛門	1貫662文
			37		引地彦作	718文

	A. 明治維新当時		B. 寛永19年			知行高（寛永21年）
			38	馬上	大槻将監	2貫889文
⑤ 新町 田中小路	23	阿部初作	39		橋本喜兵衛	
	24	只野源兵衛	40		作間作平	
	25	鈴木久七	41		森三右衛門	473文
	26	斉藤文吉	42		篠田太郎右衛門	
	27	柴田亀吉	43		作間源内	
	28	田原奥弥	44		千尋満九郎	
	29	青田新右衛門	45		森与伝次	627文
	30	横山與五郎	46		砂金源兵衛	
	31	志小田求馬	47		横山弥右衛門	
	32	阿部逸作	48		作間権右衛門	566文
	33	谷津栄伯	49		安部弥七郎	620文
	34	松木行太夫	50		小泉宮内	967文（大泉）
	35	渡辺平作	51		横山九郎右衛門	516文
	36	砂金東吾	52		安部清蔵	
	37	尾柏栄守	53	馬上	高橋利右衛門	650文
	38	森惣右衛門	54		安部文八	21文
	39	作間権右衛門	55	馬上	逸見十兵衛	1貫744文
	40	佐藤勇作	56		横山文右衛門	1貫309文
	41	成田重左衛門	57		逸見正左衛門	
	42	中村米蔵				
	43	二階堂久太郎				
	44	高橋彦之丞				
	45	尾柏要右衛門				
	46	逸見良作				
	47	森菊之丞				
	48	遠藤源右衛門				
	49	清野濱治				
	50	清野丙吉				
⑥ 西町	51	早坂三平	58		安部惣吉	
	52	渡辺手島	59		黒沢太郎右衛門	
	53	阿部丹右衛門	60		安部弥平	
	54	菊地良助	61		安部加左衛門	
	55	志小田丹蔵	62		森茂助	
	56	桃井小右衛門	63		谷津長右衛門	1貫40文
	57	谷津恰	64		安部弥蔵	
	58	三浦清右衛門	65		森弥一郎	
	59	高橋為吉	66		高橋藤蔵	702文
	60	青田藤右衛門	67		下山蔵人	563文
	61	大宮貞之助	68		菊地半兵衛	
	62	小泉和恵	69		安部吉左衛門	
	63	横山今朝松	70		〔　　　　〕	

	A. 明治維新当時		B. 寛永 19 年			知行高（寛永 21 年）
	64	千葉今朝治	71		作間茂右衛門	
	65	横山惣太郎	72		黒田善助	
	66	大宮外守	73		横山又兵衛	
	67	天野丹宮	74		〔　　　　〕	
	68	引地甚五兵衛	75		安部彦右衛門	911文
	69	阿部貞右衛門	76		安部次郎左衛門	1貫84文
	70	阿部寿三	77		早坂清右衛門	635文
	71	引地源六	78		小泉左馬丞	6文
	72	阿部辰治	79		小泉次兵衛	1貫99文（大泉）
	73	三浦九十九	80		森惣左衛門	
			81		堤七郎兵衛	
			82		森外記	2貫392文
			83		かゝや敷	
			84		秋保伝右衛門	510文
⑦	74	三浦守之助	85		安部蔵人上	
八軒小路	75	横山長七	86		星掃部	533文
	76	鈴木省吾	87		早坂守兵衛	
	77	三浦鉄右衛門	88		安部勘七	
	78	阿部彦右衛門	89		佐藤十蔵	
	79	森右内	90		大槻九蔵	
	80	根元勇記				
	81	佐藤熊治				
⑧	82	佐藤重助	91		今村縫殿	1貫93文（覚右衛門）
横町	83	田原圓碩	92		下山平兵衛	
新小路	84	千葉軍記	93		早坂左内	
桜小路	85	志賀勇五郎	94		加藤作兵衛	
土風小路	86	引地平之丞	95		大槻伊右衛門	1貫7文
	87	今村多膳	96		佐藤勘助	869文
	88	今村孫四郎	97		早坂源右衛門	1貫138文
	89	岩佐賀平	98		安部弥左衛門	
	90	岩佐栄蔵				
	91	大槻文平				
	92	管野市右衛門				
	93	伴小忠太				
	94	斉藤泰安				
	95	引地平左衛門				
	96	中村左守				
	97	阿部音人				
	98	大槻勇蔵				
	99	今村小佐治				
	100	引地平十郎				
	101	阿部吉太郎(百姓)				

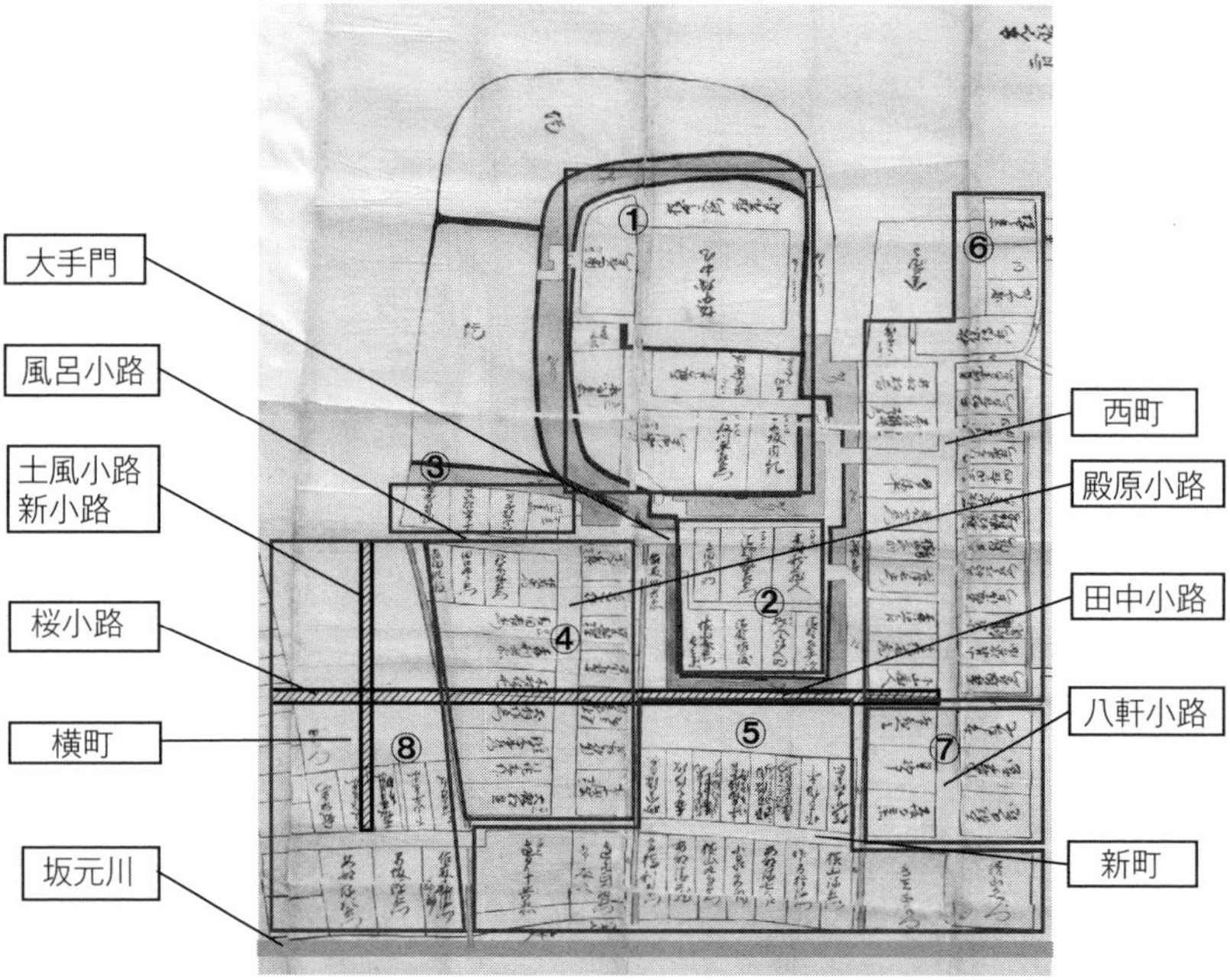

図2-4　寛永19年（1642）坂本城御家中図（部分，山元町歴史民俗資料館所蔵）より作成

権が与えられている上層の家臣たちが配置されていたことがわかります。

②三丸の区画では、Aでは「講武所」という施設ができておりますが、Bではやはり家中屋敷の空間でした。八名が配置されており、このうち三名が「馬上」の家格です。表2－4には知行高も示しましたが、「馬上」の家格の者たちは大條家家中では知行高も上層であることがわかります。江戸時代初期には有事に備えて有力家臣たちを当主のより近くに配置していたものと考えられます。

四つの小路　AとBの絵図を比較すると一瞥《いちべつ》して違いがわかることがもう一つあります。Aにはある東側の小路が、Bではまだ開通しておりません。南北に通る土風小路・新小路、それから東西に通る桜小路・田中小路です（図2－4斜線部分）。したがって、寛永一九年段階では、⑧新小路・桜小路・土風小路、それから⑤

田中小路には家中屋敷はありません。つまり、幕末までに四つの小路の開発がなされ、前者に一二軒と後者に七軒の計一九軒分の家中屋敷が整備されたことになります。

先ほど述べた本丸・二丸・三丸に配置されていた家臣が外に出されることと関係しているものと思われます。本丸・二丸・三丸空間の機能が確立されると同時に、坂本要害周辺の家中屋敷の開発も進んだわけです。なお、本丸・二丸・三丸に配置されていた家臣は上級家臣が多かったわけですが、彼らは、例えば大條家の家老である佐藤司馬《しば》（表2－4A№2）のように大手門近くの③風呂小路、④殿原小路に居住している傾向も読み取れます。他方で西町にはどちらかというと中下層の家臣が多く配置されていました。

大條家家中の変化　それからAとB両図と表2－4を丁寧に見ていきますと、Aにしかでてこない名前（苗字）があることがわかります。例えば、尾柏家（表2－4A№37、45）、三浦家（表2－4A№58、73、74、77）などです。大條家家中は、二六〇年余りの江戸時代の中で流動化していたということです。もちろん初期から大條家に仕える家臣がいるわけですが、途中で新規参入してくる家臣もいたことがわかります。どういった性格の家なのでしょうか。

尾柏家は文政年間（一八一八～三〇）には村役人を務めていたようです。おそらくその実務能力が認められて登用されたのだと思います。もともと大條家の知行地村々の村役人が、大條家の家中屋敷に武士として居住しているわけです。また、Aの図をみると、横町の北東の隅の家中屋敷の居住者である阿部吉太郎の肩書きには「百姓」とあります。江戸時代後期になると次第に領民支配の実務能力が優れていて、かつ学問的にも専門知識を持つような村役人層がでてきます。また財政的にも支援できるような経済力を有している場合もあります。彼らが大條家内部で登用されていくという社会変容の様子を読み取ることができます。

地名の歴史　また、両図を比較すると坂本要害周辺の地名が定着していく様子もみえてきます。たとえば、Aの③「風呂小路」の名称の由来です。Bの図をみると一番東側に「風呂屋敷」と書かれている屋敷地があることがわかります。風呂小路の名称はこの「風呂屋敷」に由来するのではないかと思います。ただ、「風呂屋敷」が一体どういった屋敷なのかは残念ながら未詳です。

またAの北西側の区画には⑦「八軒小路」があります。この区画には家中屋敷が八軒あります。つまり、「八軒小路」の由来は屋敷が八軒あることにもとづくものといえます。「風呂小路」や「八軒小路」という地名は現在も残っています。地名の由来が、このように大條家の家中屋敷の配置に関わっていたのです。これは現代社会にもつながる地域の歴史の起点に、大條家がこの地を治めていた時代が重要な意味をもっていたことを示しています。他地域でもこのように江戸時代の地方知行制がもたらした地名の事例があるのではないかと思います。

おわりに

「仙台藩士の知行地支配」というタイトルにて話を進めてきました。具体例として「一家」という家格、四〇〇貫文の知行高で「要害」を拝領した大條家を取り上げ、タイトルの前提となるような基礎的な部分を中心に大きく二つのことを紹介してきました。

大條家とその知行地　一つは、大條家の知行地の変遷と加増の理由、そしてその配置の特徴です。大條家の歴代当主の多くは仙台藩政において要職に就任しましたが、その要職遂行のための経済基盤として知行地の加増がなされてきた側面があることを明らかにしてきました。つまり、大條家は奉行職などの役職を勤め、その経済的基盤として知行を拝領していたのです。その配置は分散相給の形態で、これは他の藩士とも共通する特徴といえます。

知行地支配の実態　こうした特徴をもつ知行地を大條家がどのように支配していたのかということを述べなければなりませんが、そこまで至りませんでした。では、どのように年貢を徴収していたのか、具体的にわかる史料を一点だけ紹介したいと思います。慶応二年（一八六六）「高四百貫文御物成壱紙」（大條家文書一―六〇）という史料で、大條家がどの程度年貢（物成《ものなり》）を徴収していたかをまとめたものです。これをみると、米九五二石二斗九升三合、大豆六六石一斗一升五合、金六四切八分八厘を収納していたことがわかります。しかし、このとき年貢を取り立てた村は、宝暦一二年段階の知行村と村名が異なる場所があります。志田郡福沼村（現大崎市）、刈田郡永野町（現蔵王町）、加美郡小野田本郷之内原（現加美町）です。史料名にもあるように大條家の知行高は四〇〇貫文で変化はないわけですが、宝暦一二年段階の知行村からの年貢ではないことがみえてきます。非常に細かいことですが、仙台藩の地方知行制の実態を考える上で見過ごしてはいけない問題であるように思います。

大條家と坂本要害　二つめに仙台藩の地方知行制を特徴づける「在郷屋敷」についてみてきました。仙台藩では、各藩士の家臣（陪臣）が藩士層（直臣）の二倍程度存在し、彼らは「家中屋敷」をもって在地に住んでいました。この具体相を大條家と坂本要害を事例に寛永期と幕末維新期の絵図を比較することで、要害地域の形成過程や大條家中の性格の変化を明らかにしました。また、この作業の中で現在にも残る「家中屋敷」を由来とする地名を確認し、大條家の知行地支配が地域の歴史に刻まれていることを確認しました。つまり、大條家の知行地支配を研究することは、藩政史研究を進めるだけなく、地域の歴史を解明する重要な手立てでもあることが分かりました。この点は大変魅力的であると思います。

重層的な家臣団構造　最後に、多くの武士が在地に生活している仕組みがもたらす地域の歴史を明らかにするために、仙台藩の重層的な家臣団構造を明らかにしていくことが課題となることを述べておきたいと思います。すなわち、〔藩主―藩士（直臣）―「家中」（陪臣）―「又家中」（陪審の家臣）〕という構造です。陪臣たちにも家臣（「又家中」）がいました。大條家でも宝暦三年（一七五三）に坂本本郷に「又家中屋敷」が六軒あることがわかります（表4－3参照）。また、坂本要害周辺だけでなく、高瀬村や真庭村にも家中屋敷や足軽屋敷がありました。本来、村社会においては異質な武士の存在が違和感なく併存できる社会がどのように成立していたのか、重層的な家臣団構造の存立のあり方を追究する必要があると思っております。さいわい大條家の場合は家中の家に伝来した古文書も残されています。この課題に取り組むことは、知行地支配の実態を明らかにすることにもつながると思っています。本日の基礎的な内容を土台にして、引き続き、大條家を中心として仙台藩の地方知行制の意義について研究を進めていきたいと思っております。

【参考文献】
小林清治編『仙台城と仙台の城・要害』（名著出版、一九八二年）
J・F・モリス『近世日本知行制の研究』（清文堂出版、一九八八年）
J・F・モリス、白川部達夫、高野信治編『近世社会と知行制』（思文閣出版、一九九九年）
J・F・モリス『近世武士の「公」と「私」―仙台藩士玉蟲十蔵のキャリアと挫折』（清文堂出版、二〇〇九年）
J・F・モリス『一五〇石の領主―仙台藩士玉蟲十蔵の領地支配―』（大崎八幡宮、二〇一〇年）
仙台市史編さん委員会編『仙台市史』通史編三・近世1（仙台市、二〇〇一年）
山元町誌編纂委員会編『山元町誌』（宮城県亘理郡山元町、一九七一年）

山元町誌編纂委員会編『山元町誌』第二巻（宮城県亘理郡山元町、一九八六年）
『大條家坂元開邑三百五十年祭小志』（おもだか会々長・佐藤司馬、文星閣、一九六六年）

第三章　山形・福島時代の堀田家
——財政難と家臣団の「御減少」——

藤方博之

はじめに

堀田家とその家臣たち　本書第一、二、四章では、仙台藩や秋田藩といった外様大名の大藩を取りあげていますす。これに対して本章では、一〇万石の譜代大名・堀田家を取りあげて、一般の家臣たちの動向を中心にお話ししていきます。堀田家は、下総国佐倉藩主であった期間が長いのですが、山形や福島の藩主であった期間もあります。江戸時代の大名家はしばしば財政難に苦しみましたが、堀田家では山形・福島時代に財政難が特に顕在化しました。そのような状況下で、藩庁は家臣たちをどのように扱ったか、また家臣たちはどう行動したかを具体的にご紹介したいと思います。

家臣たちの記録　大名家臣について調べる際に、よく利用するのは家譜のたぐいです。家譜の一般的な形式は、親族関係を示す系線で人名の間を結び（系図）、各人名のところに履歴を掲載したものです。一見無味乾燥な家臣の履歴を読んでいくと、家臣団内部の実態が垣間見えることがあります。堀田家家臣の家譜としては、「保受録《ほじゅろく》」（堀田家文書）という史料があります。これは、家臣たちの家譜を藩庁が取りまとめて編纂したものです。ただし家臣のなかでも、世襲を許されていた階層が対象のため、足軽《あしがる》や中間《ちゅうげん》といった非世襲の者たちは含まれていません。

ここではある一家（本間《ほんま》家）を例に、記載の方式を紹介します。まず「本間」と名字が書かれています（図3－1－1）。系図の出発点には、堀田家に仕えた最初の人物の実名《じつみよう》（諱《いみな》）が「長信」と書かれていて、その下に通称「源之丞」「十左衛門」が書かれています。この人物は通称を途中で変えたようです。実名の左側に続く文章は履歴の部分で、主に堀田家に対する奉公の内容が書き連ねられています。図3－1－2は、初代（長信）の履歴に続いて二代目（長章）の記述が始まる部分です。この人物には兄弟の記載がありませんが、兄弟がいる場合は系線が枝分かれして、長男の後ろに次男、三男以降の記述が続きます。なお、「保受録」では女性が独立して項目立てられることはほとんどありません。例外的に、奥女中を務めたり、藩主の側室になったりした女性が登場することがあります。ただ、各家臣の履歴の末尾には、婚姻についての記述があり、家臣の妻になった女性はここに記載されます。その場合でも実名は記されず、「〇〇女《むすめ》」「〇〇妹」といった実家の当主との続柄のみとなります。

1　藩主・堀田家と家臣団の概要

(1)　堀田家について

将軍の側近として　本題に入る前に、藩主・堀田家について述べておきたいと思います。そもそも堀田家は尾張国の小領主で、堀田正吉《まさよし》（一五七一～一六二九）のときに織田信長（一五三四～八二）や小早川秀秋（一五八二～

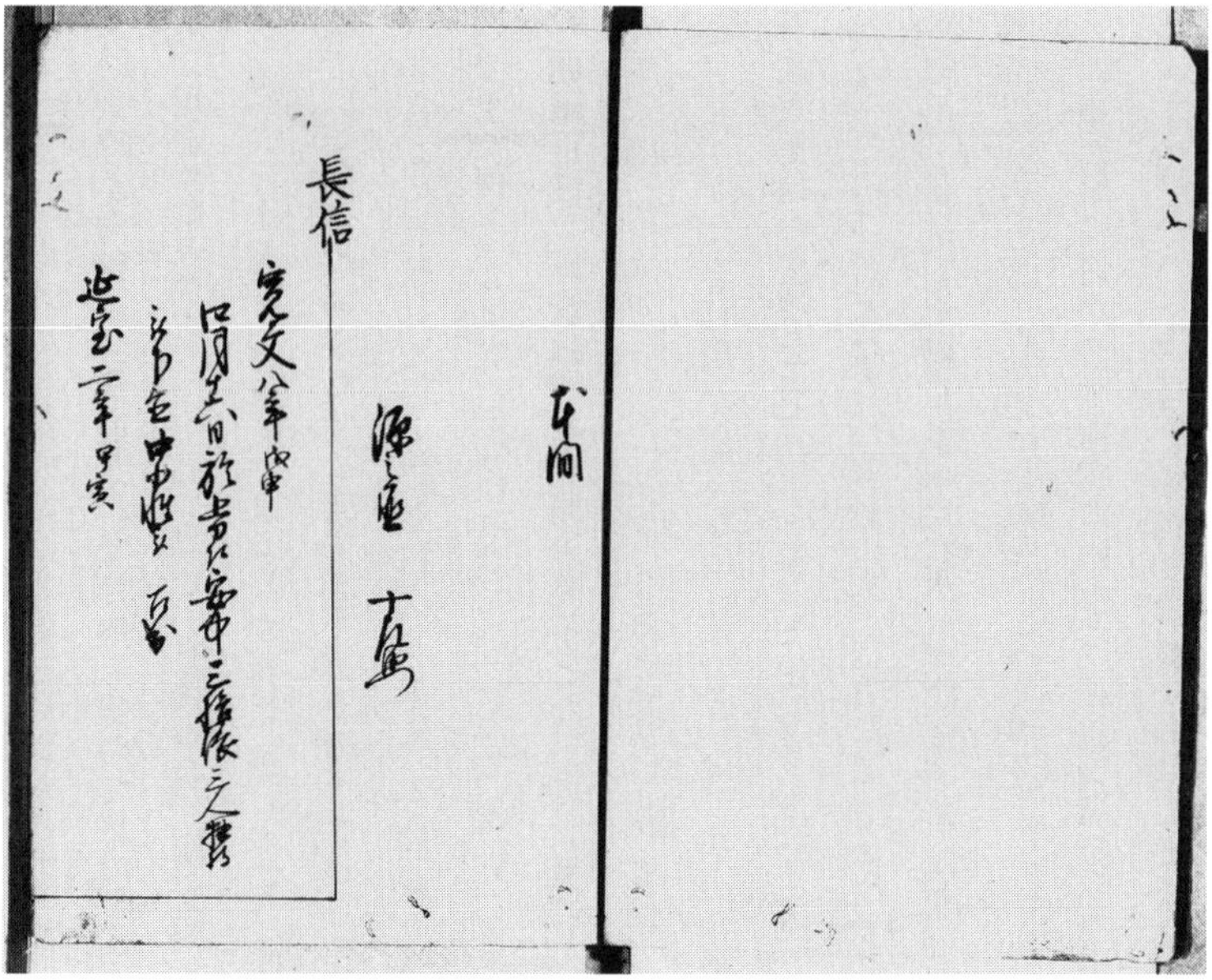

図 3-1-1　「保受録」の記載（本間家初代）

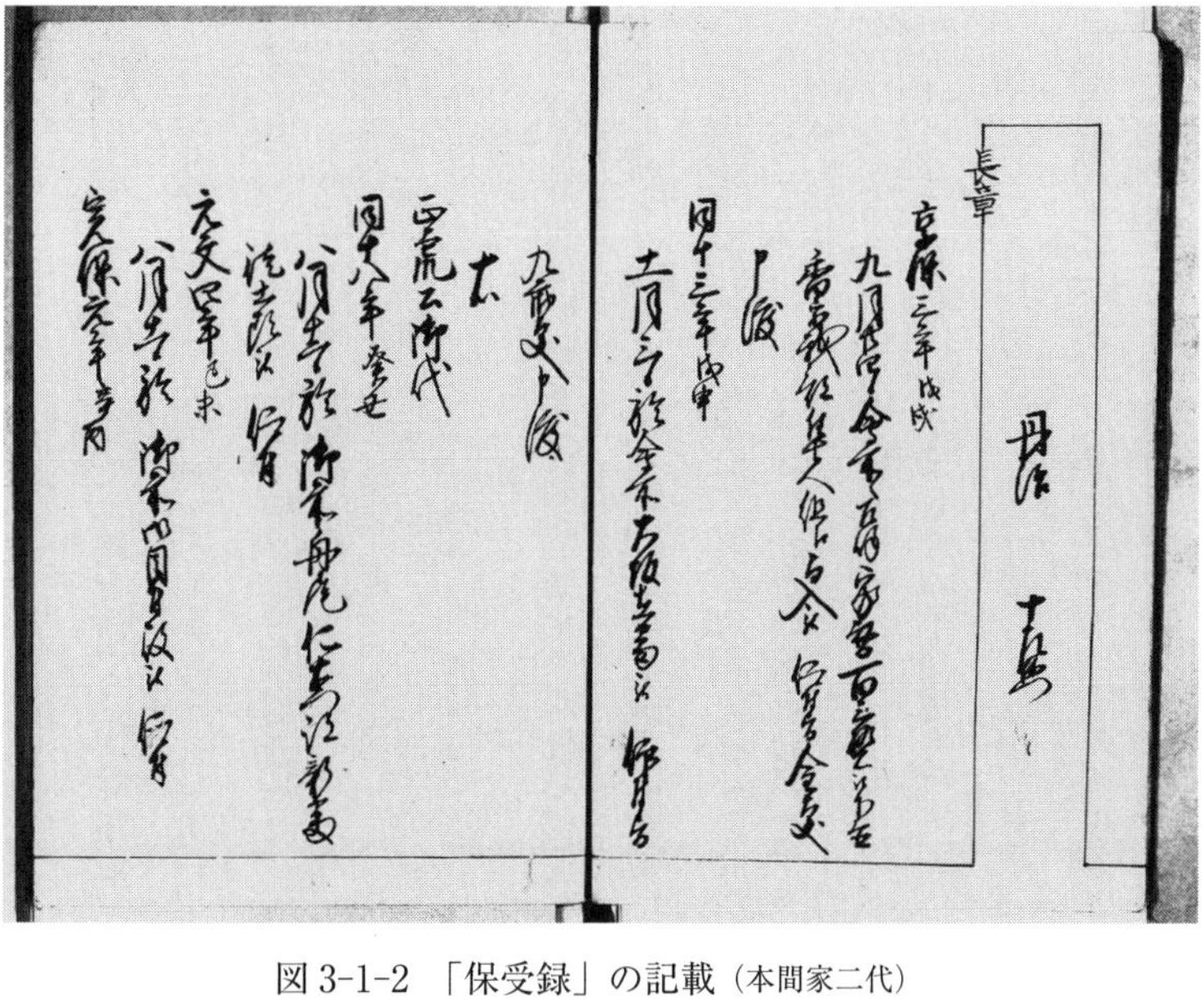

図 3-1-2　「保受録」の記載（本間家二代）

一六〇二）などに仕えたのち、慶長一〇年（一六〇五）に徳川家に召し抱えられます。正吉の子・正盛《まさもり》（一六〇九～五一）は、義理の祖母にあたる春日局《かすがのつぼね》（一五七九～一六四三）との縁によって三代将軍家光（一六〇四～五一）に幼少時より仕え、側近として昇進を重ねて幕府老中まで務めます。領地は数度の加増・転封を経て、下総国佐倉（現千葉県佐倉市）一一万石に至りました。慶安四年（一六五一）に正盛は家光の死に殉じ、長男正信《まさのぶ》（一六三一～八〇）が相続します。ところが正信は、万治三年（一六六〇）に幕政を批判して無断で江戸から居城（佐倉城）に帰り、改易されてしまいます。その子正休《まさやす》（一六五五～一七三一）の系統は、正盛の功績によって一万石の大名として存続していくことになります。今回取りあげる堀田家は、正盛の三男・正俊《まさとし》（一六三四～八四）の家系です（図3－2）。

堀田正俊　正俊は、春日局の養子となって大奥にて養育されるという特別な扱いを受けています。八歳で四代将軍家綱（一六四一～八〇）の小姓《こしょう》となり、父と同じように将軍側近として出世をしていきます。寛永二〇年（一六四三）に春日局が亡くなったときには、その領地三〇〇〇石を相続して初めて領主になります。堀田家の石高と領地の変遷を表3－1として示しました。父・正盛が亡くなったとき、兄から分けられた領地と合わせて一万三〇〇〇石となり、大名の列に加わることになります。その後、幕府内での昇進とともに二万石、四万石と累増し、そして天和元年（一六八一）には一挙に九万石の加増を受けて一三万石になりました。本拠地も、下総国古河《こが》（現茨城県古河市）に移されています。

天和元年に何があったかというと、正俊の幕府大老就任です。四代将軍が亡くなった際、正俊は後継に徳川綱吉（一六四六～一七〇九）を推したといわれています。五代将軍となった綱吉の厚い信任を受け、大老に抜擢されて幕政を主導しました。しかし貞享元年（一六八四）、若年寄・稲葉《いなば》正休《まさやす》（一六四〇～八四）に江戸城内で刺され、自邸に運ばれるものの死去するというショッキングな最期を遂げることになります。この殺害事件の背景については諸説があり（下重清二〇〇六）、綱吉と正俊の対立が原因ではないかという説も提起されています（小川和也二〇一四）。

堀田家の不遇時代　本章は、昇進を重ねた時期ではなくて、正俊が亡くなったあとが対象になります。長男正《まさ》仲《なか》（一六六二〜九四）が相続しますが、弟たちに領地を分けたため一三万石から一〇万石になります。双子の弟

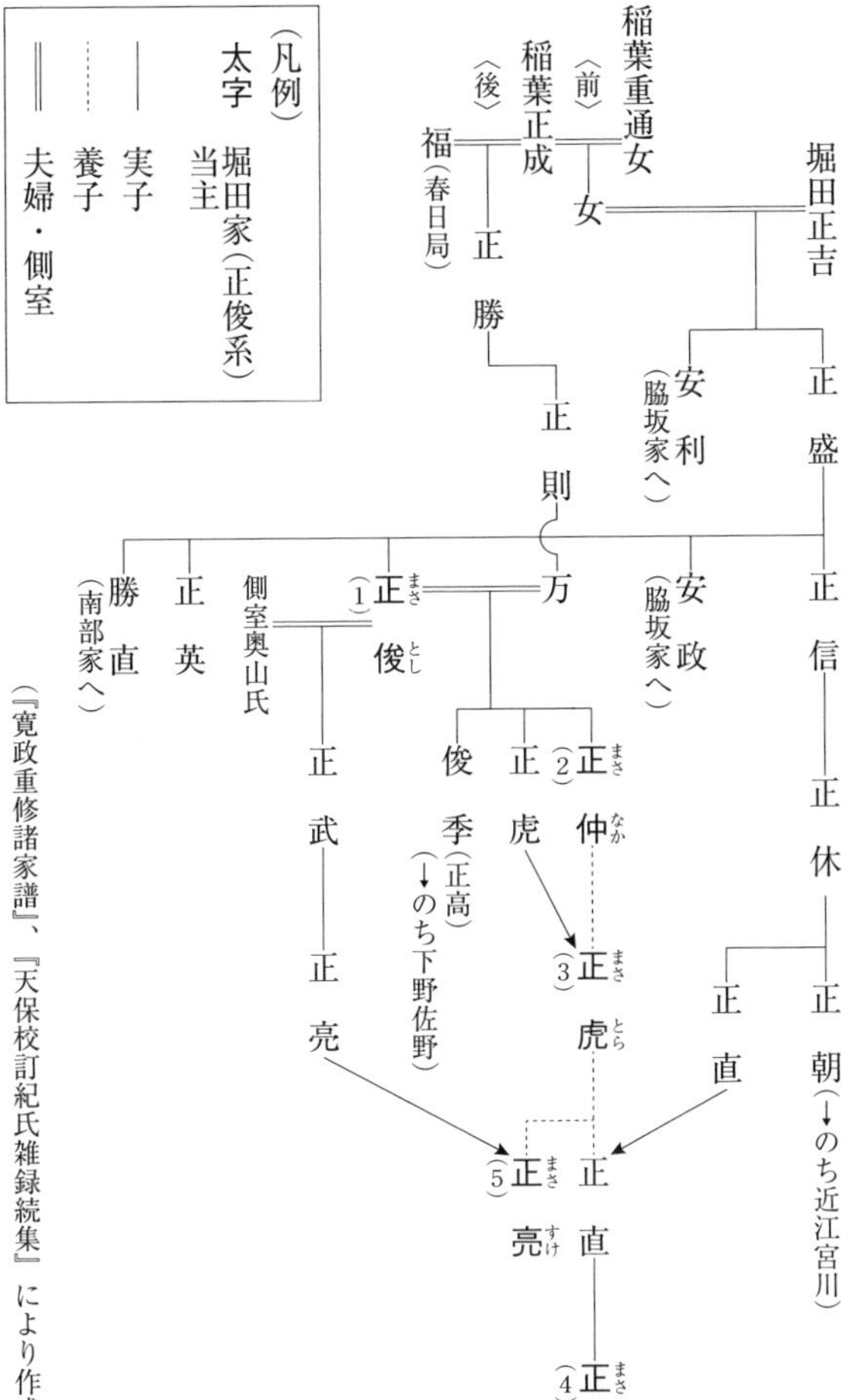

（『寛政重修諸家譜』、『天保校訂紀氏雑録続集』により作成）

図3-2　堀田家略系図

表 3-1　堀田家の石高・領地変遷

年　代	当主	石　高	本拠地
寛永20年（1643）	正俊	3000石	相模吉岡
慶安 4 年（1651）	正俊	13000石	下総守谷
万治 3 年（1660）	正俊	20000石	上野安中
延宝 7 年（1679）	正俊	40000石	（加増）
天和元年（1681）	正俊	130000石	下総古河
貞享元年（1684）	正仲	100000石	（弟らへ分知）
貞享 2 年（1685）	正仲	100000石	出羽山形
貞享 3 年（1686）	正仲	100000石	陸奥福島
元禄13年（1700）	正虎	100000石	出羽山形
延享 3 年（1746）	正亮	100000石	下総佐倉
宝暦10年（1760）	正亮	110000石	（加増）

出典）『寛政重修諸家譜』

である正虎《まさとら》（一六六二〜一七二九）には二万石、下の弟の俊季《としすえ》（一六六七〜一七二八）に一万石を分けました。正仲はその後、貞享二年（一六八五）六月に古河から出羽国山形（現山形市）へ領地を移されました。さらに翌年七月には陸奥国福島（現福島市）への領地替えとなり、一年余りで二度も転封を命じられました。石高はそのままでありながら、堀田家の史料では山形は古河よりも収入が少ない土地で、福島はさらに少なかったとされています。また、堀田家当主はこのあと半世紀ほど幕府要職に就くこともありませんでした。正俊が殺害された堀田家は被害者側のはずですが、幕府からはこのような扱いを受けており、政治的に不遇な状況にあったといえます。

元禄七年（一六九四）に正仲が三三歳で亡くなります。男子がいなかったため、弟の正虎が跡を継ぎました。そして、元禄一三年（一七〇〇）に再び山形に領地替えとなり、正虎のあと正春《まさはる》（一七一五〜三一）、正亮《まさすけ》（一七一二〜六一）と代を重ねます。正亮は延享二年（一七四五）に老中となり、その翌年に領地を関東の要地である佐倉に移され、堀田家は幕末まで佐倉藩主として存続することになります。

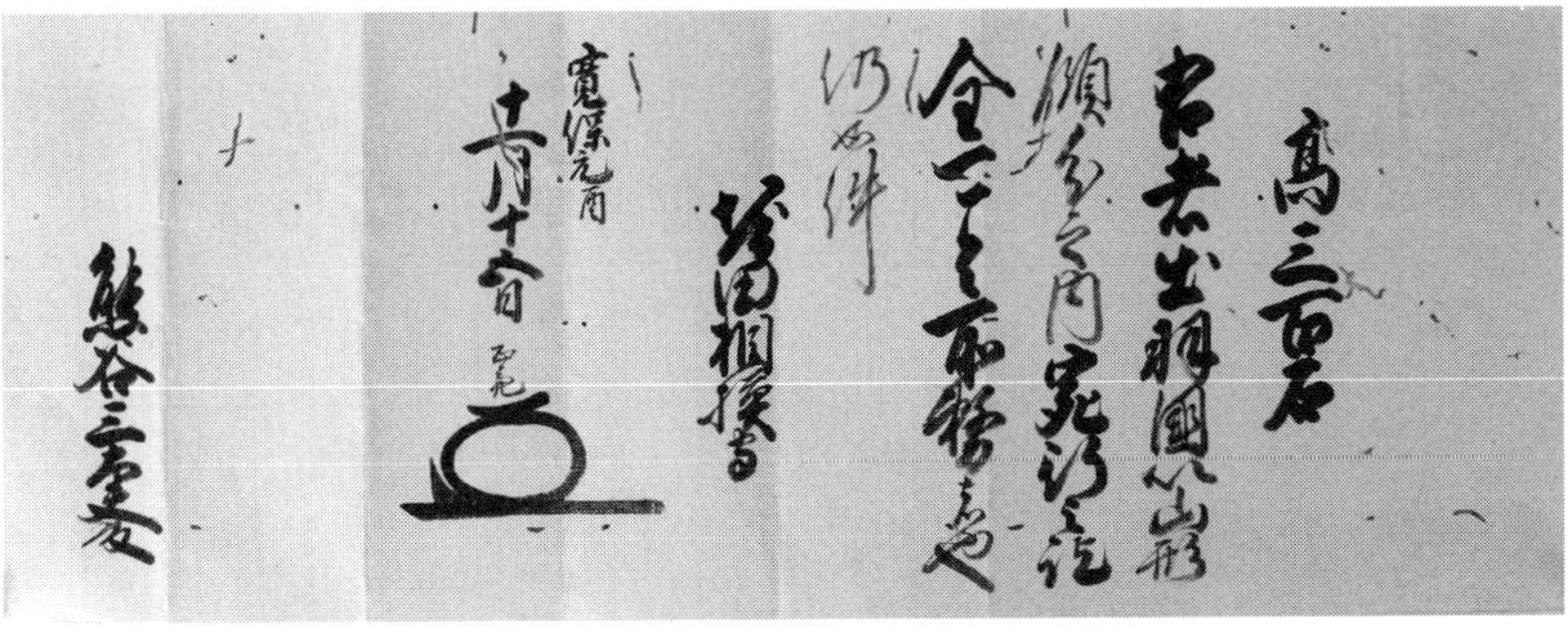

図3-3　知行宛行状（熊谷家文書）

(2)　家臣団の拡充と定着状況

家臣団の拡大　堀田正俊が幕府内で昇進し加増を受けるにともなって、家臣団は拡大していきました。寛永一二年（一六三五）、正俊がまだ二歳のときに、春日局が小姓を一人付属させます。これが家臣団の始まりです。伊達家のように戦国時代から、あるいはより古くから仕えた由緒をもつ家臣が存在する大名家とは対照的に、家臣団創設の最初の瞬間がはっきりわかります。その後も段階的に、春日局や父・正盛、兄・正信から家臣を分けられます。この頃に正俊に仕えた家臣たちが、のちに堀田家の譜代家臣の中核に位置付けられていきます。正俊の晩年、古河一三万石時代には家臣数は一七二〇人に膨れ上がりました。最初は一人だった家臣団が、正俊一代でここまで拡大したのです。

堀田家は、家臣団内の役職も必要に応じて設置していきました。正俊の領地が三〇〇〇石であった段階には、小姓や側役《そばやく》などの側近や、領地支配を担当する郡方といった必要な役職しか設けられていなかったのです。正俊の相次ぐ加増を画期として、家臣が増えるとともに職制も段階的に拡充されていきます（藤方博之二〇〇六）。

蔵米知行制　図3－3は山形時代の寛保元年（一七四一）、堀田正亮が家

表 3-2　家臣の定着状況（寛政 5〈1793〉年まで）

主君	期間［年数］	召し出し家数	家臣側の事由 暇（依願）	立退・出奔	無嗣	自害（乱心など）	変死	藩庁側の事由・処罰 減少（家臣整理）	暇（譴責）	追放・召し放ち	切腹	死罪	暇（契機不明）	不明	その他（分家へ附属など）
正俊代	1643-84［42］	539		2	2	2			1	4	1		4	1	6
正仲代	1684-94［11］	45	30	3	9(1)	2			6	11		2	5	1	26
正虎代	1694-1729［36］	124	7(1)	8(1)	7(1)	9(1)		122(40)	1	14(1)		1	3		3
正春代	1729-31［3］														
正亮代	1731-61［31］	81	3	7(1)	3	3(1)	2		3	17	1				
正順代	1761-93［33］	34	4(1)	16	12(2)	2(1)	2(1)			10(3)		1			
年代不明		8			6					1			4	90	4
計		831	44(2)	36(2)	39(4)	18(3)	4(1)	122(40)	11	57(4)	2	4	16	92	39
			445(56)												

出典）「保受録」（堀田家文書）　＊（　）内は断絶後に再興した家（内数）．月日不明の事例が主君交替の年に当たっている場合は，新主君の期間に入れた．（藤方 2017）

臣の熊谷三大夫《くまがいさんだゆう》に与えた知行宛行《ちぎょうあてがい》状（熊谷家文書、個人蔵）です。冒頭部分を読み下すと、「高《たか》三百石　右は出羽国山形領分の内を以て、之《これ》を宛行《あてがい》訖《おわ》んぬ」とあります。三〇〇石の領地を与えるという内容ですが、どの村を与えるかという指定がありません。野本禎司さんは本書第二章で、伊達家重臣・大條家文書のなかの知行宛行状を紹介していましたが、「亘理郡坂本本郷」など、領地となる地域の指定があります。宛行状とは別に領知目録が与えられて、そのなかで指定されるケースもありますが、堀田家の場合はそういったことを行いません。これは伊達家のような地方《じかた》知行制とは異なる制度を導入しているためで、堀田家のやり方を蔵米《くらまい》知行制と呼びます。藩庁が領内の年貢を集めて家臣たちに封禄として支給する方式なので、三大夫に与えられた「三〇〇石の領地」は名目上のものなのです。地方知行から蔵米知行に移行する大名家もありますが、堀田家では当初から蔵米知行制を採っていたとみられ、地方知行制の形跡は見当たりません。

家臣は堀田家に定着したか　拡大した家臣団は、正俊没後の不遇時代にどうなっていったのでしょうか。表3－2は、家臣の家が存続しているかどうか、「保受録《ほじゅろく》」によって集計したものです。この史料には欠巻があって、残念ながらすべての家譜がわかるわけではなく、載っている家は全部で八三一家です（「召し出し家数」の合計）。「保受録」は寛政五年（一七九三）までの履歴を収録していますが、その年まで続いていない家が四四五家あるのです。このうち五六家は一度断絶してから再興した家ですが、これを差し引いても半数近くの家が存続しなかったことがわかります。

この表からはさまざまなことがいえそうですが、今回注目する点は二点です。まず、「暇《いとま》（依願）」の列です。これは自ら願って暇を得た家臣の家を示しています。正仲・正虎の時代に、計三七家が暇を得ています（うち一家はのちに再興）。もう一つは、「減少（家臣整理）」の列です。これは、藩庁側の都合で召し放たれてしまった、いわばリストラされた家です。家臣整理のことを堀田家では「御減少」と呼んでいます。これは正虎時代のみ一二二家あります。どちらも堀田家の家臣ではなくなった事例で、その数が他の時期と比べて突出しています。当時の家臣団の状況をよく示すものとして、以下ではこの「暇」と「減少」について詳しくみていきます。

2　正俊没後の家臣団

(1)　暇を願う家臣

福島への異動拒否　本節では、自ら暇を願った家臣たちを紹介していきます。最初に、今井《いまい》十治兵衛《じゅうじべえ》という家臣の例を取りあげます。十治兵衛は天和二年（一六八二）に一五〇石で召し抱えられた人物で、元禄二年（一六八九）二月に江戸から福島への異動を命じられています。それに対して、今井は次のような内容の文書を藩庁に提出しました。文書の写しが「保受録」に収められていて、私たちも読むことができます。現代語訳をしてみると、「このたび福島への異動につきまして、かしこまりました。早速赴くべきところですが、近年は勝手不如意で役目についてお訴えしようと考えていたところに、異動を命じられました。私の家族には老人・女性・子供が多く、福島への引っ越しは困難と存じます。このうえは、永《なが》のお暇を下さいましたならばありがたく存じます」というような内容です。十治兵衛は勝手不如意（家計が苦しい）で、自らの役目について藩庁に何か訴えようと思っていた。そういうときに福島に引っ越せと命じられてしまった。旅が負担となる家族もおり、引っ越せないので辞めさせていただきます、といった趣旨で願い出ています。結果として、十治兵衛は願いのとおり暇を与えられました。

殿様も引き留められず　続いて、堀右衛門《ほりうえもん》という家臣の例です。この人物は天和二年に五〇人扶持（一人扶持は一日米五合）で召し出されました。貞享二年（一六八五）には自ら望んで江戸から古河へ異動しています。ところがその翌年、右衛門は暇を願い出ます。「保受録」には、このときの藩庁の日記（貞享三年〈一六八六〉三月二三日）が引用されています。ちなみに、この時期の藩庁日記は原本が残っておらず、「保受録」に引用された情報はたいへん貴重です。その箇所では「さきごろ永のお暇を願い出たところ、殿様のお耳に達した。殿様が仰せられたことには、歳を重ねた右衛門が当所で暮らすことが難儀になり、そのうえ不如意であることから、引き留めようがないので願いのとおり暇を与えるとの旨である」としています。右衛門が古河に異動したあと山形への領地替えが続き、貞享三年当時は福島入封のあとで、「当所」とは福島を指しています。右衛門は、老年のため福島に住み続けることが難しいこと、そして十治兵衛と同様に家計が苦しいことを理由に暇を願い出ました。それに対して藩主は、引き留めようがないから暇を与える、と申し渡しているのです。

先述のとおり、福島時代の堀田家では、同じ一〇万石といっても古河や山形の時代と比べて収入が落ち、財政難に陥っていました。あとで触れますが、家臣の家計が苦しくなっていたのも、財政難のしわ寄せがおよんでいたためとみられます。領地替えにともなう引っ越しも、家臣にとっては負担となったでしょう。堀田家を辞す家臣が相次ぎ、財政が苦しい藩主も彼らを引き留められないという実態がうかがえます。

恩義を感じる家臣　そうはいっても、全体としては残る家臣も多く、特に古くから仕えている家臣は踏みとどまろうとします。福与与五太夫《ふくよよごだゆう》の場合をみます。福与家は、正俊の祖父・正吉の代から仕えている数少ない家です。正盛、正信と堀田宗家に仕えていたのですが、正信が改易されてからは他家に仕えていました。その後、与五太夫は病気になりますが、大老となった正俊が天和元年（一六八一）に召し抱えました。病気のためにあまり奉公できないことが想像されますが、正俊も古い縁があるため呼び寄せたのでしょう。

貞享二年（一六八五）に与五太夫は亡くなり、堀田家への恩義の旨を「末期書置《まつごかきおき》」として提出しています。そのなかで与五太夫は、「昨年冬より段々体調が悪化し、ほとんど狂気のような状態にあると感じます。思うに任せない状況ですので、絶命致します」と書いています（「変死録」千葉県旧藩記録、京都大学所蔵）。はっきり書いていないのですが、絶命すると自ら書いており、自害したとみられます。正俊が出世してせっかく呼び寄せてくれたのに、満足に奉公できないことを苦にして自害してしまったのではないでしょうか。このときはすでに正仲の代になっています。暇を願う家臣がいるいっぽうで、こうした家臣もいることをおさえておきたいと思います。与五太夫は子が無いまま亡くなったので、本来なら福与家の存続は認められないはずですが、養子を迎えて相続することが認められました。

新井白石の証言　続けて、新井白石《あらいはくせき》（一六五七〜一七二五）の自叙伝『折《おり》たく柴《しば》の記《き》』を取りあげます。六代、七代将軍のブレーンとして幕政に参画した白石ですが、実は二〇代の後半から三〇代にかけては堀田家に仕えていました。『折たく柴の記』には、正仲時代の家臣団の状況が書かれています。「不幸の事のみ打続て、後には家人等を扶助《ふじょ》すべき事も意のまゝならず、皆々其禄米《ろくまい》を減ぜられしほどに、禄を辞し去るものどもすくなからず」とあります。不幸なことが続いて、家臣を扶助することが意のままにならなくなり、封禄が減らされて堀田家を去るものが少なくなかった、としています。白石本人は、主君が困っているときに去るべきではないと奉公を続けますが「つひには財尽き力窮《きわま》りて」、元禄四年（一六九一）に暇を願って堀田家を辞していきます。

(2)　封禄削減

財政難のしわ寄せ　白石が「皆々其禄米を減ぜられ」と記したのはどういう状況か、もう少し具体的に述べておきたいと思います。大名家が財政難のために家臣の封禄をカットするのは、珍しいことではありません。堀田家の場合、正俊時代の延宝七年（一六七九）から「侍中申合《さむらいちゅうもうしあわせ》」といって、家臣たちの自発的な申し出として禄の一部を返上することが始まります。

封禄削減が制度的に定着するのは、正仲時代の貞享三年（一六八六）からです。福島入封をきっかけに、山形より収入が少なくなったということから、「歩引《ぶびき》」という封禄削減が家臣団に命じられました。歩引はどういう手法だったかというと、禄高階層別に削減率を定めるもので、高禄ほど削減率が大きくなります。もっとも高禄の若林家がこのとき二七〇〇石でしたが、六五％引きになりました。そのほか一部を紹介すると、五〇〇石の者は五〇％引き、士分としては一般的な一〇〇石の者は三〇％引きという具合に設定されました。その後、財政状況によって歩引は廃止と再導入を繰り返しました。正徳元年（一七一一）には、歩引にかわって「擬扶持《あてがいぶち》」が導入されます。これは、禄高別に固定した扶持米を支給するもので、このとき三〇〇〇石であった若林家は八〇人扶持とされます。八〇〇～五〇〇石の層は三〇人扶持、一四〇～一〇〇石の層は一一人扶持とされました。くわしい計算は割愛しますが、歩引のときよりも削減が大きくなっています。家臣たちの家計が苦しいのは、堀田家の財政難のしわ寄せを封禄削減というかたちで受けているためなのです。このあとの堀田家では、封禄が全額支給される時期もありましたがそれは例外的なことで、歩引もしくは擬扶持の適用が幕末まで続くことになります。

(3)　相続保障

重役の優遇　封禄削減と並行して、家臣の相続を保障する制度も正仲時代に導入されます。「御家中家督大格」は、貞享元年（一六八四）の正俊没後から貞享三年（一六八六）の間に定められたとみられる規定です（「襲録製志」千葉県旧藩記録）。このなかで、家老・年寄が子息に跡を譲るときには、同じ禄高を保障するとしています。なお堀田家では、他家でいう家老が「家老」と「年寄」に分けられていました。家老は一人だけで概ね若林家が世襲し、年寄は六人程度任命されました。

成立期からの家臣　同じ規定のなかで、家臣団の成立期から仕えている者たちにも触れています。正俊が部屋住みのときから仕えている者、兄・正信から分けられた者は、やはり相続時に先代と同じ禄高を保障すると定めています。堀田家は、分家してから正仲でまだ二代目なのですが、召し抱えの年代を基準に厚遇する範囲を設定しているのです。規定によって古参家臣を作り出した、といえるでしょう。正俊亡きあと財政難が昂じていく堀田家において、重役と古参の家を保護する方針を示すことは、家臣団内の秩序を整えて動揺を抑えるための方策の一つだったのではないかと考えられます。これに対して、新参とされた者や重役を罷免された者は、相続のときに二割減禄されることになっていました。

3 「御減少」と家臣の動向

(1) 正虎の襲封

実質的な領地削減　次に、表3－2で注目した二点目、家臣整理「御減少」について述べていきます。元禄七年(一六九四)に正仲が亡くなりその跡を正虎が継ぎますが、幕府による堀田家冷遇は続きます。父・正俊没後、正仲自らは一〇万石を相続、正虎へは二万石を分けていました。正虎が正仲の一〇万石を相続するとなれば、合併して一二万石になるのかと思いきや、正虎の二万石は幕府に取りあげられてしまったのです。すると、実質的には二万石減となりますから、従来の規模で家臣を抱え続けることが難しくなります。それで、正虎の相続直後、最初の家臣整理が断行されることになります。

家臣整理の基準　このとき出された「覚《おぼえ》」には、召し放ちの基準や対応策が書かれています(『佐倉藩紀氏雑録』)。全七項のうちいくつかを紹介します。第一項では「天和二年(一六八二)以降に召し出された面々に対しては、役人・近習《きんじゅう》をしている者を除いて暇を与える。ただし、当分は小扶持《こぶち》を支給する」としています。正俊が大老になった翌年である天和二年が、年代の基準となりました。これ以降に召し抱えられた家臣は、一部の役付きの者を除いて、暇を与えられました。なお、扶持が少し支給されたことがわかります。これに対して第六項では、正虎の二万石時代に召し出された者について、「役人・近習であっても扶持を支給せず暇を与える」とし、厳しい態度をとっています。

第二項として、「玄性院《げんしょういん》（堀田正盛）以来の譜代筋の者は、天和二年以降に召し出された新参であっても暇は与えられない」とあります。堀田宗家が正吉、正盛と続いて、正信の代で改易されたために、あとから正俊の家臣団に合流する者がいました。先述の福与家のようなケースです。宗家で正盛時代から仕えていた家であれば、「天和二年以降」の基準は適用しないということです。

第三項では「天和二年以降召し出しの新参のうち、男子を持たない老人や病人の場合はその身一生の介抱をする」と表明します。新参者であっても、他家に奉公できる可能性がある子息がおらず、さらに自身が老人・病人の場合は面倒をみるという方針です。

このときの家臣整理は、召し抱えた年代を基準として、特に新参に厳しい姿勢で実行されました。堀田家の記録によると、五〇家ほどが暇を与えられたということです。

図3-4　山形城南大手

(2)　藩政の推移

財政好転は一時　その後の藩政の推移を確認しておきます。元禄一三年（一七〇〇）、福島からふたたび山形へ転封となります（図3-4）。福島と比べると収入がよかったようで、山形に移った直後に堀田家では継続していた封禄削減をやめ、家臣に一〇〇%の封禄を支給することにしました。そして同年二月には足軽を増員しました。財政が好転したために武備を増強していきます。足軽という世襲が認められていない層だけではなく、正虎の時代には世襲家臣の数も増やしています。

しかしこののち、さまざまな負担が堀田家にのしかかります。元禄一六年（一七〇三）には江戸藩邸で火災、宝永元年（一七〇四）には領内で干ばつが起き、家臣に対して歩引を再導入します。宝永七年（一七一〇）には、幕府からいわゆる「御手伝普請」として馬入川《ばにゅう》（相模川河口付近の呼称）の浚渫《しゅんせつ》を命じられます。これは領内の普請ではありませんが、堀田家が費用を負担するものでした。

長瀞騒動の影響　さらに駄目押しともいえるのが、享保八年（一七二三）の長瀞《ながとろ》騒動です。堀田家は同年四月から七月にかけて、騒動鎮圧のために出兵することになりました。幕府が享保改革の一環で発令した流地禁止令を、村山郡長瀞村（現山形県東根市）の村役人が村内に伝達しなかったことが露見して大きな騒動が発生しました。困窮した百姓が質に入れた田畑の質流れ防止のための法令を、お金を貸していた側の損害を案じた村役人たちが握りつぶしてしまったのです。

幕府領である長瀞村は、漆山（現山形市）の代官所が管轄していました。しかし、代官所に詰めるのは年貢徴収のための役人が中心で、軍事力はほとんどありません。このため、近くの山形藩が幕府から対応を命じられたのです。武備を充実させていたことが役に立ったとはいえますが、四ヵ月間の駐留は財政に対して大きな影響をおよぼしたようです（「慈徳公記」堀田家文書）。

(3)　二度目の「御減少」

正虎の申し渡し　先述のような出来事が重なって、ついに二度目の家臣整理に至ります。享保一〇年（一七二五）六月、家臣に暇を与えたときの正虎本人の申し渡しを、長くなりますが全文を現代語訳して紹介します。

いずれも知ってのとおり、数年来財政難が続き、近年はとりわけ差し支えている。いろいろ手段を尽くしたうえでのことなので、これ以上は改善する手段がない。このうえは家臣の数を減らして諸事縮小《しょじ》してでも、将軍への御奉公を続けなければならないと思う。しかし、家臣の面々にはこれまで苦労をさせており、このうえ浪人させるようなことは不憫千万である。なんとかしのいでいるうちに万一幸運なことが起こって家臣たちの生計が立つような方法もあるのではと、まずは擬扶持を申し付けておき、これまで御奉公を続けてきた。ところが去年から今春に至ってとりわけ差し詰まり、思案も尽きてしまった。もちろん家臣たち皆が困窮におよんでいることはことごとく承知しているが、このような財政状況のため大勢の者を一同に扶助することは難しい。このうえは心外ではあるが家臣を減らして小勢にし、主従の生計を維持して御奉公をしていくしかない。このことは幕府にも連絡してある。よって、やむを得ず永の暇を遣わす。年来の勤仕に私は満足しており、一度歩引《ぶびき》などをやめた状態で勤めさせたいと心がけていたが、このような事態となり数十年仕えたなじみの者にも暇を遣わすことになってしまった。残念心外であるが、どうしようもない。他家に奉公に出ても、どこに住んでも構わない。当分は（山形城下や江戸藩邸から）引き払うにも及ばない。あるいは、山形領内の町や村にいてもよく、勝手次第に致すこと。

低姿勢にリストラ断行　江戸時代の武家社会は主従関係がたいへんに厳しく、家臣の首はすげ替え放題ではというイメージがあるかもしれませんが、これを読むとそうとは限らないことがわかります。正虎が低姿勢というか、家臣整理を気に病んでいる様子が読み取れるのではないでしょうか。落ち度のない家臣を養えずに暇を出すことは、主君としては面目がつぶれる、恥ずかしいことなのです。それだけではなく、将軍への奉公のために領地を与えられ、その収入で家臣たちを抱えているのですから、将軍に対しても申し訳が立たなくなります。正虎本人が内心どう思っていたかはわかりませんが、主君としては表向きこのような姿勢を取らなければならないのです。手段を尽くしたがどうしようもない、残念心外であると表明しながら家臣整理を行っています。また、堀田家を離れたあとの処遇も比較的穏当です。例えば処罰として暇が与えられるときは、「領内を徘徊してはならない」とか「他家に奉公してはいけない」と命じられる場合があります。しかし、このときは堀田家の都合によるためそのような指示はなく、居所も勝手次第とされています。

二度目の家臣整理では、暇の対象者をくじで決めました。年数などは問題とされず、山形では一二二人、江戸では一八人に暇が与えられました。一度目の整理とあわせると、一九〇人近い家臣が召し放たれたことになります。表3－1の数値（一二二家）とは合致しませんが、これは表3－1の素材となっている「保受録」に欠けている巻があり、家臣団全体を集計できないためです。

(4)「御減少」後の動向

松崎武太夫の再出仕　堀田家を離れたもと家臣たちはその後どうなったのでしょうか。「保受録」で判明する限りでは、一二二人のうち三分の一弱にあたる四〇人が堀田家に復帰しています（表3－2の「減少」参照）。そのうちの興味深い一例として、松崎武太夫《まつざきぶだゆう》という家臣を取りあげます。ここでは「保受録」ではなくて、松崎家において作成された「由緒書」（松崎家文書、個人蔵）をみていきます。表紙（図3－5）に嘉永六年（一八五三）と書いてあるように、江戸時代後期にまとめられた史料です。享保一〇年（一七二五）六月一一日の箇所に、「御人御減少の節、御暇《おいとま》下し置かれ候、尤も御鬮《くじ》に中《あた》り候に付、止むを得ざる事に候」と、くじに当たって暇を与えられた記述があります。続いて寛延三年（一七五〇）正月一三日のところに、「三拾俵三人扶持下し置かれ、格式中小姓、再び召し出され候」と再出仕したことが記されています。浪人期間はほぼ四半世紀におよんだことになります。武太夫はもともと給人《きゅうにん》だったのですが、一段階格下の中小姓《ちゅうごしょう》として召し出され、封禄もそれに見合うように設定されました。

「由緒書」によると、武太夫は養子として松崎家を相続した人物で、実家は同じ堀田家家臣の奥宮《おくみや》家です。武太夫は浪人中、実兄・奥宮孫左衛門《まござえもん》の世話になっていたようです。「御暇下さる後、山形鍛冶《かじ》町に罷り在り」とも書いてあります。山形城下では町人たちが住んでいるエリアの鍛冶町（現山形市）に居住して、兄の援助を受けながら浪人として過ごしていました。延享三年（一七四六）に佐倉へ転封したときには、実兄が願い出て引き取ったということです。

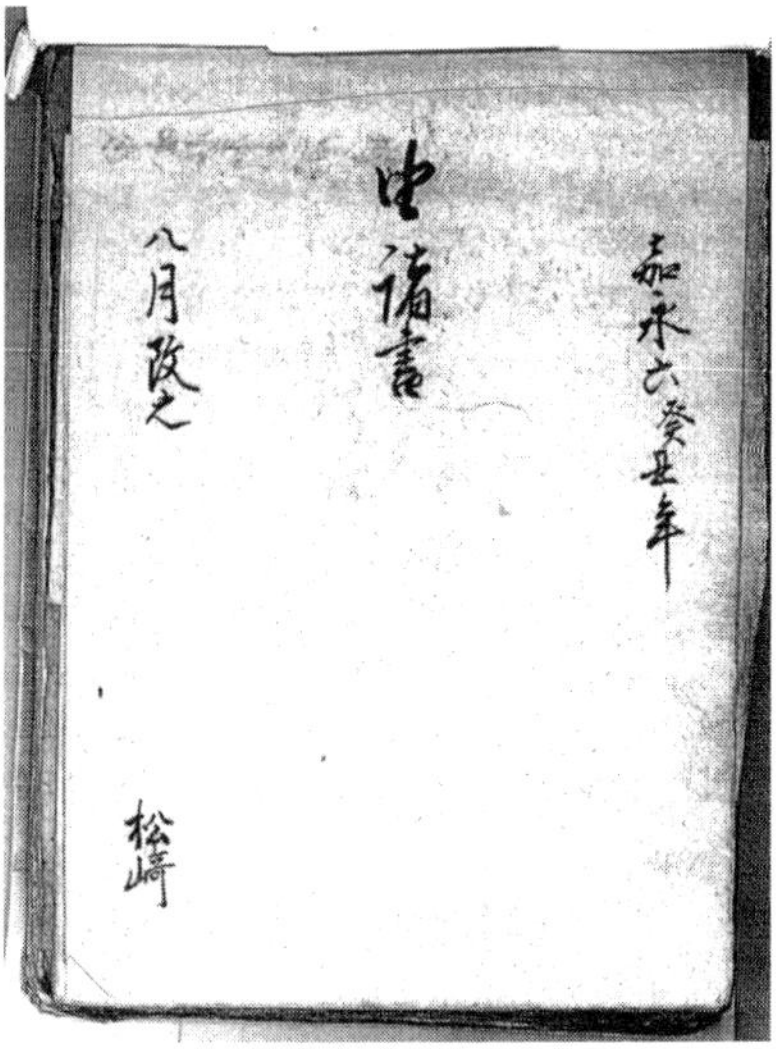
図 3-5　「由緒書」表紙（松崎家文書）

六〇歳からの修行

正虎は先に紹介した申し渡しのなかで「町や村にいてもよい」と伝えましたが、武太夫はそのとおり山形の城下町に居住しました。彼がどういう思いでいたのかはわかりませんが、他家に仕官するのであれば江戸に出た方が有利なはずです。山形に居続けたということは、実兄の存在もあるでしょうが、堀田家にふたたび仕える機会を探していたとみられます。結局、武太夫は佐倉にて再出仕を許されました。このとき武太夫は六〇歳になっており、「御重恩に報い奉りたき心底にて、武芸を嗜《たしな》みたく存ずるに付、夏見又兵衛無停滞心流え入門、百一才迄修行いたし候」という行動をとります。当時としては高齢にもかかわらず再出仕を許され、その恩に報いたいということで、夏見《なつみ》又兵衛《またべえ》という剣術師範に入門して武芸を始めたというのです。一〇一歳まで修業したとありますが、武太夫の没年が宝暦一〇年（一七六〇）であることを考えると、さすがに計算が合わないようです。

いずれにせよ、高齢での召し抱えに恩義を感じて、剣術の稽古を始めるという点に武士としての意識が現れていると思います。結局、武太夫は修行の途中で亡くなってしまいますが、「死後佐倉新町教安寺本堂において、追免許相済み申し候」と記録されています。教安寺（現千葉県佐倉市）にて、「追免許」つまり剣術免許を追贈（死後に称号などを贈ること）するセレモニーをしたのではないかと考えられます。長年の浪人生活を経て帰参し、老いてなお研鑽に励んだ武太夫の生き方を慕う人々がいて、このように取り計らったのかもしれません。

上役が嘆願　引き続き「由緒書」を読んでいくと、宝暦三年に重役（おそらく家老か年寄）と武太夫の上役たち（無足《むそく》支配）がやりとりしている箇所があります。上役によると、武太夫は筆舌に尽くし難いほど再出仕に感謝しているとともに、高齢のため御恩に報いることができないため、自分の跡は続かなくてよいと考えていると述べます。

この件について上役たちは、「さらなる御慈悲をもって、武太夫の死後に松崎家の名跡を残して頂きますように」と願い出ています。高齢であり男子もいないため、武太夫本人は松崎家存続を諦めています。しかし、上役たちが重役にかけ合っているのです。重役が藩主に伺ったところ、禄が少なくてもいいから死後に名跡《みょうせき》（家名）を残してやったらどうか、という判断が示されています。結果として武太夫がさらに数年奉公を続けることができたため、存生中に養子を取ってよいという判断に変わり、松崎家は存続することになりました。

松崎家としての記録　「由緒書」には、堀田家の公式記録ではないからこその記述が散見されます。例えば、武太夫に関する記述の終わりの方に「死去の折、夏見又兵衛宅へ亡霊参り」と書いてあります。武太夫が亡くなったときに、剣術師範の家に幽霊としてやって来たというのです。しかも「麻裃《あさかみしも》着衣にて参り」と礼装です。師範に対するお礼のために現れたということでしょうか。この件は「申し伝えこれ有り候」と口承で松崎家に伝わってきたようです。先述の追免許も同様ですが、堀田家への奉公とは直接かかわらない情報で、家臣の家に伝わる記録ならではのおもしろい記述といえます。

山口半太夫の場合　松崎武太夫のように、苦労はしたけれども堀田家に帰参して、家が続いていった事例ばかりではありません。表3－2をみると、召し放たれた家臣のうち三分の二強の者たちは「保受録」では追えなくなります。例として、山口半太夫《やまぐちはんだゆう》という家臣の場合をみます。半太夫は婿養子として山口家を相続しましたが、享保一〇年（一七二五）の家臣整理によって暇を与えられました。本人のその後はわかりません。山口家の跡取り娘であり、半太夫の妻となった女性は、半太夫の親類である服部四郎左衛門《はっとりしろうざえもん》の「姪分」ということにして、別の堀田家家臣（杉山新兵衛《すぎやましんべえ》）と再婚しています。跡取り娘だったはずですが、他の家に嫁いでいるのです。半太夫とはこの時点ですでに離縁しているか、あるいは死別しているということでしょう。半太夫夫妻には子息の竹三郎がいましたが、母とともに服部家で厄介になったあと、享保一一年（一七二六）には戸澤作七《とざわさくしち》の養子となります。「保受録」で戸澤家を調べると、その翌年には理由不明ながら当主の作七が自害し、断絶となっています。竹三郎もこれ以上追うことができません。もしかしたら竹三郎は他の大名家に仕えているかもしれませんが、堀田家の家臣としての山口家は断絶して、一家離散となってしまいました。

年代について付言すると、竹三郎の養子縁組は享保一一年です。明記はないものの「保受録」の書きぶりでは母親も同じ頃に杉山家に嫁いでいるようで、家臣整理のあと短期間で山口家は離散したとみられます。山口半太夫本人がどうなったのか、たいへん気になるところです。

おわりに

家譜からみる歴史　本章では、大名に仕える家臣たちの家譜を用いて当時の実態に迫りました。家譜の記載は無味乾燥な記述にみえるのですが、藩政の一面を観察することができる重要な史料です。またいっぽうで、藩庁がまとめた「保受録」のような家譜だけではなく、家臣側の史料にも注意が必要です。今回は松崎家の「由緒書」から、公式記録に出てこない情報を取りあげました。残っているならば双方の史料をみることで、家臣たちの動向や意識をより立体的に捉えることができる可能性があります。

堀田家の家臣団は、堀田正俊が幕府内で昇進していくのにともなって急拡大していきました。しかし、正俊が殺害された事件のあと領地替えを命じられ、山形・福島時代は政治的に不遇な状況にありました。臨時の出費なども重なり、財政難に陥っていきます。今回紹介した史料からは、この時期に自ら暇を乞う者や家臣整理で召し放たれる者がおり、家臣団が動揺している状況がうかがえたのではないかと思います。

困難が後世に残した影響　封禄削減が実行されるなか、家計が苦しいとして暇を願う家臣に対し、藩主は「引き留めようがない」として辞去を認めました。家臣整理のときの申し渡しでは、藩主が家臣団を維持できないことを弁明するような文面でした。家臣を扶助できないということは、藩主としての面目の問題にとどまりません。一定程度の家臣数を維持できなければ、藩政の遂行や幕府への奉公も滞りますから、藩主としての地位・大名家の存続も揺るぎかねない深刻な問題です。

堀田家ではこののち、やむを得ず封禄削減をし続けるいっぽうで、家臣の家が続いていくためのさまざまな施策を展開していきます。重役や古参家臣に対する相続保障はその一例で、このほか養子縁組規制の緩和や手当金制度の導入などが確認できます（藤方博之二〇一七）。山形・福島時代の困難な状況が、各種の施策を展開していく出発点になったといえるのではないかと思います。

古老の語り　本章の最後に、当時の状況がその後に影響をおよぼしたという話題の延長で、家臣整理が江戸時代後期にどう捉えられていたかを紹介したいと思います。堀田家重臣の金井右膳《かないうぜん》という人物が文政年間（一八一八〜三〇）に著した「心の露」（千葉県旧藩記録）という文章があります。これは奉公における家臣の心得を記したものですが、その冒頭で二度目の家臣整理について取りあげ、正虎の申し渡しが引用されているのです。それに続けて右膳は、古老から聞いたこととして次のようなエピソードを記します。

申し渡しが済んで、側仕えの者が白湯を差し上げようと（正虎の）御前に出ようとしたところ、涙をぬぐっておられて、出ていくことができなかった。食事も終日召し上がらなかった。暇を与えられた家臣たちは、城より下がりながら大勢声をあげて嘆いていたが、殿様を恨む者は一人もなく、思し召しを察して名残を惜しんでいた。

この話を伝えた古老は、「心の露」執筆時には故人のようです。家臣整理のとき三歳で、自分を抱いていた母の涙が顔にかかって難儀した、という記憶を右膳に伝えています。

美談とされた家臣整理　このエピソードを記したあと、右膳は「今の時代に聞いても落涙し恐れ入ることです。ご厚恩は大きく、（家臣の）祖先の功をお立て下さり、代々召し使って下さるのは冥加なことです」と続けます。「心の露」は、江戸時代後期の堀田家家臣団のなかで、書き写されて伝わっていきました。少なくとも重臣層の間では内容が共有されていたとみられるテキストです。正虎が泣いて食事ものどを通らない、堀田家を去る家臣たちが一切恨んでいないといった話が真実であったかどうかは明らかにはできません。現代に生きる私からみれば、山口家のような一家離散の例もあり、本当にそのような美談として完結する問題だったのだろうかと疑ってしまいます。ただここで注目したいのは、このエピソードが堀田家の恩を家臣たちに再確認させ、忠誠を呼びかける機能をもたされているという点です。大名家や家臣団が経験してきた歴史が、江戸時代後期にある意味「編集」を加えたかたちで再生産されて、集団内で共有されていくという点が興味深く、ここで取りあげました。

【参考文献】
小川和也『儒学殺人事件』（講談社、二〇一四年）
小高敏郎・松村明校注『日本古典文学大系九五　戴恩記　折たく柴の記　蘭東事始』（岩波書店、一九六四年）
木村礎・杉本敏夫編『譜代藩政の展開と明治維新』（文雅堂銀行研究社、一九六三年）
下重清『幕閣譜代藩の政治構造』（岩田書院、二〇〇六年）
千葉県企画部広報県民課編『千葉県史料近世篇　佐倉藩紀氏雑録』（千葉県、一九八四年）
千葉県企画部広報県民課編『千葉県史料近世篇　佐倉藩紀氏雑録続集』（千葉県、一九八五年）
藤方博之「佐倉藩諸役諸席濫觴記」（菅原憲二編『記録史料と日本近世社会　記録史料に関する総合的研究四』千葉大学大学院社会文化科学研究科プロジェクト研究成果報告書第一三六集、千葉大学大学院社会文化科学研究科、二〇〇六年）
藤方博之「近世大名家内部における『家』々の結合とその共同性」『歴史評論』（八〇三号、二〇一七年）
『新訂寛政重修諸家譜　第十』（続群書類従完成会、一九六五年）
『新訂寛政重修諸家譜　第十一』（続群書類従完成会、一九六五年）

第四章　秋田藩士・介川東馬と上方銀主——その「交流」の虚実——

金森正也

はじめに

借金をめぐる商人と武士　江戸時代に大名貸《だいみょうがし》というものがあります。大坂など上方の商人が中心となって大名に金を貸すのですが、大名が金を返さず、銀主《ぎんしゅ》（貸し手）である上方商人と対立し、借金を踏み倒したりすることがありました。有名な例として、薩摩藩で家老を務めた調所広郷《ずしょひろさと》（一七七六〜一八四九）は莫大な額を踏み倒し、財政を好転させたということが教科書にも出てきます（芳即正一九八七）。

金を貸す側の商人、例えば三井《みつい》家（越後屋）は、大名貸はするなという家訓まで作って子孫に残しましたが、それでも大名貸は頻繁に行われていました（賀川隆行一九九六）。これまでの研究業績では、例えば鴻池善右衛門《こうのいけぜんえもん》家がどこにいくら貸したか、いくら踏み倒されたかという数字上の研究はたくさんあります（宮本又次一九八六ほか）。まず、それほど踏み倒されるのだったら金を貸す側が貸さなければいいのではないかと思います。ただいえることは、持っている金を回していかないと資産は増えていかないという点です。例えば金貸しの多くは両替商でしたが、両替の本来の仕事だけをしていては大きな利益は見込めません。大名貸は確かに高リスクですが、それなりの利益をみこめたのではないかということが最近注目されてきています（高槻泰郎二〇一四）。

　借りる側と貸す側、この両者はふだん、どのような付き合いをしていたのでしょうか。お金が必要になったときに、突然貸してくれといわれても、それまで何の関係もなかった者が貸すはずもないでしょう。本章では、誰がいくら貸したかという話よりも、藩を代表して大坂に詰めている武士と銀主たちがふだんどのような付き合いをしているのかということに関心をよせたいと思います。中心的に読もうと思うのは、秋田藩の勘定《かんじょう》奉行を務めた介川通景《すけがわみちかげ》（通称は東馬《とうま》）という人の日記です。この史料を読むことで、お金を貸す側と借りる側がいつも冷たい関係、緊張感を伴った関係にあったというイメージとは全く別の光景がみえてくる面白さを感じていただければと思います。

1　講読史料について

商人との交渉術　最初に草間《くさま》伊《い》助《すけ》（直方《なおかた》、一七五三〜一八三一）という人が書いた「むたこと草」（写本、熊本市立図書館所蔵）という史料を紹介します。草間伊助は、有名な鴻池善右衛門という大坂きっての大豪商のもとで奉公したこともある人です（安岡重明一九六二ほか）。後に自分でも独立して、鴻池の屋号を名乗ります。この人は学者でもあって、「三貨《さんか》図彙《ずい》」というすぐれた経済書を書いています。「むたこと草」はそれほど長い文章ではありませんが、熊本藩の勘定方役人に対する助言の書というべき性格の史料です。
　そのなかで草間は、「重職の方は、頼み事があると主人が承知さえすればどうにかなるとお思いがちですが、大きな商家となるとそのように簡単なものではございません。主人は座元の看板みたいなもので、なかなか一存では決められないことが多いのです」と述べています。「重職」は藩の重職という意味で、例えば家老などの主立った人たちを指します。藩の重職は、金の相談はまず主人に頼むのが当然だと考えがちだけれども、実は大きな家になればなるほど主人は大した力がなくて「畢竟座《ひっきょうざ》本《もと》看板ぬし」、要するに芝居小屋の勧進主のようなもので、飾りにすぎないといっています。

少し後の部分では、手代の中でやり手の者がいるから、そういう者とふだんから話す機会をもって親しくなりなさい。そうするとお金のことばかりでなく、他家のやり方など、必ずおたくの藩の役に立つこともその言葉から得られるはずだと言っています。また、東国のある藩では、大坂へ出張した役人には必ず日記をつけさせ、金の相談のことだけではなくて、いろいろな店の支配人や手代との付き合いの中で、今日はどこへ行ったか、今日はどこでどういう料理を食べたか、今日はどういう客と会ったか、そういう一見金の貸し借りとは関係ないことまでも記録させ、帰国後は藩に提出するよう命じているという例を紹介しています。そういうことが大切なのだと、草間伊助は熊本藩の勘定方役人に伝えています。

介川東馬日記　そうはいっても、現在私たちが研究する場合、そういう都合のよい記録が残っているのかという問題が出てきます。実は、冒頭で名前をあげておいた介川通景という人の日記は、まさに草間がいうような内容で埋め尽くされたものなのです。

私が勤めている秋田県公文書館では「介川東馬日記」とよんでいます。東馬は通称です。この人の日記は一〇〇冊以上ありますが、原史料は公文書館にはありません。昭和四〇年（一九六五）に出た『秋田県史』にも一部翻刻・掲載されているので、当初から存在は知られていましたし、調査されてもいたのです。所蔵者の許可を得て撮影され、そのマイクロフィルムが秋田県立図書館にずっと残っていました。ところがその後、所蔵者の所在も撮影者も、また撮影にいたった経緯もわからない状態となっていました。当初許可を得て撮ったはずですが、長い間たってしまうと所蔵者の方も代替わりしたりして、意向も聞かないで勝手に史料を使うことにはためらいが生じます。古文書をお持ちの方には、持っていることを知られたくない方もたくさんおられます。研究者と称する者が押しかけてきて迷惑だという方もいます。それで、「介川東馬日記」は興味深い史料だけれども、二〇年以上も寝かせられてきたのです。

私が公文書館に配属されたときにいろいろ調べたところ、千葉県のある市に介川東馬の子孫の方がおられるということまで突き止めました。介川という名字は珍しいので、私は若い職員に「○○市に介川姓が何軒あるか調べて」と言ったら、四〜五軒しかなかったのです。それで「全部に電話かけてみて」と言って電話をかけさせたら、一発目で当たって、「うちです。（日記を）使ってくれる分には一向に構わない」と言っていただきました。現在公文書館のマイクロフィルムは、おそらくその方のお父さんの代に撮らせていただいたものとみられます。現在公文書館ではその写真本を作って、一般の人にお見せしています。開架で利用できますから自由にご覧になれますし、申請すればコピーもできます。

さて、介川通景は、天保三年（一八三二）から同六年の足かけ約五年にわたってずっと大坂詰でした。しかも勘定奉行をとても長く務めています。奉行在任中、大坂詰《おおさかづめ》を五回経験しています。この人は金勘定についてはかなりやり手だと藩に考えられていたと思います。たいていは郡《こおり》奉行や勘定奉行、評定《ひょうじょう》奉行に転役するケースがほとんどなのですが、この人は勘定奉行一筋で、さらに大坂との関係が深く、その点で家老たちも一目おいていたようです。介川は、大坂詰のさい、出会った人、出来事、酒宴・芝居見物・京都見学など、あらゆることを克明に記録してくれています。その点では、藩を代表して大坂にきている役人と銀主のふだんからの付き合いがどのようなものであったかを知るうえで、好個の史料であるといえます。

蘭人との出会い　最初に、文政九年（一八二六）五月六日の記事を取りあげます。「蘭人《らんじん》が今日、住友《すみとも》吉次郎の吹所《ふきしよ》（製錬所）を見にくるという情報を得たので、見物に出かけた。鯤《こん》児も連れて行った」とあります。「蘭人」はオランダ人のことです。住友は大坂に銅の製錬所を持っており、そこにオランダ人が来るというので、見物に行こうということになったのです。「鯤児」は一〇歳ぐらいの鯤という越後生まれの少女で、両親とともに江戸で暮らしたのち京に上り、師を得て書を学んでいました。介川は京都出張の時この親子と知り合ったのですが、よほどその書が気に入ったのか、いろいろなところに連れて歩き、先々でその腕前を披露させています。この少女についてはまたあとでふれます。

介川は「蘭人」がくる前に、その接待が行われる場所を見せてもらい、くわしくその様子を書いています。部屋の中に座卓（テーブル）が置かれ、そのうえに羅紗《らしゃ》地の敷物を敷いていろいろな道具が置かれていると書いています。その道具ですが、「銀の皿へほふてうのよふなるものと灰ならしのつめ三本成《なる》よふなものなと添有之、惣て是にてにくをきりわけさしてたへ候よし」あります。「ほうてう（包丁）」と「灰ならし」はフォークとナイフのことです。フォークというものの知識がないから、灰ならしのようなものと書いています。

この記事は、ただ面白いだけではありません。少し後に、「カヒタン六十計り、医者廿五六、もの書同断《どうだん》位に見候」とあります。カヒタン（カピタン）はオランダ商館長です。つまりこの来訪者は、オランダ商館の一行だということです。「六十計《ばか》り」は年のことです。私は何の気なしに最初に読んだとき、灰ならしを面白がって笑っていましたが、ちょっと待てよと思いました。文政九年でカピタンと書いてあるので調べたら、やはり思ったとおりでした。医者二五〜二六歳は誰だと思いますか。この人はシーボルト（一七九六〜一八六六）です。この年、江戸参府を終えたオランダ商館の一行が、長崎への帰途大坂に立ち寄っているのです（斎藤二〇〇六）。シーボルトと秋田の田舎侍が、言葉は交わさなかったでしょうけれど会っていたのです。読む側は、大坂商人との関係を探ろうというねらいで介川の日記を読むのですが、そういう読み手の勝手な魂胆とは無関係に、こういう面白い記事に遭遇します。これも日記類を読むことの面白さです。

2　上方銀主（蔵元）の存在意義

蔵元の仕事　最初に、銀主の存在意義を考えてみたいと思います。次の史料は、宮城県図書館所蔵の「大文字屋升屋移代留」という史料の中にある、山片《やまがた》小右衛門という人が藩に提出した文書の草稿です。ここに蔵元はどういうことをするのか非常に分かりやすく説明されています。山片小右衛門は、升屋《ますや》平右衛門（大坂商人、仙台藩蔵元《くらもと》）の家に勤めた人で、江戸時代の有名な町人思想家である山片蟠桃《やまがたばんとう》（一七四八〜一八二一）の息子です。

この中で、山片は蔵元について、次のように説明しています。「全国の諸家から送られてくる御廻米《おかいまい》の代金から江戸の御公務用の費用の仕送りをしたり、それぞれの御家の吉凶の事、あるいは突発的に入用が生じて調達金などを館入《たちいり》に依頼したり、幕府へ廻米量を報告したりというような、大名家では直接取扱いできないような仕事を代行する存在である」と。館入というのは、蔵元を含めることもあるし、それと区別する場合もあるのですが（山片のこの文章では区別しています）、屋敷に出入りできる商人という意味です。この場合だと仙台藩と特別な関係を持っている商人たちです。その関係がどういう形で示されるかというと、藩から禄米をもらったり扶持米《ふちまい》をもらったりして主従関係のような形を取るのです。これが館入です。仙台藩の場合、蔵元の升屋が声をかけてそのような商人を集め、グループを形成していたようです。

要するに、ここで山片は、蔵元の役割を、大名が大坂へ送ってくる廻米を引き当てにして、江戸での生活費を出すなど、その他さまざまなことを代行するものだといっているのです。そのうえで、「だから、金銀を調達するために蔵元を置いているのだというお考えは大間違いであり、このことははっきりと申し上げておきたい」と、強調しています。ところで、この史料のタイトルに大文字屋《だいもんじや》とありますが、これは京都の商人で、もとは仙台藩の蔵元でした。しかし、大文字屋がだんだん傾いてきたので、今度は升屋平右衛門という大坂の商人を蔵元に任命したといういきさつがあります。

この史料が書かれた天保五年（一八三四）ごろになると、この升屋との関係もあまりうまくいかなくなって、蔵元をやめさせようとするのですが、それを何とか今までどおりの付き合いを願いたいというのが、升屋手代・山片小右衛門が仙台藩の勘定方に提出したこの文書です。仙台藩の蔵元というのは、実際に店の手代が仙台まで来ていろいろな作業に携わっています。一部地域の年貢を升屋に直接納めることも、藩は約束しています。

介川の意見　さて、この点、秋田藩はどうでしょうか。次の史料は、介川の日記です。文化九年（一八一二）に大坂の鴻池又右衛門と塩屋孫左衛門という者が、秋田藩の蔵元になってもいいと返答してきたことが前提にあります。介川は、「御蔵元を置けば都合のよいこともあろうが、支配人などを国元に差し下し、みな藩の台所にかかわることを掌握されてしまい、特に米や銅などについても一手に統括されてしまうことになりはしないか。また、ほかの館入たちが援助の手を引くことになりはしないか」（文化九年一月八日）、と懸念を示しています。これは勘定奉行の介川の個人的意見です。同月二九日の記事では、「金銀の融通が便利になるに随い、財政の運営に弛みが生じる」ということも言っています。

しかし結局、藩主（佐竹義和《さたけよしまさ》。一七七五〜一八一五）の判断で二人が蔵元になります。ただし、蔵元とその他の銀主・館入を比べたときに、通常蔵元の方が頼りになると考えがちですが、必ずしもそうではありません。結論からいうと、秋田藩がもっとも頼りにし、もっとも経済援助を受けたのは、加島屋作兵衛《かじまやさくべえ》という人物でした。ところが、秋田藩蔵元の経済力が衰えてきたときに、何とか加島屋に蔵元をやってくれないかと頼んだところ断られています。蔵元とそうでない商人との間には、何か違いがあるのだろうと思います。蔵元をやるとリスクが大きい部分があるのかもしれません。いずれこの加島屋が史料に何度も出てきますから、それを頭のすみに入れておいてください。

3　さまざまな会合

戎参詣　介川の日記を読むと、一年間にはいろいろな飲み会があったことがわかります。「朔望《さくぼう》」、すなわち毎月の一日と一五日には、ほとんどの館入が屋敷に挨拶に訪れますが、書院や勝手で酒を飲ませています。また、蔵元の塩屋惣十郎は碁が好きだったようで、時間があると介川と長時間対局しています。それが高じて、のちには「碁会」と称して定例化していきました。

ここでは正月に行われる戎参詣《えびすもうで》をみてみましょう。次の史料は、秋田藩の蔵屋敷に詰めている役人と、秋田藩と付き合いのあった両蔵元および加島屋の手代を含めた連中が、そろって戎参詣に出掛けたときの記事です（文政一〇年一月九日）。

「惣十郎をはじめとしてみな戎参詣にでかけた。石見潟《いわみがた》・鳴尾潟《なるおがた》という角力《すもう》を先に立てているので、人ごみに押されずあんばいがよい。仲居たちも一緒である。（中略）暮になって舟で冨田屋へ戻り、酒を飲み夕食をとる。おめでたい恒例の富くじも行われる。松・梅などの鉢植が賞品で、くじをみなで引いた。自分が引いた札《ふだ》は四十番だったが、一番札を引いた惣十郎が私の札と交換してくれた。一番は松であった」とあります。

惣十郎というのは塩屋惣十郎のことで、蔵元である主人の孫左衛門が病気なので、この人が代行しているのです。相撲取りを雇って二人を前に立ててその後を付いていったので、群衆の中を通ってもあまり押されないで済んだというあたりが面白い。こういうものを手配してくれるのが商人たちです。「冨田や」は茶屋です。一番札を取り換えてくれることといい、商人側がなかなか気を遣ってくれていることがわかり、面白いですよね。

荷物到着の祝宴　天保四年（一八三三）三月一一日の記事では、「昨年御米銅鉛とも無事皆着ニ候」とあります。当時は海難事故が多いから、米でも銅でも藩が雇った船が無事に着くことが非常に重要です。大きな事故もなく全部着いたことのお祝いをするのです。ちなみにその逆、無事に着くことを祈願するために開くものを「万《まん》度会《どえ》」と言っています。同じようなことをしっかりとお金をかけて行うのです。

まず、住吉社の近くの伊丹屋という茶屋で、裃《かみしも》を着てフォーマルな姿に着替えをします。そして住吉社に神楽を奉納してから昇殿し、全員がお祓いしてもらった後、また伊丹屋へ戻り祝宴が開かれます。この年は、「伊丹屋へ参候もの上下百八拾人余之よし、尤《もっとも》座敷借きり也」とあります。これは役人だけでなく人足など肉体労働をする連中もみんな連れて行っているため、この人数になったのです。

その後、大坂市中の住吉屋という茶屋に場を移して、いわゆる二次会が開かれています。その酒宴については次のように記述があります。人数が多くて全員に膳が出せないので、大方には握飯を出し、膳はあとから届けることにする。座には芸子が一七人やってきた。また近頃評判の、体重が一〇〇キロを超えようという巨体の女性

（史料には「希代之大女《おおおんな》」とあります）を呼んでいます。「いかにも肥大之女ニ候、（中略）腹なとも角力とり之様ニ見、勢もよほと大きい事也、いつれも歓を極めけいこなとをどふにあげ大さわき也」とありますから、いわゆる無礼講の状態であったことがわかります。この記事は天保四年三月です。この後まもなく大飢饉の知らせが届くことになります。その後の国元の惨状を知っている現代の私たちからみれば、こういうことをしている場合ではないと思えるのですが、とにかく楽しそうです。この代金はすべて商人がもつのです。もちろん秋田藩の方がもつ会もあるのですが、数からいえば絶対的に商人の方の馳走が多いことはまちがいありません。

酒宴のプログラム　飲み会の話ばかりで恐縮ですが、続いて文政一〇年（一八二七）五月一五日の記事をみます。この日は国元から介川の他にもう一人勘定奉行が来たということで、歓迎会が開かれました。主催は蔵元の鴻池と塩屋、館入の一人加島屋作兵衛です。この三名を秋田藩では「三家」と称して特別扱いをしています。この三家は、「江戸御《お》月割銀《つきわりぎん》」と称して毎年江戸に九〇〇〜一二〇〇貫目（二万両）の仕送りをしています。

このときのようなフォーマルな酒席では、三献《さんこん》といって、くどいぐらいに料理を分けて出します。おもしろいのは、例えば介川が勘定奉行、留守居役ですから、大坂の屋敷の中ではもっとも格上です。そうすると、介川に対しては蔵元の主人が直接配膳しています。そのようにお互いに最初にお酒をついで、そのお流れとして頂く形で、粛々と儀礼的な飲み会が行われます。服装も、肩衣《かたぎぬ》に袴という、フォーマルなものです。

長々とした三献の飲み方がようやく終わると、休息と称して、肩衣・袴をとり、着流し姿になり二階に案内されました。するとそこには、大小三〇ばかりの花器に花が活けてあり、中座に並べられた三つの卓上には、「キヤマン（ギヤマン）の器へあわもり・美林酒等いろ〳〵肴・くわし（菓子）・こふり（氷）砂糖なと」が用意されています。「キヤマンの器」は、ガラス製の酒器です。想像ですが、ワインのデカンタのような形のものか、あ

表 4-1　秋田藩館入一覧（文久３年）

名　前	所在	備　考	名　前	所在	備　考
梶川(塩屋)伊三郎	大坂	高300石．御蔵米100俵．享和２年より出勤．当時蔵元	奥田仁兵衛	京都	御合力銀７枚
			那波九郎左衛門	同	御合力銀20枚
長田(加嶋屋)作兵衛	同	高500石．文政７年より出勤	高岡吉右衛門	大坂	御合力銀２貫500目
和田(辰巳屋)久左衛門	同	高500石．文政10年より出勤	大坂屋駒太郎	同	吹屋．御合力銀２貫300目
山中(鴻池)新十郎	同	高300石．寛政10年より出勤	雑賀屋七之助	同	名代．５人扶持．御合力銀２貫目
平瀬(千草屋)市郎兵衛	同	高100石．御蔵米50俵 天保元年より出勤	長浜屋為九郎	同	長浜屋源左衛門子．源左衛門は御合力銀50枚
鴻池庄兵衛	同	高200石．御蔵米50俵．御掛屋御合力銀30枚．享和元年より出勤	助松屋新之助	泉州	
			酢屋利兵衛	堺	10人扶持
室谷(播磨屋)仁三郎	同	浜方．高100石．文化４年より出勤	鍵屋五兵衛	大津	５人扶持
			古川嘉太夫	若州	
小西新右衛門	伊丹		伊勢屋豊太郎	大坂	５人扶持
近江屋休兵衛	大坂	10人扶持．文政３年より出勤	難波屋太助	同	浜方．５人扶持
加嶋屋三郎兵衛	同	７人扶持．文政２年より出勤	升屋源左衛門	同	５人扶持
播磨屋九郎兵衛	同	７人扶持	天王寺屋源左衛門	同	浜方
加嶋屋弥十郎	同	元加嶋屋作兵衛支配人．永８人扶持．他に10人扶持．文化４年より出勤	大坂屋卯八	京都	親宇八，文政４年より出勤
			吉文字屋久米蔵	大坂	浜方．３人扶持．浜方先納御合力銀10枚
山崎屋与七郎	同	８人扶持	久々知屋市太郎	同	５人扶持．御合力銀10枚
山下惣左衛門	京都	御仕切銀12貫目．御名代御合力銀２枚，同150目．筆墨紙代銀35匁	鳥羽屋小八郎	同	５人扶持
			雑賀屋弥三郎	同	家守．15人扶持．御合力銀100枚
山下八郎右衛門	大坂	銀80枚．御雑用銀受払御合力銀３枚．一代御合力銀７枚．銅山方手代御合力銀	炭屋治郎三郎	同	３人扶持
			佐野道意	京都	宇治御茶師
			橋本玄可	同	宇治御茶師
奥田仁左衛門	京都	御合力銀20枚．銅山方より同80枚	橋本玄璞	同	玄可子供

出典）佐竹文庫「惣御館入順筆并被下物調」，禄米・扶持米などは「大坂紀事」（いずれも秋田県公文書館所蔵）

るいは切小《きりこ》細工《ざいく》のような模様が施されていて介川の目をひいたのかもしれません。夕暮れになって灯りをともす頃になると準備していた「数十百之蛍」を庭に放し、納涼気分を味わっています。それからまた書院に場所を移して、芸子六人・役者四人を呼んで再び酒宴となっています。

加島屋作兵衛の人となり

表４－１は、館入として秋田藩が付き合っていた商人たちをまとめたものです。左上の方が割と付き合いが深く、経済援助力も強かった商人です。梶川《かじかわ》は塩

屋、長田《おさだ》は加嶋屋、和田は辰巳屋《たつみや》です。これは文久三年（一八六三）、藩主が京都に呼び出されたさい、大坂や京都の商人と面会したときの順番で、鴻池新十郎家はかつて筆頭でしたが、少し後回しにされています。加島屋と辰巳屋の評価が高まっていることがわかります。

加島屋作兵衛はとてもユニークな人だったようです。介川日記には、作兵衛が介川に対していろいろサービス精神を見せてくれた記事がみえます。文政九年一一月七日には、作兵衛自身が作ったというからくり仕掛けの扇《せん》子箱《すばこ》や、獅子舞《ししまい》の人形を介川に贈っています。人形は「人形の獅子をつかへ候てあるき候仕かけもの、是ハ至而奇麗成ものニ候、（中略）ねち（ネジ）にて動き候仕かけ也」というもので、作兵衛は桐の箱に入れたものをくれたとあります。

文政一二年八月五日、このときも作兵衛の招きで出掛けたら、作兵衛の趣向で、広い座敷に、甘酒・餅屋・茶店・投扇・「曲の店」など、さまざまな出店をつくり、それぞれに腰掛を置いてそれぞれ勝手に楽しめるようになっていたとあります。芸子や太鼓持ちなども二〇人ばかりいたとあります。「投扇」は投げ扇、「曲」は曲芸や手品のことです。茶屋の広い一室を借りて、仕切りがあったかどうかは分かりませんが、要するにブースのような空間を演出しているのです。ここのコーナーでは、扇子を投げて的に当てると商品をもらえたり、こちらでは酒を振る舞ったり、今でいう模擬店のようなものを、一室を借りきってやっているという振る舞いの仕方です。

また、「手つま有之、いろいろふしき成事いたし、其《その》内長もち之中江《へ》入鍵をおろし屏風を立廻し、暫いたし外江出居《いでおり》候なと可怪之至《あやしむべきのいたり》也」（天保四年七月二二日）などという記述もあります。これは網抜けというか、籠抜けというか、今でも行われているような奇術（「手つま」）をやって見せて喜んでいます。作兵衛は金持ちというだけでなく、茶目っ気があって、人間的にも非常にユニークな感じがします。金持の余裕なのかもしれませんが、金の貸し借りの感情だけで商人と大名の関係を眺めていても見えないものが感じられます。

鴻池庄兵衛の「流儀」　天保五年三月一一日には、鴻池庄兵衛のエピソードが載っています。天保五年というと天保の大飢饉がそろそろ終焉した頃です。このとき介川は、あちこちから一〇万両以上の大金を借りるという仕事に奔走します。最後に国元から小野岡大和《おのおかやまと》（義音《よしね》）という家老が大坂にやってきます。藩主の手紙を持ってきて「何とか助けくれ」と言って、いろいろな銀主に頭を下げて回ります。

その仕事が一段落ついた頃の話です。家老の小野岡に庄兵衛が「飲みに来てください」と誘いをかけてきました。介川は「旧冬より茶屋へハ一円出不申《でもうさず》候へとも」と書いています。さすがに国元が大飢饉で、商人たちに金を貸してくれと頭を下げているときに毎日のように飲んでいたらひんしゅくを買うので、飲み会には出ないという態度をとっていたのでしょう。しかし「左様はかりニハ難相成《あいなりがたき》」、そうとばかりは言っていられない。「別て庄兵衛ハ其方流義《そのほうりゅうぎ》ニ付て事也」とあります。要するに酒を飲まないと話が進まないというのが庄兵衛の流儀だというのです。

それを証明するかのように、同じ月の一七日、今度は小野岡が庄兵衛を招いたのですが、酒を飲ませたら、「庄兵衛極酔ニ相成」、つまりひどく酔っ払った。これから場所をかえたいと思いますから、ぜひご一緒下さいと言って聞きません。そして、「左《さ》様無之《ようこれなく》候てハ出精《しゅっせい》仕兼《つかまつりかね》候なと達て申候ニ付」、やむをえず、小野岡はじめ介川ら屋敷の主立った者たちは出かけています。庄兵衛は「ぜひ場所を変えてお酒を付き合ってください。もし付き合ってくださらないのなら、金を貸してくれと頼まれてもがんばれませんよ」と軽口で言っています。それで仕方なく介川も金を持って出掛けたのです。そして、「九ツ頃」（夜一二時ごろ）に帰ってきました。

翌一八日は、次のように書かれています。「庄兵衛すみよしやニ居続ニ而頻《しきり》ニ参くれ候様申来、同役・吟味役参候」。なんとこの人は、茶屋「すみよしや」に泊まってまだ飲み続けています。日が改まっても飲み直しだから来てくれという誘いが来たので、仕方がないから二人ぐらいで出ていきました。鴻池庄兵衛は秋田藩の掛屋《かけや》を務め、秋田には非常によく手を貸してくれた商人です。のちに庄兵衛は、大塩平八郎の乱（天保八年）が起きたときに、鴻池一族として狙い撃ちされ、焼き打ちに遭うことになります（新修大阪市史一九九〇）。

交渉の潤滑油　館入、銀主たちと大坂の蔵屋敷の役人たちが一緒に京見物に出かけた記事もあります（文政一〇年六月五日）。史料の最初は祇園祭を見に行った時のものです。二つ目は京都の花街の円山《まるやま》へ飲みに行っています。三つ目は「一同嶋原《しまばら》へ参候」、嶋原は京都の中では江戸の吉原に匹敵する色街、繁華街です。さすがに都合の悪いことは書いてありません。とにかく酒を飲んだことは間違いありません。ずっとこのような付き合いです。

以上、単に好き勝手やっているとしか見えないけれども、彼らの間で酒というものが潤滑油になっていて、この付き合いを欠いては頼むものも頼めないということが分かります。「俺は酒が飲めないから行けない」では、この役割は務まりません。

4　新たなパトロン（銀主）を求めて

辰巳屋との接触　このように酒で親睦関係を図っていたことが分かるのですが、それだけではありません。酒席での情報交換を利用して、介川は新しいパトロンを探しています。文政一〇年（一八二七）一月四日の記事に登場する辰巳屋久左衛門は江戸時代中期の豪商で、十指の中に必ず入ってくる商人です。それがいよいよ館入として秋田藩の蔵屋敷に顔を出してくれることになったと、非常に喜んでいます。

辰巳屋にはこれまでさまざまに気配りを怠らないできたが、近日中に御屋敷へ正式に出勤することになった。そうなれば、いよいよ御紋《ごもん》入りの裃などを下されるよう取り計らいたい、と書いています。佐竹の紋が入った裃を相手に与え、これによって正式に藩の館入となります。支給される手当は、最初は扶持米《ふちまい》で、藩に対する貢献度が高くなると米、一番高いと武士と同じように形だけですが禄高《ろくだか》を与えます。実際には国元に加島屋や辰巳屋の知行地《ちぎょうち》があるわけではなく、その分の年貢米にあたるものを与えるのですが、格好としては最上級の取り扱いになります。辰巳屋はそれぐらい、介川から見ても魅力的な商人だったらしく、例えば翌五日のところで「辰巳屋久左衛門へ秋田織龍紋地・白鳥毛織一反手紙を以遣」という形で非常に気を使っています。

商人に気遣う武士　ふたたび四日の記事を紹介すると、酒席を利用して、目を付けていた加島屋五兵衛が非常に経済力のある商人なので、それと関係を結びたいということで面会したとあります。この時介川は、もらいものの鶴の肉を持参して、たいへん喜ばれています。鶴の肉はたいへん貴重なものでしたが、それほど気を使っても何とか自分の屋敷に出入りさせたかったのでしょう。同年二月一日には豪商中の豪商、鴻池善右衛門にも、館入になってほしいと接触を図っています。しかし、これはうまくいきませんでした。御三家に出入りしている善右衛門からすれば、秋田藩は相手にするほどの家ではなかったのかもしれません。

千草屋《ちぐさや》九十郎も力のある商人で、介川はこの人にも接近していきます。文政一〇年九月一五日には、「すみよしや」という行きつけの店が出てきます。たまたま住吉屋に出掛けたら、別席に千草屋が来ているというので、知り合いの商人を間にたてて面会を申しこんだらすぐ会ってくれ、盃をかわした。近日中に正式に席を設けることになった、と書いています。

その後、何回か会ったのですが、二年後の文政一二年二月二六日の記事には、千草屋の方から招きがあって出かけることになったという記事が出てきます。そのとき、部下も何人か連れていきますが、そこには「武兵衛勤遠慮ニ候へとも九十郎より被招《まねかれ》候ハ始之義、懇意ニ相成居不申《あいなりおりもうさず》候てハ不相成《あいならざる》わけニ付参候様申渡候」とあります。武兵衛は何か仕事上のミスがあったのか「遠慮」の処分中だったけれども、九十郎から初めて屋敷の役人に招きの声がかかったのだから、この機会は逸することはできない。「おまえも一緒にこい。遠慮中の身ではあるが、千草屋とは今後懇意にしなければいけないから」というわけです。こうなると武士と町人、どちらが上位にあるのか分かりません。

5　留守居役に求められる能力

文人としての才　ここまでいろいろな酒席の話をしてきました。しかし、酒が強いだけなら誰でもよいというわけにはいきません。介川という人は、「緑堂《ろくどう》」という雅号をもっているように、詩作や書をよくする文人でもありました。

そのことをよく示しているのが、頼山陽《らいさんよう》（一七八〇〜一八三二）との出会いです。山陽は、『日本外史《にほんがいし》』などの著作がある、著名な儒学者・詩人でした。文政一〇年四月一日の記事に山陽と対面する記事が出てきます。「頼久太郎《ひさたろう》（山陽のこと）は京都でも著名な儒者で、詩文にも秀でているのでかねてから一度会いたいと思いながらも、その機会がなかったが、今朝知人を使いに出して都合を伺ったところ、いつなりとも御目にかかりたいと返事をもらった」と、喜んで出かけています。この時介川は、藩の公用で京都に出張中でした。日記には、「種々閑話いたし及黄昏《たそがれ》（中略）拙者旅中之作等も詠し候」とありますから、自分の作品も披露したのでしょう。

この後も、山陽とは介川が京都に出向くたびに親交を深めています。「五ツ半頃より頼久太郎かたへ参候所、詩文之論興ニ入被留候而夕飯出」（同年六月一六日）、「七ツ過より兼約ニて頼久太郎方へ参候、水亭ニて酌酒賦《さけをくみしを》詩《ふす》」（同年七月一四日）などとあります。前者は「詩文に関する議論に興がのり、ひきとめられて夕飯を馳走になった」、後者は「酒を酌みかわし、詩を読んだ」ということでしょう。

大窪詩《おおくぼし》仏《ぶつ》（一七六七〜一八三七）も親交の厚い一人でした。詩仏は書画に優れた、江戸後期の漢詩人です。文政八年には秋田藩の江戸藩邸の学問所日知《にっち》館《かん》の教授に招かれていますから、そのような関係もあったのでしょう。文政一〇年、大坂詰を終え、北国街道《ほっこくかいどう》を経て国元をめざしていたとき、加賀で偶然詩仏に出会っています。詩仏は大喜びで詩文の仲間を誘い、介川と酒を酌み交わし、詩会を催したいからぜひ一晩逗留するよう介川を引きとめています。

和楽を合奏　また、介川は、音楽にも技量があったようで、堂島商人の室谷《むろたに》仁兵衛（屋号は播磨屋）に誘われて、しばしば和楽の合奏をしています。「拙者は笙《しょう》、仁兵衛はひじりき、仁兵衛の息子、弟、友人などが笙や笛をたずさえ、わた屋の別荘において合奏」（文政九年九月二日）などと出てきます。室谷とは趣味が合ったようで、天王寺の舞楽見物にも行っています。また室谷は、「介川緑堂様机下」と、その雅号を宛所にすえた手紙を書いてもいます。文人としての介川を認めていたのでしょう。

要するに、教養人としての介川の側面が、おそらく銀主たちとの付き合いでも十二分に生かされていたと思われるのです。酒が強いだけなら、ただの面白い田舎侍です。商人とはいえ、彼らの中には一級の文人・学者もいました。秋田藩とは直接関係はありませんが、冒頭に紹介した草間伊助もそうですし、山片蟠桃も学者です。能力のある豪商と位負けせず交渉するには、相応の教養が必要だったでしょう。

余談になりますが、その後室谷との関係は微妙になります。天保四年の初めころ、前年の凶作対策として介川は館入たちから多額の調達銀を募りますが、このとき室谷は銀四〇〇貫目を上納しました。ところがその後国元がいわゆる「天保飢饉」に襲われると、介川は再度銀調達のために奔走しなければならなくなります。すると室谷は、体調不良を理由にしてめったに表には出てこず、交渉をすべて息子の次郎助や支配人の権之助に任せるようになります。最終的に二〇〇貫目の追加調達に応じてくれるのですが、そのとき介川は次郎助から、「実は父が病気になったのも、この調達銀の苦心のためでございます」と言われる始末でした。

天才少女書家を援助　ところで、文頭でシーボルトのことを紹介したさい、「鯤」という少女を連れていたと書きました。この少女は、のちに稲葉鯤女という著名な女流書家に成長します。最初、「こん」に出合ってその書を見た介川の感想は、「是迄少年書を善く候ものも数人見候へともか丶る神のごとく成ものハ見不申」（文政九年三月二二日）というものでした。まさに神童の扱いです。介川は銀主たちとのいろいろな会合に連れて行き、書を書かせていますが、このころの作品が現在でも残っています。商人たちの感想は、「いつれも感嘆いたし候」「いつれも驚嘆申はかりなし」「いつれも肝を潰し候」といった具合で、介川の得意そうな様子がうかがわれます。先の、シーボルトの住友邸訪問のさいには、「蘭人も驚愕いたし候様子ニ候」と述べ、そのうち人々が集まりだし、蘭人よりは「こん」の書を見ようとするものが多くなったとまで書いています。シーボルトは、住友邸訪問の様子を、その著『江戸参府紀行』に書いています（斎藤二〇〇六）。住友の洋食器の素晴らしさには書いていますが、残念ながらこの少女のことについては何も触れていません。なお、鯤は、天保三年（一八三二）に秋田藩の館入の一人であった山崎屋与七郎の実子寿之助との縁談がもちあがり、当時江戸にいた介川はその知らせをうけて、「とてもいい話だ」と手紙を出しています。

6　銀主たちの言説

ここまで見てきて、いかに介川が商人の経済力を重視していたか、それを取り込むためにいかに涙ぐましい努力をしていたのかがよく分かります。それに対して商人たちの気持ちはどうなのかを見てみます。

(1)　加島屋弥十郎

苦しい交渉への助言　加島屋作兵衛が非常にしゃれっ気のある人だったのはいいのですが、最初の「むたこと草」でみましたように、大店《おおだな》になれば主人というものはお山のてっぺんにいて、細かいことは関わりません。作兵衛に「金を貸してくれ」と直接頼んでも、「店方《たなかた》」、つまり加島屋の経営陣が了解するとは限りません。

加島屋の支配人に弥十郎という人がいます。この人がもっとも秋田藩によく尽くしてくれた支配人の一人です。文政一二年（一八二九）、秋田藩は、すべての銀主に、五年間元銀の据え置きと、利足の大幅引き下げの申渡しをします。元銀の返済は凍結、利足は月八朱（〇・八％）から五朱への引き下げですから、もちろん銀主たちはいい顔はしません。それでもなんとか了解を取り付けることに成功しています。この時の交渉役も介川でした。この期限切れが、天保四年だったのです。しかし、天保三年も凶作で、そのための調達銀を依頼するほか、右の返済方法の継続の依頼もする必要に迫られていました。同年、このような重い課題をまかされて大坂に登った介川が、まず相談したのが加島屋弥十郎でした。

弥十郎は、「来年が期限ですから、またあなた様あたりが来られるのではないかと思っておりました」と言い、続いて「さぞご心配なことでしょうが、内密に申し上げますと、銀主一同、誰も元の通りになるとは考えておりません。鴻池庄兵衛などとも話しておりますが、同じように考えているようです。腹蔵のないところを申し上げれば、利足を一朱ほど上げ、また五年ぐらいの期限で継続を伝えれば、同意を得られることと思います」と助言しています。酒の席での情報交換です。しかも弥十郎は、内々に鴻池庄兵衛にも話をしていると書いてあります。しかも、まったく元の通りになるとは誰も思っていないはず、とも言っています。貸す側は大体そういう無理算段を言われた段階で、またこの先もそうだろうなと思うでしょう。こうなると条件闘争です。駆け引きの問題になってきます。このときに介川が考えてきたのは、返す利息をさらに一朱下げて、その条件で将来一〇年継続という案です。これにはさすがに食ってかかった商人もいます。

幕府課役への助言　天保四年（一八三三）八月七日にも加島屋弥十郎が出てきます。国元の飢饉状況が明らかになりつつあるこの時期に、こともあろうに幕府から久能山《くのうざん》（現静岡市）の寺社修復の御手伝普請《おてつだいぶしん》を命じられます。介川は、ただちに加島屋定八と弥十郎に相談しています。この時介川は、どうも御手伝普請には三万両が必要で、そのうち二万両は江戸で調達し、残りの一万両は秋田で準備したいと考えているけれども、実は今年は大変な不作だったので、秋田の百姓たちに役負担をかけるわけにはいかない。もしかすれば大坂でも少し調達を依頼しなければならないかもしれないという相談をしたのです。

それに対する弥十郎の答えは、「ほか様の場合は、たとえ必要がなくとも多少は銀主たちに金銭の調達を依頼するものです。江戸と大坂でようやく費用を調《ととの》えたとなれば聞こえはよいが、もしまったく借金なしで費用を準備したとなれば、幕府に対してはかえって逆効果になりかねません」というものでした。これはなかなか面白いことを言っています。「ほか様」とは、他の大名家です。こういうときには他の大名家は、必要なくても必ず銀主に頼むものだ。そうでないと、幕府から見ると「何だ、あの大名は。今回これだけの役負担を申し付けたのに、どこからも金を借りないというのはよほど懐具合がいいのだな」と見当付けられるので、公役の賦課が続く恐れもあるから、金のないふりをして金を借りろと言っています。

実は、草間伊助も「むたこと草」で同じようなことを言っています。御手伝普請に関わることではないのですが、草間は熊本藩に対して、「お備え金は隠し持っているものであって、それがあるからと金を借りないのは駄目だ。金があっても時々金を借りろ。そういう振りをしないと幕府に目を付けられる。そうすると、いろいろな負担がかかってくるから、苦しい振りをしなさい」と言っています。違う商人が、異なる大名家に対して同じようなアドバイスをしている点は注目されます。これが、蔵元や館入を務める商人の「常識」なのでしょう。彼らは、まさに「経営コンサルタント」としての側面をもっているといえます。

館入の務め　再び天保四年八月の記事に戻りますと、「御館入ともハ右様御用（幕府の御《お》手伝《てつだい》普請《ふしん》など）之節ハたとへ打続候ニいたし候而も相勤不申候而《もうさずそうろうて》ハ不相成《あいならざる》ものニ候」とあります。ここが非常におもしろいところで、このように自分がお仕えしている大名家が幕府から無理難題をかけられたら、そういうことが何回続いてもそれに対する援助は惜しまないのが館入としての務めなのだ、と弥十郎は言うのです。

こういう話をしたら神戸大学の高槻泰郎さんから、「それはレトリックで、銀主の真意ではないのでは？」と指摘されました。ただ、私としては、そのように切り捨ててしまうには惜しい台詞だと思います。今でも私たちはいろいろな仕事をしていて、その仕事をしていることのアイデンティティが欲しいと思いませんか。人というのは、自分がやっているものについて何らかの社会的意義を見いだしたい気持ちがあるのではないかと私は思います。当時の商人たちも、そのような意識を持っていただろうと思います。ただ、こうなるとあまりにも文学的な表現になってしまって、なかなか論証がむずかしいことは事実です。

ところが、あまりやり過ぎるとそれは無理だという話にもなります。例えば天保五年三月四日、加島屋が苦労して調達金を約束した後です。このときは、国元から家老の小野岡大和が上ってきて、さらに銀七五〇〇貫目が必要だと伝えたのです。弥十郎は「今まで疲労困憊するほど務めたのだから、これからまたそれだけ出せと言われても、他の連中も素直にうんと言わないだろう。金額を出しては駄目だ。金額は出さないで、なおできるだけ頑張ってほしいと協力を求めるのにとどめるべきだ」とアドバイスしています。さらに面白いのは、「体面を保つことは大切です。先般仙台様で大金（八万両）の調達を依頼なさったけれどもなかなかできず、笑い話で終わってしまわれたようです」といっています。仙台藩も八万両とふっかけてきたけれども、誰も貸さないで笑いものになってしまった。だから、こういうときにはあまり欲を起こさないで、体面を保つことも必要だと言っているのです。

(2)　鴻池庄兵衛の館入論

水野忠邦を批判　もう一人、鴻池庄兵衛の論を紹介しましょう。文政九年一一月一九日、やはり酒の席でのことです。のちに老中となる水野《みずの》忠邦《ただくに》（一七九四〜一八五一）についての話です。庄兵衛が語るところによると、水野が大坂城代《おおさかじょうだい》の職にあったころ、突然、鴻池善右衛門や住友吉次郎など、大坂の名だたる豪商が屋敷に招かれました。そのなかには、秋田藩の館入である、加島屋作兵衛・辰巳屋久左衛門、もちろん鴻池庄兵衛も入っていました。水野は、別に金銭を出せというので呼んだのではない。ただこのたび西国三十三カ国を任されたので、今後何かあったとき、そのほうらと知己になっておれば心強いと思って招いただけだといいつつ、酒や膳を出して振舞おうとする。その後もまた同じような招きを受けたが、そのさいには御紋入りの裃まで拝領することになった、というのです。ここで「西国三十三カ国を任された」と言っているのは、京都所司代《きょうとしょしだい》に就任したことを言っているのでしょう。

さて、このことについての、庄兵衛の意見はこうです。「さてさて、どういう理由でこのようなものを頂くのか、まったく訳が分からない。いずれの御屋敷でも御紋ものを頂くのは、御館入となってその御家の御用を勤めるようになったうえでのこと、どんな理由なのかも分からないうちにこのような重い扱いをされるのはけしからぬ事」であると。この後、辰巳屋は、これからは招きを受けても決してお受けはしないと言い、加島屋作兵衛も同意見であったといいます。ここに館入としての矜持が語られているとみることはできないでしょうか。

(3)　酢屋利兵衛の政道批判

仁政といえるのか　秋田藩に対する批判的な意見も紹介しましょう。天保四年七月九日には、堺の酢屋《すや》利兵衛という人が出してきた「乍恐口上《おそれながらこうじょう》」という書面の内容が書き留められています。天保四年が、元金据え置き利息引き下げという仕法の期限切れにあたり、介川はその継続依頼の交渉役を務めたことは先にお話ししましたが、より悪い条件でそれをまた延ばすと言われたことに対して抗議しています。佐竹家は他の家と違って絶対に嘘をつかないからと言われたので我慢して引き受けたのに、前に言ったことと黒白の違いだと述べています。おもしろいのは最後の部分です。「且豊凶之義はいつれ有之《これある》習ひ、御領民之御救《おすくい》等之費《ついえ》多ク候故、夫《それ》を被仰立《おおせたてられ》、銀方共江利下ケ等被仰付《おおせつけられ》候御義は銀方より御国之民を救ひ申理ニ当り君人之御仁政ニは不相当哉《あたらざるや》ニ乍恐奉存候」、要するにこのとき介川は国元が大飢饉であることを強調して、「こういう事情なので、この条件で続けてくれないか」と頼んだのに対し、酢屋は「作柄の良し悪しは世の常だ。それなのに国元の作柄が悪いからといって、領民を助けるために銀主にそういう無理難題を押し付けるのは、言ってみれば私たちがあなたの国の領民を助けることになるのではないか。そんなことは人の上に立つ君主としてはあるまじき考え方ではないか」と強く批判しています。これはさすがに政治に対して口を出してしまっているため、介川もしつこく謝罪を求め、相手に詫び状を提出させています。自藩の仁政を批判されたことに我慢ができなかったのでしょう。ただし、大名貸がボランティアでない以上、これが銀主の本音だとも言えます。

(4)　銀主たちの大名評価

他の大名家の噂　この人たちは酒を飲むといろいろな他の大名家の噂話をします。文政一二年（一八二九）八月三日の記事には、広島藩についての話がみえます。話手は加島屋弥十郎です。内容は、広島藩は、よくいえば節約が徹底している、悪くいえばケチという話です。

「広島藩では、正月に使った門松を屋敷の役人に配分し、それを焚きものにさせている。冬は留守居も綿入一枚で、日々炬燵《こたつ》だけで寒さを凌いでいる」。「大坂へ出張してくる役人の土産はおおむね手軽いもので、留守居でも椎茸一箱ぐらいのものである。しかし御国に帰られる時、こちらから気を遣って何かお入用なものがあればなどと問うと、先日などは『康熙字典《こうきじてん》』などを所望された」などとあります。『康熙字典』というのは、清国で編纂された大辞典です。当時としてはたいへん高価なものです。さらに笑えるのは、「先方からは振る舞いなどというものは数えるほどしかなく、ほとんどがこちらから」であり、以前門番が飼っていた鶏が犬に食い殺されしまったので、その鶏を振る舞うから屋敷へ来てくれという誘いがあったが、そういうことでもないと振る舞いをしてくれないと言っています。でも最後に、「しかし役々よく和し居候而《おり》聊《いささか》之事ニ而も一同心得居候様子に候よし」と少し持ち上げて終わっています。これに対して、肥後（熊本藩）などはたいへん気質が悪く、ここで話したことが外に漏れるとどう思われるかわからない、などと言っています。

聞いている分には面白いでしょうが、ここで話されるということは、自分の藩もどこかで論評されているということを暗に示していて、介川も心中穏やかではなかったでしょう。笑い話のように紹介しましたが、他の家の情報を言い合っている点が興味深いのです。まさに「むたこと草」の指摘のとおりです。

おわりに

以上、大坂詰を経験した秋田藩の勘定奉行の日記を読みながら、大坂銀主と大名との関係をみてきました。貸す側・借りる側の駆け引きや親睦のあり方など、大名貸が行われている根っこの部分を探るのが一応の目的でした。しかし、ここに示された銀主の言説や親睦の態度などはどこまでが本音なのか、疑おうと思えばきりがなく、なかなか論証するのが難しい問題です。ですが、このような問題についても、丁寧に史料を読みほぐしていきながら事実を積み重ね、大名貸における藩と銀主との関係を考えていくことが大切だと思います。

【参考文献】
荒武賢一朗「近世における銀主と領主」（『日本史研究』六六四号、二〇一七年）
伊藤昭弘『藩財政再考』（清文堂出版、二〇一四年）

伊藤昭弘「草間直方が語る大名貸の虚実」（『研究紀要』一三号、佐賀大学地域学歴史文化研究センター、二〇一九年）
賀川隆行『近世大名金融史の研究』（吉川弘文館、一九九六年）
金森正也「大坂留守居役と館入」（『秋大史学』六〇号、二〇一四年）
金森正也「秋田藩の上方調達銀運用と館入」（『日本史研究』六六四号、二〇一七年）
金森正也「大名家在坂役人と上方銀主・その交流と交渉」（『弘前大学國史研究』一四八号、二〇二〇年）
芳即正『調所広郷』（吉川弘文館、一九八七年）
斎藤信訳『シーボルト江戸参府紀行』（平凡社、二〇〇六年）
作道洋太郎『近世封建社会の貨幣金融構造』（塙書房、一九七一年）
高槻泰郎「近世中後期大坂金融市場における『館入』商人の機能」（『日本史研究』六一九号、二〇一四年）
宮本又次編『大坂の研究』第三巻（清文堂出版、一九六九年）
宮本又次『鴻池善右衛門』（人物叢書新装版、吉川弘文館、一九八六年）
森泰博「鴻池善右衛門家の大名貸―掛合控の成立を中心として―」（『社会経済史学』三一―六。一九九六年）
安岡重明「寛政・文化期における藩債処理にかんする草間直方の意見」（『同志社商学』一四（二）、一九六二年）
『新修大阪市史』第四巻（大阪市、一九九〇年）

◇第Ⅱ部　村落社会を分析する

第五章　遺跡が語る！　宮城の災害の歴史

髙橋守克

はじめに

日本列島では、未曽有《みぞう》の被害をもたらした平成二三年（二〇一一）三月一一日発生の東日本大震災をはじめ、毎年のように地震や台風などにともなう自然災害が発生しています。私もこれまで宮城県内をベースに考古学的な調査や各種の文化財の調査研究に携わってきましたが、近年、大学や博物館の研究機関や行政機関等による遺跡の発掘調査においてさまざまな分野の研究者との連携・協力によって過去に発生した災害の痕跡がより具体的にわかるようになってきました。本章では皆さんにその成果をお伝えするとともに、それによって今後身近に発生するかもしれない自然災害に対する防災・減災等に少しでも役立てることができればと思っております。

最初に「はじめに」としてプロローグ的なことを記します。二番目に発掘された具体的な「自然災害の概要」について紹介します。三番目に、文献史料や考古学以外の分野との連携した研究成果をもとに見えてきた、平安時代の「貞観一一年（八六九）に発生した陸奥国大地震とその復興」についてふれたいと思います。そして最後に「おわりに」ということで論をまとめさせていただきます。

東日本大震災の被害（多賀城市）　図5－1は、マグニチュード九・〇とされる東日本大震災の地震発生後の仙台港（仙台市宮城野区）に近い多賀城市内の様子です。津波が岸壁から産業道路の方に向かって押し寄せてきて、車が次々と飲み込まれていく様子が映っています。ほぼ同じ時刻には、江戸時代に塩竈《しおがま》（塩竈市）―蒲生《がもう》（仙台市宮城野区）間に開削された運河である舟入堀にも津波が遡上してきて、係留していた船が木の葉のように流されていました。津波はその後もさらに内陸側に押し寄せ、国道四五号線やＪＲ仙石《せんせき》線を越えて行ったところもありました。津波の水が引いた後に確認すると、ＪＲ仙石線の多賀城駅（多賀城市中央）の近くでは、多くの車が線路上に打ち上げられていました。同様に、仙台市中野栄《なかのさかえ》地区（宮城野区）から多賀城市八幡地区にかけての国道四五号線では、たくさんの車や瓦礫が道路を埋め尽くしていました。

図5-1　襲来する東日本大震災の津波
（多賀城市内，多賀城市民提供）

私は、震災時に多賀城市埋蔵文化財調査センター（多賀城市文化センター内、多賀城市中央）に勤務していました。高台でしたので難を逃れたのですが、沿岸部の方々は津波による自宅の損壊等の被害に遭いました。多賀城市文化センターには、数百人の市民が避難され、私もその日から数ヵ月間にわたって被災者対応をしてきました。そのような大きな災害があったのが今から九年前のことで、皆さんのご記憶にも刻み込まれているのではないかと思います。

津波の砂押川遡上　東日本大震災の爪痕は、川を遡ってきた津波の痕跡からもわかります。砂押《すなおし》川は、今は仙台港の東端に河口がありますが、か

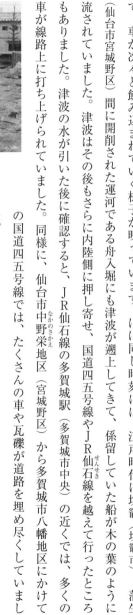

つては七ヶ浜《しちがはま》の湊浜（七ヶ浜町）から海に注いでいた川であります。東日本大震災のとき、この砂押川を津波が遡り、河口付近に係留されていた漁船などが多賀城駅前を通り、約六キロ離れた多賀城跡の南西隅に近い新市川橋付近まで流されていました。この付近では、砂押川やその水門が閉まらなかったために流れ込んだ水路からボラをはじめ多量の魚の死骸が発見されました。成長したボラは川では生活しないので、海にいるボラが砂押川を通ってずっと約八キロ上流まで流されてきたことが分かります。

このような状況をふまえて津波の浸水範囲などの記録を後世に残そうと考え、宮城県東北歴史博物館の上席主任研究員であった柳澤和明・相原淳一の両氏と津波の痕跡を調べて歩きました。図5－2に示した右下のところが、多賀城市の調査で確認された津波の浸水したエリアです。津波が仙台育英学園高校・多賀城校舎（多賀城市高橋）まで海から直接襲来したことが分かります。そして砂押川を遡ってきた津波は多賀城跡近くまで来たというのが多賀城市の当時の調査報告でした。これを基に私たちは調査を進めました。すると、海から押し寄せてきた津波の浸水エリアは仙台育英学園高校の所まででしたが、さらにその北側に広がる水田の四方に走る水路にも津波はおよんでいました。また、砂押川の両岸の堤防の草は本来緑色なのですが、茶色に変わって薙ぎ倒されている箇所が多賀城市の把握した遡上域よりさらに上流に続いていました。草は潮が通っていくと枯れたように茶色に変色するので、潮枯れと呼ばれています。この潮枯れを辿っていくと、西側の砂押川上流では宮城県総合運動公園付近の沢乙《さわおと》地区（利府町）まで認められました。西側のもういっぽうは、砂押川と合流する勿来《なこそ》川をずっと遡っていき、宮城県警察本部機動センターの付近の森郷《もりごう》地区（同町）まで認められました。東日本大震災の津波は砂押川やその支流である勿来川を河口から約一二・五キロも遡上していたのです。

津波関連の伝承　多賀城市内でいち早く津波が襲来した八幡《やわた》地区は、仙台港と接するすぐ北側の沿岸部にあり、地区内には八幡神社（多賀城市宮内）が祀られています。砂押川周辺には八幡神社が数社存在するのですが、その理由を地元の方々に聞いたり、江戸時代の記録などを調べたりしてみました。すると、八幡地区に鎮座する八幡神社のご神体等が津波で流されてきたという伝承がいくつかあることが分かりました。例えば、八幡神社が津波で流されて、そのご神体が砂押川で浮かんできたというのです。それで「浮き八幡」と呼ばれ、多賀城跡南西隅付近にその祠《ほこら》がありました。利府町の八幡神社（利府町中央）には、泥をかぶった八幡神社のご神体が

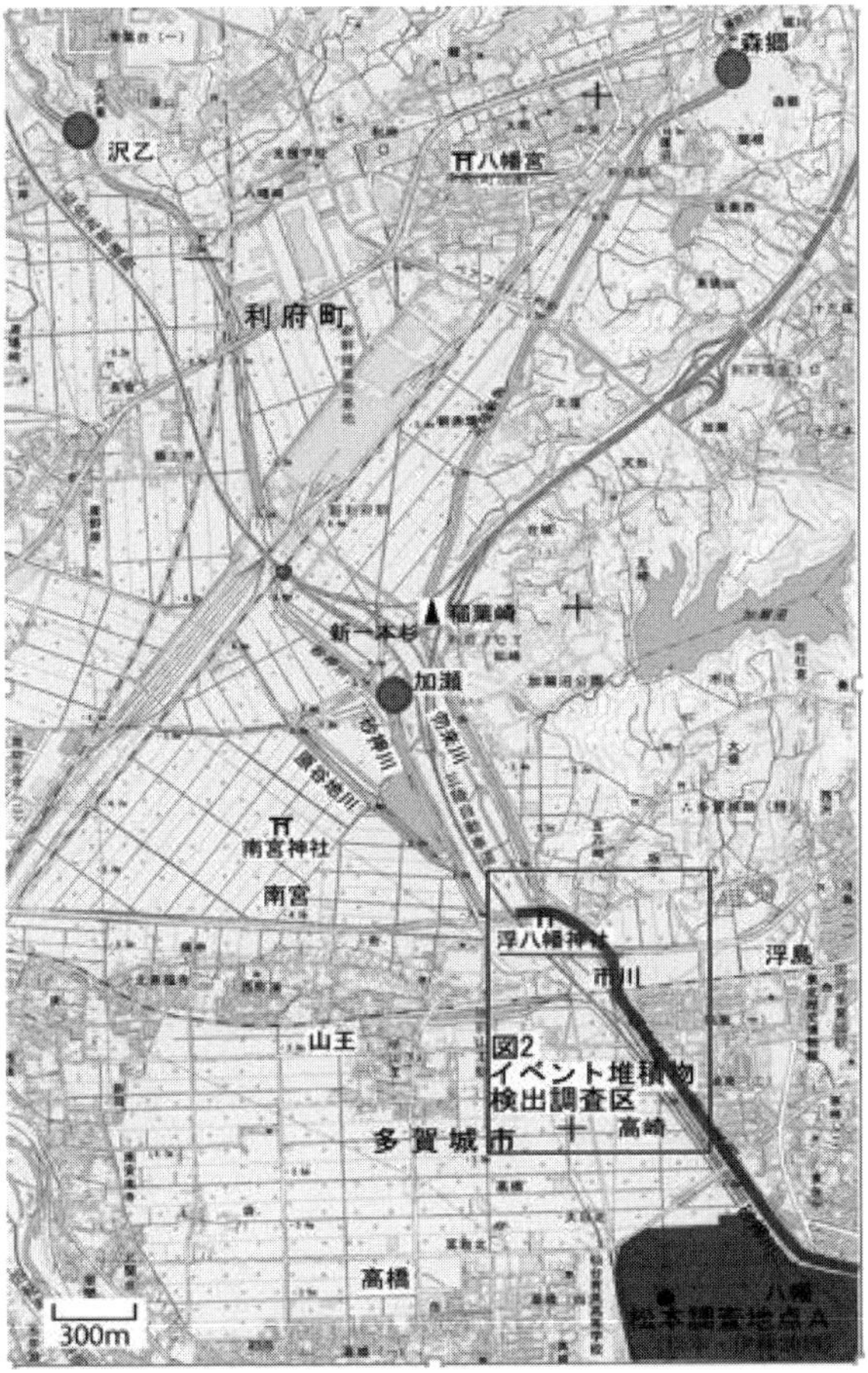

図 5-2　東日本大震災の津波浸水・遡上エリア
（相原淳一，髙橋守克，柳澤和明：2016 年）

流れてきたので、きちんと祀り直したという伝承があり、「流れ八幡」とか「泥八幡」と呼ばれています。また、利府町沢乙の砂押川東岸にも伝承は不詳ですが八幡神社が祀られています。こうした伝承が残されている地域は、多賀城市が確認した津波の到達地点や、砂押川や勿来川の潮枯れを起こさせた津波の到達地点に近い所であることも分かりました。これらの伝承の津波はいつの時代のものなのか調査を進めていますが、平安時代の貞観津波（八六一年）なのか、あるいは江戸時代初期の慶長津波（一六一一年）なのか等については確定できていません。最近、資料分析をもとに慶長津波の際のものではないかという説も提唱されています（柳澤二〇一九）。

この調査を進めていくなかで、八幡地区は東日本大震災をはじめ過去にも何度か津波被害に遭っていること、その津波が砂押川を遡上していること、それに伴う伝承が残されていることなどが分かってきました。

旧八幡村の地名　今述べました八幡地区というのは、昭和一〇年代までは水田が広がり集落もありました。それが一変したのは太平洋戦争中、国がこの地域の住民を立ち退かせて、多賀城海軍工廠《かいぐんこうしょう》（兵器工場）を造ったことによります。砂押川を挟んで南側の八幡地区にはゼロ戦に装備する機銃を作る工場、北側の笠神地区には焼夷《しょうい》弾《だん》を作る工場が造られました。戦後、前者は仙台港や工場地帯となり、後者は陸上自衛隊多賀城駐屯地になりました。

さて、明治時代の地図などから八幡地区内の地名を調べてみると、次のようなことが分かってきました。「中谷地」「渋谷地」などの「谷地《やち》」の付く地名が多くあります。それから「南原」や「東原」などの「原」が付く地名があります。明治二二年（一八八九）の一三ヵ村合併による多賀城村の成立以前は、この地域一帯は八幡村の原地区と呼ばれていました。ほかには「袋」「深」「泥」の付く地名もあります。これらのことから海岸に近い原地区一帯はもともと原野に近い低湿地だったことが窺えます。そして、こうした地名のあるところは津波や川の氾濫による被害に遭うリスクが高い場所だったと言えましょう。

それから、河口に近い砂押川沿いに「塩留」や「塩窪」などの「塩」が付く地名も残っています。おそらく満潮時にはここまで海水が来て、潮が止まるので「塩留」という地名が付いているのだと思います。河口からここまでは真水と海水の混ざる汽水域だということです。地名からいろいろな状況を知ることができるので、細かく調べてみるのは大切なことだと思います。このような自然災害にともなう伝承や、自然環境に基づく災害リスクの高いと思われる地名などについても、今後発信していきたいと思っています。

自然災害のいろいろ　本論に入る前にさまざまな自然災害について主なものを紹介しておきます。まず、①地震災害があります。それから、地震にともなう②津波災害があります。特に日本は、四つのプレートが列島の下に沈み込んでいるといわれています。沈み込むときに大きな軋轢が生じて地震が起き、津波が発生することがあります。また、日本は世界の七％の火山を有するといわれています。地下のマグマが噴き出すことによって火山噴火が起こり、③火山噴火災害が生じます。そして、季節風や台風などに伴って④気象災害も発生し、洪水や土砂崩れなどを引き起こします。

災害痕跡の確認された遺跡　宮城県内において調査によって自然災害の痕跡が発見された遺跡は約五〇ヵ所あります（図5－3）。それらの遺跡の立地場所は、圧倒的に海岸部の平地が多いのです。人口の多く集まる海岸部の平地は開発が進んでおり、開発にともなう発掘調査が多く行われていることも一因だと思われます。その海岸部の平地で見つかる災害の痕跡は、津波や洪水によるものが大多数です。河川流域になると当然のように洪水の痕跡が発見されます。そして、山手の丘陵部では火山噴火災害や地震災害の痕跡が見つかります。

なお、確認された自然災害の主なものを歴史的にみますと、日本列島に私たちの祖先が住み始めた頃と考えら

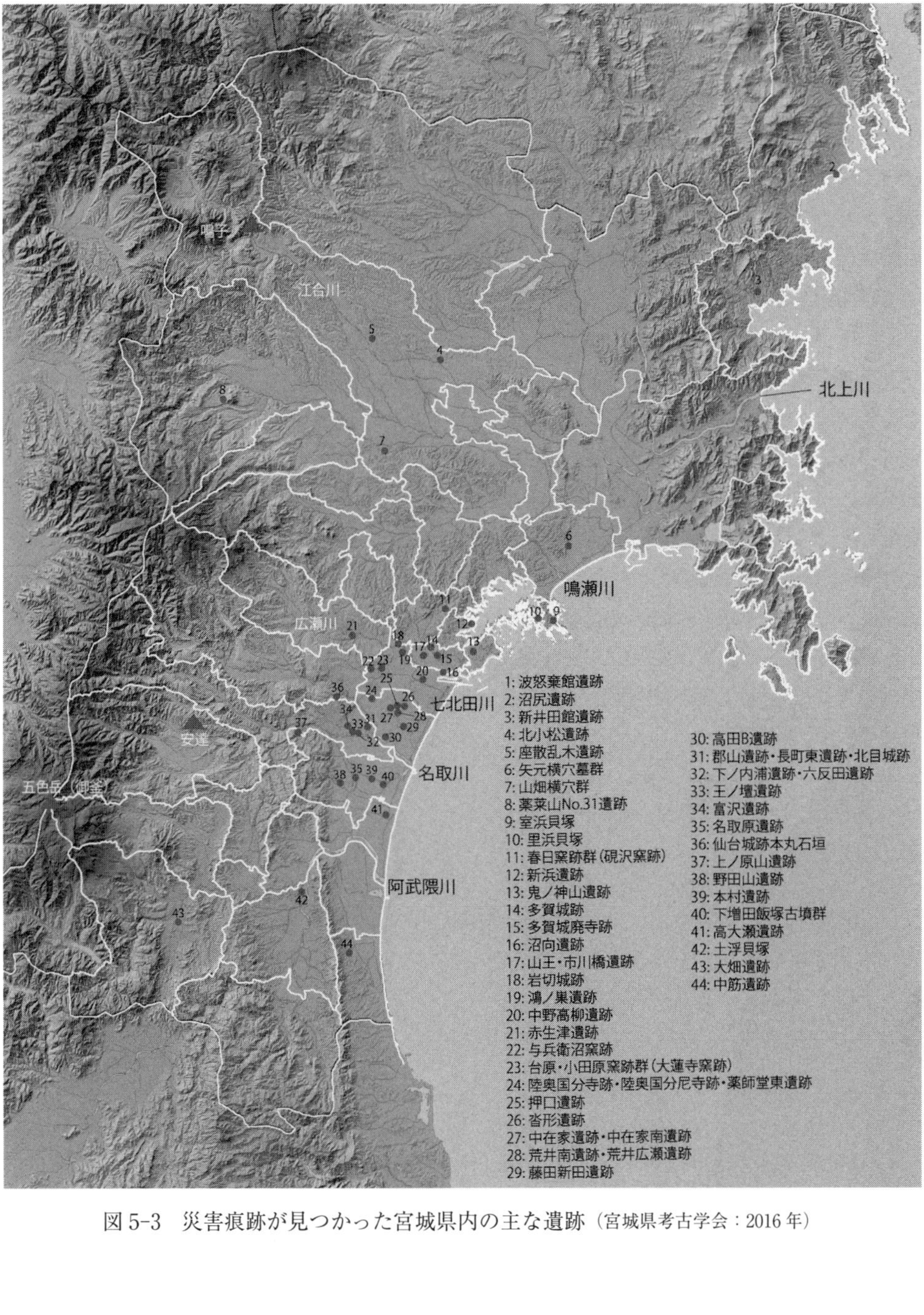
鳴子
江合川
北上川
鳴瀬川
広瀬川
七北田川
安達
五色岳（御釜）
名取川
阿武隈川
1: 波怒棄館遺跡
2: 沼尻遺跡
3: 新井田館遺跡
4: 北小松遺跡
5: 座散乱木遺跡
6: 矢元横穴墓群
7: 山畑横穴群
8: 薬莱山No.31遺跡
9: 室浜貝塚
10: 里浜貝塚
11: 春日窯跡群（硯沢窯跡）
12: 新浜遺跡
13: 鬼ノ神山遺跡
14: 多賀城跡
15: 多賀城廃寺跡
16: 沼向遺跡
17: 山王・市川橋遺跡
18: 岩切城跡
19: 鴻ノ巣遺跡
20: 中野高柳遺跡
21: 赤生津遺跡
22: 与兵衛沼窯跡
23: 台原・小田原窯跡群（大蓮寺窯跡）
24: 陸奥国分寺跡・陸奥国分尼寺跡・薬師堂東遺跡
25: 押口遺跡
26: 沓形遺跡
27: 中在家遺跡・中在家南遺跡
28: 荒井南遺跡・荒井広瀬遺跡
29: 藤田新田遺跡
30: 高田B遺跡
31: 郡山遺跡・長町東遺跡・北目城跡
32: 下ノ内浦遺跡・六反田遺跡
33: 王ノ壇遺跡
34: 富沢遺跡
35: 名取原遺跡
36: 仙台城跡本丸石垣
37: 上ノ原山遺跡
38: 野田山遺跡
39: 本村遺跡
40: 下増田飯塚古墳群
41: 高大瀬遺跡
42: 土浮貝塚
43: 大畑遺跡
44: 中筋遺跡

図 5-3　災害痕跡が見つかった宮城県内の主な遺跡（宮城県考古学会：2016 年）

れる一〇万年ぐらい前から現在までずっと続いていることが分かります（表５－１）。旧石器時代には鳴子《なるこ》火山や蔵《ざ》王山《おうさん》火山などの火山噴火災害が多く認められます。とりわけ姶良《あいら》火山（鹿児島県）噴火にともなう火山灰は宮城県まで飛来しています。また、平安時代の噴火とされている十和田《とわだ》火山の火山灰も宮城県まで到達しています。地震にともなう津波災害は縄文時代以降、繰り返し発生しています。具体的には縄文時代の前期・中期・後期・晩期、弥生時代の中期、平安時代の貞観地震・津波、江戸時代の慶長地震・津波があげられます。このうち縄文時代後期、弥生時代中期、貞観の津波が大規模だったようで、これらの津波はおよそ一〇〇〇年間隔で発生しているようにも見受けられます。津波以外の地震に伴う自然災害としては、地滑りや地割れ、噴砂なども時代を問わず認められます。気象災害に伴う洪水被害も縄文時代からありますが、低湿地での生活と稲作が始まった弥生時代以降は現在に至るまで断続的に発生しています。

表 5-1　宮城県内の自然災害年表

時　代・年　代			災害の種類
旧石器時代	約９～10万年前	安達火山噴火	火山灰
	約4.1～6.3万年前	鳴子火山噴火	火山灰
	約３万年前以前	蔵王山火山噴火	火山灰
	約2.6～2.9万年前	姶良火山噴火	火山灰
	約1.1～1.2万年前	肘折火山噴火	火山灰
縄文時代	前期 約6,000年前		地震（地滑り）
	中期 約4,600年前		地震（津波）
	後期 約3,900年前		洪水
	後期 約3,600年前		地震（津波）
	晩期 約3,200年前以降		地震（噴砂）
	晩期 約2,900年前以降		地震（噴砂）
弥生時代	前期 約2,500年前		洪水
	中期 約2,200年前		洪水
	中期 約2,200年前		地震（津波）
	中期 約2,000年前以降		地震（噴砂） 地震（地割れ）
	後期 約1,800年前以降		地震（噴砂）
古墳時代	後期６世紀後半		洪水
古代	869年（貞観11）	貞観地震	地震（津波）
	915年（延喜15）？	十和田火山噴火	火山灰
	934年（承平４）		落雷
中世	1454年（享徳３）	享徳地震？	地震（津波）？
近世	1611年（慶長16）	慶長地震	地震（津波）
	1611年（慶長16）以降		地震（噴砂）
	1616年（元和 元）		地震
	1624年（寛永 元）	刈田岳火山噴火	火山灰
	1668年（寛文８）		地震
	1867年（慶応３）	熊野岳火山噴火	火山泥流
近代・現代	1896年（明治29）	明治三陸津波	地震（津波）
	1933年（昭和８）	昭和三陸津波	地震（津波）
	1978年（昭和53）	宮城県沖地震	地震
	2011年（平成23）	東日本大震災	地震（津波）

宮城県考古学会：2016 年

これから、さまざまな性格をもつ自然災害の痕跡について紹介していきますが、こうしてみると、災害はいつでも発生し得るし、それが自分自身や家族等に降りかかってくることもあり得るという危機管理意識をいつも念頭に置いておく必要があると思います。

1　発掘された自然災害の概要

(1)　津波災害

はじめに、津波災害の痕跡について話をしたいと思います。東日本大震災では宮城県内でも多数の犠牲者や家屋の損壊など、津波による甚大な被害がありました。津波は平地においては河口に拓けた街並みや田畑を襲い、リアス式海岸では市町の中心街や浜の集落を飲み込みました。名取市・岩沼市にまたがる仙台空港では駐機していた飛行機が流されたり、気仙沼市では大きな漁船が陸に打ち上げられたりするほどの凄まじい威力でした。残念なことに九年が経過する現在でも多くの行方不明の方々、被災した居住地への帰還が困難な方々もおります。津波は、日本のプレート境界で発生した規模の大きい海底地震に伴って引き起こされ、時に沿岸部に甚大な被害をもたらします。このような津波の襲来や被害の痕跡が発見された主な遺跡を見ていくことにします。以下、紹介する遺跡名の下の（　）内に図5－3の遺跡番号を示します。

①里浜貝塚（東松島市・10）　松島湾の北端を占める宮戸島（東松島市）の内湾に面したところに里浜という地区があり、ここに縄文時代の貝塚があります。日本でも最大級の貝塚で、ここにある奥松島縄文村歴史資料館が貝塚に関する調査などを行っています。里浜の海岸部の調査時の写真（図5－4）をみますと、白っぽい縞模様

図 5-4　里浜貝塚の津波堆積層と年代（菅原弘樹：2013 年）

の地層が二つ認められます。これが津波で押し寄せられた砂の層です。その年代を調べますと、下段の砂層は縄文時代中期のもので約四六〇〇年前、その上段の縄文時代後期の砂層は約三六〇〇年前のものでした。内湾のここでもおよそ一〇〇〇年間隔で大きな津波に襲われていました。里浜の人々が居住していた場所は海岸ではなく、海岸を見下ろす高台にあります。貝を採ったり、魚を捕ったり、あるいは塩を作ったりする仕事では海岸に来るのですが、住まいは高台なのです。「海岸は津波が来て危険なので住んではいけない」と何世代にも亘り受け継がれたとも考えられるのです。住まいは高台、仕事は海岸や山などでということを数千年も伝えていった縄文時代の人たちに感心させられます。このような貝塚のあり方は、大木囲《だいぎがこい》貝塚（七ヶ浜町）、桂島貝塚（塩竈市）、金堀貝塚（多賀城市）、西の浜貝塚（松島町）など、多くの貝塚で認められ、海岸部で生活する縄文人の知恵といえましょう。

②沼尻貝塚（気仙沼市・2）　三陸沿岸の大谷《おおや》海岸（気仙沼市）では、東日本大震災の津波によって浸食された露頭が調査されました。図5－5をみますと、露頭の中に黒っぽい土の層を挟んで砂や石で形成された津波の堆積層が見えます。露頭をさらに詳しく調べると、ここでは縄文時代に少なくとも三回津波が襲来していたことが分かりました。最も古いのは縄文時代前期の約五四〇〇年前のものです。そして後期の約三五〇〇年前のもの、晩期の約二五〇〇年前のものです。さらに上の層からは貞観津波の堆積層、そのさらに上の最上部からは慶長津波の痕跡も発見されています。このように三陸沿岸では遺跡に痕跡を留めたものも含めて何度も津波災害を受けていることが分かってきました。

③沓形遺跡（仙台市・26）　仙台市地下鉄東西線の東の終点である荒井駅（仙台市若林区）の周辺に、約二二〇〇年前の弥生時代中頃に津波被害を受けた沓形《くつかた》遺跡があります。当時の海岸線から約二キロ離れた所に当たります。ちなみに弥生時代の海岸線は、現在の海岸よりも一キロぐらい内側になります。図5－6で白っぽく見えるのは、遺跡を覆う津波の砂の層です。厚さ約二〇センチの砂層の下から一〇〇枚以上の水田の区画が発見されました。弥生時代の水田は一辺が五メートル四方ぐらいで、現在の水田に比べるととても小さいという特徴がみられます。この頃になると縄文時代のときに住んでいた高台を離れ、米つくりの仕事に便利なように水田の近くのほんの少し高い所に住むようになりました。そのため、弥生時代以降は住まいも津波による被害を受けた傾向が見られます。稲作地帯だったこの地域は、弥生時代中期の津波が原因で古墳時代初めまでの約四〇〇年間、米作りは再開されませんでした。

④中筋遺跡（山元町・44）　つぎは宮城県の沿岸部では最南端の町、山元町の中筋《なかすじ》遺跡です。ここも弥生時代中

期の遺跡で、沓形遺跡から南に三〇キロ以上離れたところにあります。当時の海岸線から約二キロ離れた山裾《やますそ》にあり、この遺跡も沓形遺跡と同じ約二二〇〇年前の津波によって運ばれた砂で水田が覆われていました。山元町でも海岸線から二キロ内陸の山裾まで津波が押し寄せていたことが分かりました。中筋遺跡の水田も古墳時代初めまでの約四〇〇年間、再開されませんでした。

海砂と川砂の違い　ここまでは遺跡に押し寄せた津波の砂の話をしてきました。津波や洪水などで堆積したものはイベント堆積物と呼ばれています。では、遺跡を覆うイベント堆積物の砂が本当に海砂（津波の砂）なのか、川砂（洪水の砂）なのかということについては、地質学や地理学の先生の協力を得て調べていただきました。その分析には粒度組成分析という方法があるのだそうです。その結果、同じ沓形遺跡でも津波の砂と洪水の砂があることが分かったのです。図５－７をみると明らかなように、海から来た砂は粒の大きさがほぼまとまっているのに対して、川の洪水にともなう砂は粒が大小ばらばらで不揃いになっています。こうし

図 5-5　沼尻貝塚の津波堆積層
（平川一臣ほか：2011 年）

図 5-6　津波の砂で覆われた水田跡（沓形遺跡）
（仙台市教育委員会：2010 年）

た分析によって海浜起源（津波）の砂なのか、河川起源（洪水）の砂なのかが分かるようになりました。

火炎状構造と珪藻化石　遺跡からイベント堆積物の砂の層と黒色の土の層とが上下に重なって発見されることがあります。一般的な地層では各地層がほぼ平行に堆積するのですが、重なって発見される砂層と黒色土層の境目（層理面）が火炎状になっていることがあります（図5－8）。まだ固まっていない粒子の小さい黒色土層の上に、粒子の大きいより重い砂が急激に堆積すると砂の層の重みで沈み込み、砂層の底面に当たる層理面が凹凸の激しい火炎状を呈するのだそうです。このような現象は火炎状構造と呼ばれています。

古生物学の研究者には、津波などによって運ばれてきたと推測されるイベント堆積物のサンプリング調査とその分析をしていただきました。その結果、それらの堆積物の中に珪藻《けいそう》という顕微鏡で見なければ分からないような化石が発見されました。珪藻には、淡水域に棲むもの、海水の干満によって寄せたり引いたりする汽水域に棲むもの、純粋な海水域に棲むものがあるのだそうです（図5－8）。そこで、海水生珪藻が内陸の地層の中から見つかることで、この堆積物は津波によって運ばれてきたものであるということが分かるようになりました。このように他分野の研究者と連携することで、イベント堆積物が津波起因なのか洪水起因なのかを区別できるようになりました。

⑤下増田飯塚古墳群（名取市・40）　下増田《しもますだ》飯塚古墳群（名取市美田園）は、仙台空港アクセス線の美田園駅周辺にあり、五世紀ころに造営されたと考えられる古墳もいくつかあります。発掘調査の結果、平安時代において海岸線から約一㌔離れているこの遺跡では、平安時代の水田が津波の砂によって覆われ、水路も埋まっていました（図5－9）。水路跡に白っぽく見える地層は約一一〇〇年前に十和田《とわだ》火山から飛来した火山灰で、その下にある水路を埋める砂が約一一五〇年前の貞観《じょうがん》津波で運ばれた砂だと考えられます。このことから、この水田が埋

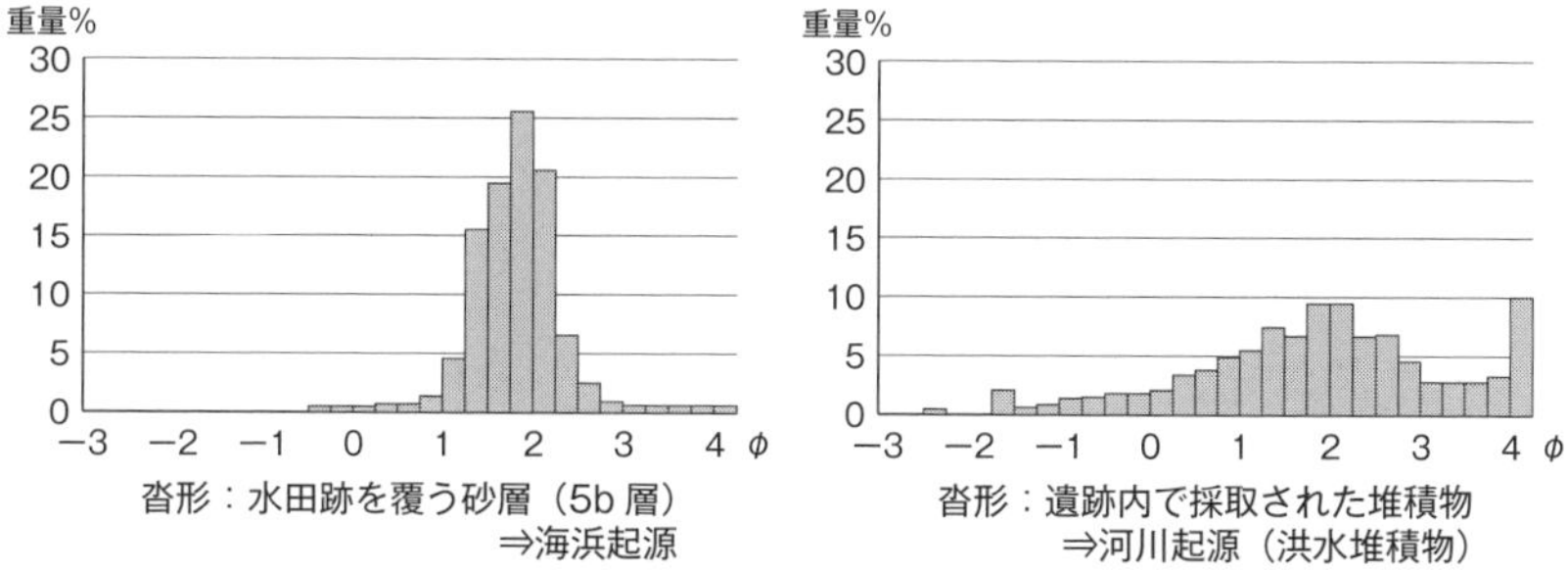

図 5-7　海浜起源と河川起源の砂の違い（松本秀明・吉田真幸：2010 年）

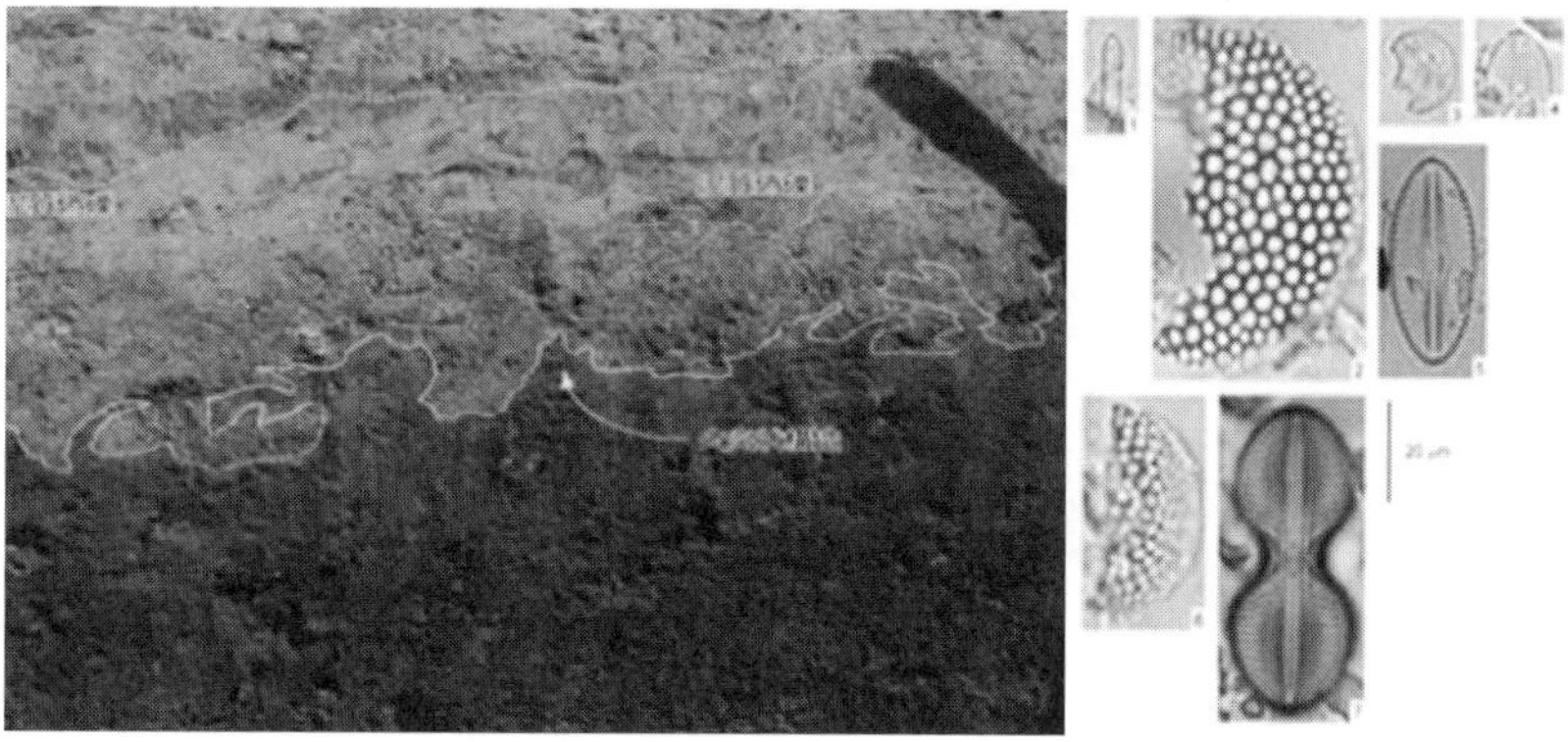

図 5-8　イベント堆積物の火炎状構造と珪藻化石（山王遺跡．箕浦幸治ほか：2014 年）

まっていく過程は、まず貞観津波の砂が水田を覆い、水路を埋めていきます。その上に十和田火山から飛来した火山灰が積もったということになります。この遺跡では貞観津波が原因で水田は耕作されなくなりました。

⑥沼向遺跡（仙台市・16） 沼向《ぬまむかい》遺跡（仙台市宮城野区）も平安時代の遺跡で、仙台港の近く（第Ⅰ浜堤列）にあります。当時の海岸線（第Ⅲ浜堤列）から約一キロ内陸側で、現海岸線からは約二・五キロに当たります。下増田飯塚古墳群と同様に、この遺跡でも貞観津波の砂の層と十和田火山の火山灰が見つかりました。

⑦山王遺跡・市川橋遺跡（多賀城市・17） 多賀城は奈良時代の神亀

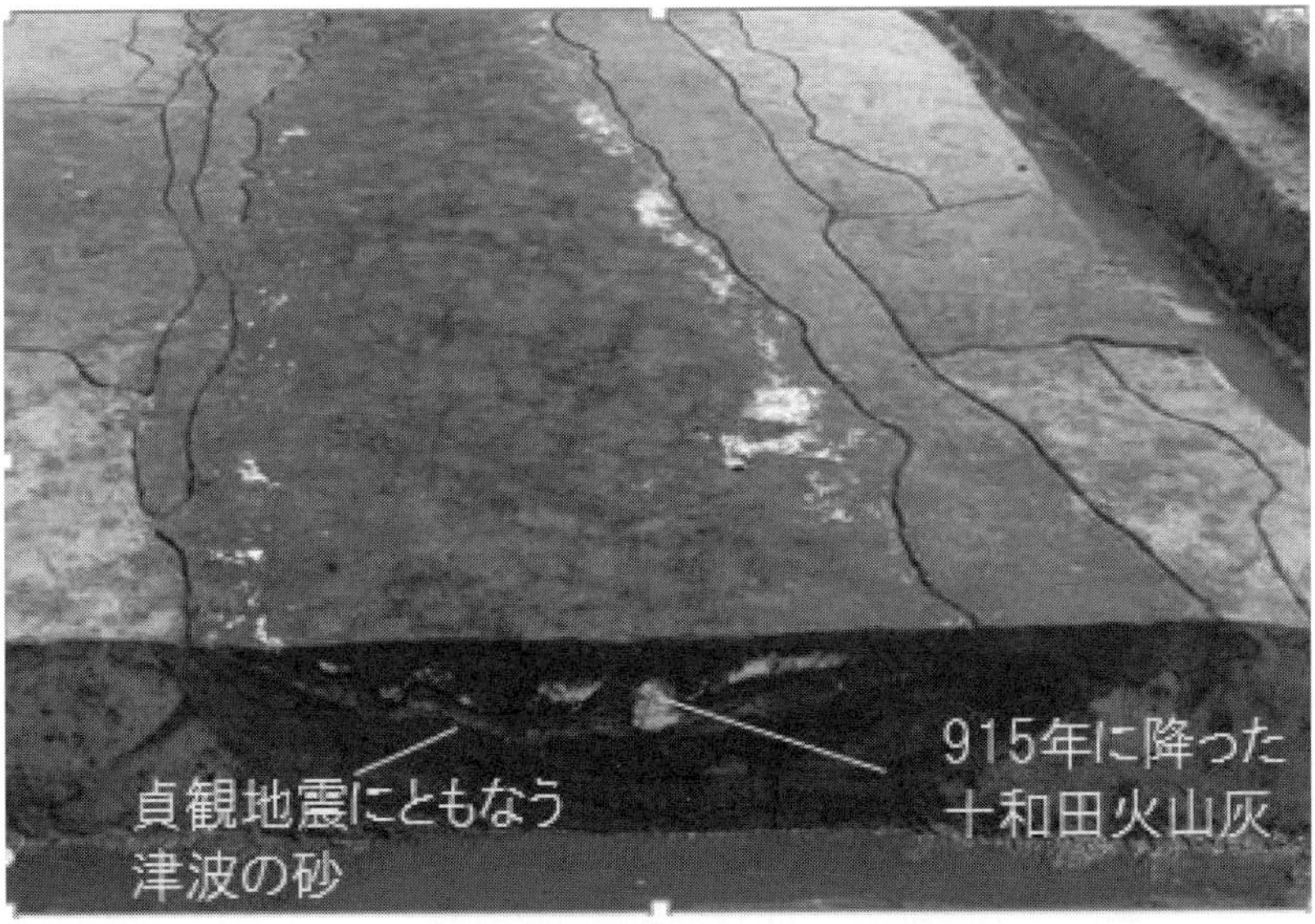

図 5-9　水路に埋まった津波の砂と十和田火山灰（下増田飯塚古墳群）
（名取市教育委員会：2012 年）

元年（七二四）に朝廷によって東北地方南部の太平洋側に設置された陸奥国の国府で、仙台平野を一望できるような標高約三三メートルの小高い丘陵上にあります。陸奥国の政治・経済、軍事もともなう蝦夷《えみし》政策の拠点でした。山王遺跡と市川橋遺跡は、この多賀城跡のすぐ南に広がる自然堤防（西側）や後背湿地（東側・南側）からなる低い平地にあります。そこには、およそJR東北本線国府多賀城駅から陸前山王駅（多賀城市山王千刈田）にかけてのエリアに東西約一五〇〇メートル、南北約八〇〇メートルの広がりをもつ方格地割の町並み（国府域）が形成され、古代都市多賀城とも呼べるような政治都市がありました（図5－10）。多賀城にあった外郭南辺の築地塀と並行して東西大路が造られ、そして多賀城の中心施設である政庁と外郭南門を結ぶ線を真っすぐに延長して南北大路が造られました。両大路を基準として計画的な方格地割の都市がつくられたのです。東西大路に面した一等地には一区画全体を占める立派な邸宅跡が三ヵ所発見されています。都から多賀城に赴任した国司のたちの邸宅跡と考えられています。その他にこの都市には、陸奥国内にある郡の一つ会津郡の出張所の存在も確認されています。さらには漆や金属を使う工房もあったことも分かりました。また、役人や兵士、庶民の住居もあったと考えられています。このような古代都市多賀城からも貞観地震に伴う津波のイベント堆積物である砂の層などが見つかってきています。また、町並みのすぐ南側にあった水田などを覆う砂の層も見つかっています。

⑧高大瀬遺跡（岩沼市・41）　仙台空港の近くにある高大瀬《たかおおせ》遺跡（岩沼市下野郷）は、現在の海岸線から約一・二キロ離れたところにあり、東日本大震災前は水田として利用されていました。震災の津波が引いた後に発掘調査をしました。すると東日本大震災の津波の砂が一番上に約二〇センチ堆積していました（図5－11）。その下に震災前の水田面があり、その下にも津波の砂層がありました。この砂層は、慶長津波によるものと考えられます。江戸時代の水田跡は仙台藩が行った新田開発などでだいぶ削られていました。さらに下層には灰白色の火山灰の層がありました。これは十和田火山灰です。その下にも津波の砂層がありますが、これは貞観地震の津波に伴うものと考えられました。

ここで少し慶長津波について触れてみますと、その頃の記録に『貞山公治家《じか》記録』などがあります。「貞山公」とは伊達政宗のことです。これらの資料の中には、政宗の命を受けて家臣が漁に出たが、その乗った舟が津波に遭い千貫の松まで流されたということが記されています。記載されている千貫が岩沼市の山手にある千貫であるかどうか定かではありません。津波が海岸から津波襲来の記録がない岩沼の町を通らずに、当時北側に蛇行していた阿武隈川を遡って千貫松のところに来たのではないかと考える説（蝦名二〇一三）と、千貫の松は銭千貫の価値がある立派な松ということで、仙台藩内では岩沼以外にも千貫の松はあったが、『貞山公治家記録』が

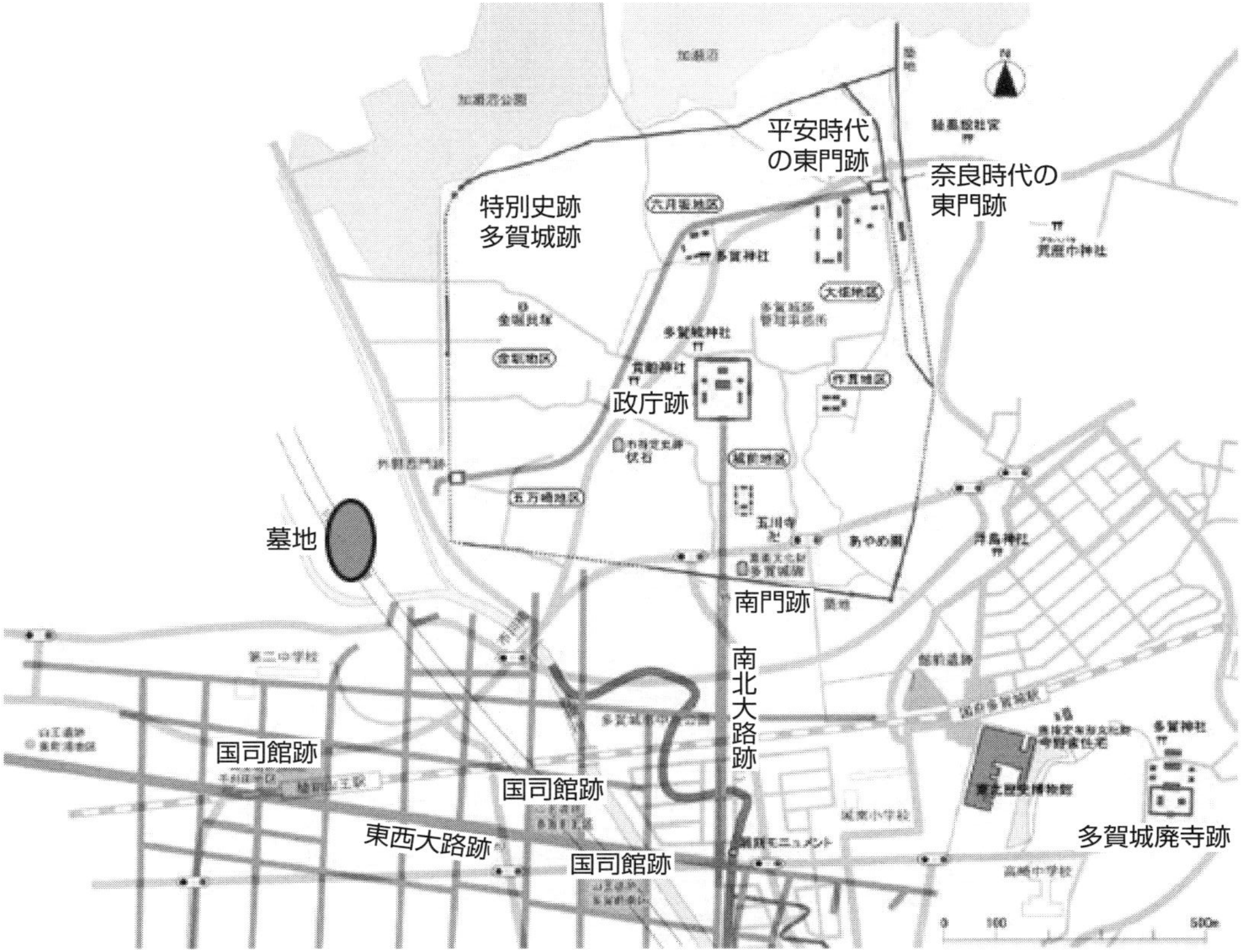

図 5-10　多賀城と方格地割の町並み（宮城県東北歴史博物館の資料に一部加筆）

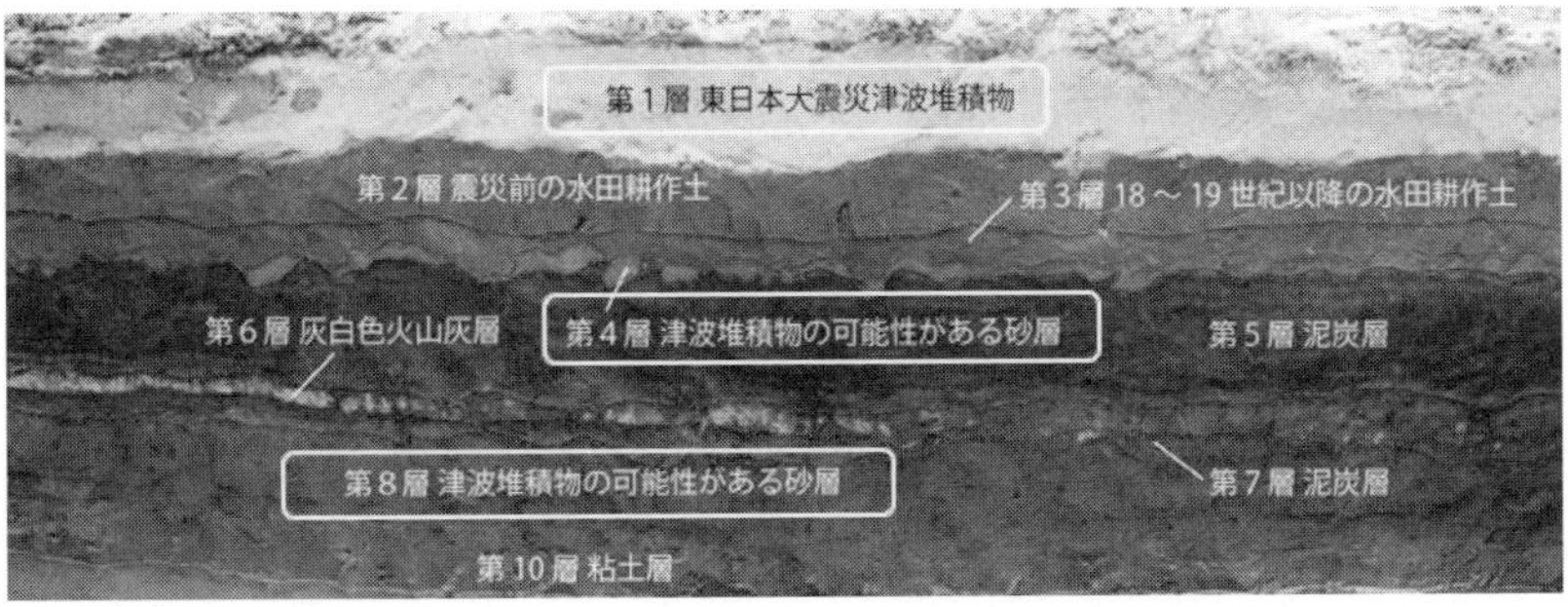

図5-11　3つの時代の津波堆積層（高大瀬遺跡）（岩沼市教育委員会：2016年）

作られたころには失われていた可能性も考えられるという説（菅野二〇一三）も出されているからです。

話を戻しますと、高大瀬遺跡の調査範囲は狭かったのですが、この遺跡からは前述のとおり東日本大震災の津波の痕跡も、慶長津波の痕跡も、貞観津波の痕跡も発見されました。そこで一般の方々を対象に現地説明会を開催したところ、多くの人が集まりました。そして、参加された方々は「百聞は一見に如かず」といわれる現地での学習とともに、防災に関する事柄についても学習することができました。

このようにみていきますと、宮城県内で発見された津波痕跡の多くは、縄文時代前期（約五四〇〇年前）、中期（約四六〇〇年前）、後期（約三六〇〇年前）、弥生時代中期（約二三〇〇年前）、平安時代（約一一五〇年前）に比定できるものであり、そして、九年前の東日本大震災はこのスパンから「一〇〇〇年に一度の大震災」とマスコミ等で呼ばれる所以になっています。

(2)　地震災害

ここからは、地震災害の事例について紹介します。平成二〇年（二〇〇八）の岩手・宮城内陸地震は、マグニチュード七・二、震度六強の活断層型地震でした。栗原市の荒砥《あらと》沢《ざわ》地区などで大規模な地滑りや土砂崩れが発生したことを、読者の皆さんもニュースなどで見聞きしているのではないかと思います。栗駒山の駒の湯温泉にいた方も犠牲になり、現在も行方不明になっている方もおられます。遺跡からはこのような地滑り、噴砂、地割れなどの地震災害の痕跡が見つかっています。

①王ノ壇遺跡・六反田遺跡（仙台市・33）　震度五以上の地震が起こると、地盤が液状化し、砂と地下水が地上に噴き出す噴砂という現象が見られます。東日本大震災でも、海岸を埋め立てた所などで噴砂のあったことが報道されていました。宮城県内で発見された噴砂の痕跡は、いずれも地下水を多く含む締まりのない砂の層です。王《おう》ノ壇《だん》遺跡（仙台市太白区）では地層を引き割いて立ち上っているように見える縦に細長い地層があります（図5－12）。これが液状化現象による噴砂の痕跡で、縄文時代後期以降のものです。六反田遺跡（仙台市太白区）でも、古代の建物を引き裂く噴砂の痕跡が確認されています。

②北目城跡（仙台市・31）　北目《きため》城跡（仙台市太白区）は、伊達政宗が関ヶ原の戦いの頃に一時期拠点としていた城です。この城跡の堀の底で噴砂の痕跡が発見されています。縄文時代や弥生時代の地層を引き裂いている噴砂で、それより新しい時期のものでした。

③中在家南遺跡（仙台市・27）　次に地割れ跡について紹介します。地割れは一般に震度六以上で起こる現象とされています。中在家南《なかざいけみなみ》遺跡（仙台市若林区）は、海岸に近い所にある弥生時代の遺跡です。ここでは当時の川跡から弥生時代の木製農具が数多く発見されました。一般的に二〇〇〇年ぐらい前の弥生時代の遺跡から木製農具などが発見される例は少なく、この遺跡は当時の農業の様子が垣間見える貴重な遺跡となっています。この川跡の岸辺の二ヵ所で黒い土の筋が見つかりました（図5－13）。これが地割れの痕跡で、黒い土は後から地割れに入り込んだ土です。また、川を埋めている地層の上方には十和田火山灰も認められました。

④荒井広瀬遺跡（仙台市・28）　沓形遺跡のすぐ近くにある荒井広瀬遺跡（仙台市若林区）でも弥生時代の溝の底から地割れの跡が見つかりました。さらにその地割れ跡から弥生時代の石器も発見されました。この溝は約二二〇〇〇年前の弥生時代中期の地震に伴って発生した津波の砂で覆われていました。

⑤土浮貝塚（角田市・42）　土《ど》浮《ぶ》貝塚（角田市小坂土浮）は、縄文時代前期の約六〇〇〇年前に形成されたヤマトシジミ主体の貝塚です。ここでは地滑りの跡が発見されています。シジミは汽水域で採れますので、ここは当時の汽水域から遠くない場所となります。貝層を見ると、大きな段ができて上下にずれている箇所があります（図5－14）。断層の地滑りによるものです。この近くの段ノ原遺跡（福島県相馬市）でも同時期の大規模な地滑り跡が見つかっており、同じ断層によって引き起こされた可能性が高いと考えられます。

図5-12　王ノ壇遺跡の噴砂跡
（仙台市教育委員会：2000年）

図5-13　川跡の岸辺に残る地割れの跡
（中在家南遺跡，仙台市教育委員会：2002年）

⑥仙台城跡（仙台市・36）　皆さんよくご存知の仙台城跡（仙台市青葉区）ですが、記録によると仙台城もたびたび地震による被害に見舞われており、地滑りや地割れの跡が見つかっています。元和二年（一六一六）に発生した地震で崩れた石垣を修復するときに使わ

図 5-14　土浮貝塚の地滑り跡
（角田市教育委員会：1994 年）

図 5-15　仙台城跡の地滑り跡
（仙台市教育委員会：2009 年）

れた盛土が地滑りを起こし、地層が上下にずれている状況が見られます（図5－15）。

⑦多賀城跡（多賀城市・14）

『日本三代実録』という記録によれば、多賀城は貞観地震で建物・門・塀などに甚大な被害を受けました。多賀城跡の調査では地震後の復旧工事のため地震による被害痕跡は見つかっていませんが、政庁内の建物の新設や外郭東門の建て替え、瓦の葺き替え、塀の改修などが大規模に行われていることが確認されています。貞観地震と津波に関わる多賀城跡と山王遺跡・市川橋遺跡については、その復興のようすとともに後で詳しく述べたいと思います。

(3)　火山噴火災害

次に、火山噴火災害の事例について紹介します。日本列島には火山が多くありますから、火山噴火災害も多く発生しています。長崎県の雲仙普賢岳《うんぜんふげんだけ》の噴火もありましたし、近年では御嶽山《おんたけさん》の噴火などもあり、人的にも大きな被害をもたらしたことはご承知の通りです。桜島や阿蘇山、浅間山などは今でも時折噴煙を上げて活動しています。火山噴火にともなって起こる現象の一つに火砕流《かさいりゅう》があげられます。その代表的な例が雲仙普賢岳の噴火です。このほかにも流れ落ちる溶岩流や火山泥流もありますし、噴石や火山ガスも飛んできます。噴石による被害の代表的な例が、御嶽山の噴火です。このほかにも融雪火山泥流というものも雪が降る頃にはあるのだそうです。こういった火山噴火にともなって起こる災害の痕跡が遺跡から発見されることがあります。

①富沢遺跡（仙台市・34）　富沢遺跡（仙台市太白区）は、仙台市地下鉄南北線の南の終点である富沢駅の近くにあります。ここでは約二万年前の旧石器時代の人たちが残した石器などの生活の痕跡や樹木をはじめとする当時の自然環境が、地下にパックされた状態で発見されました。この調査成果にもとづいて旧石器時代をテーマとした地底の森ミュージアム（仙台市太白区）がつくられました。富沢遺跡では旧石器時代人が生活の舞台とした森林のあった地層のさらに下の地層から白っぽい火山灰が発見されました。その火山灰を分析したところ、なんと今から二万六〇〇〇年〜二万九〇〇〇年前に鹿児島県の姶良カルデラが噴火し、ここまで飛来したものであったことが分かったのです。この姶良火山灰は広域火山灰ともいわれ、約一五〇〇キロも離れた青森県でも見つかっています。巨大な火山噴火で直径二〇キロもある姶良カルデラができ、そこに海水が流れ込んで鹿児島湾ができたと考えられています。

②御駒堂遺跡（栗原市）　つぎに青森県と秋田県境にある十和田湖のカルデラから飛来した十和田火山灰についてですが、先に紹介してきた多賀城周辺の遺跡では灰白色の十和田火山灰の堆積は一〇〜二〇センチの厚さでした。ところが、奈良時代から平安時代初期に営まれた御駒堂《おこまどう》遺跡（栗原市志波姫南堀口）では、多賀城市より北の岩手県との境をなす栗原市に所在する遺跡なのでより厚く堆積しています。厚いところで約三〇センチにもなりま

す。ここでは廃絶された住居の跡が埋没する過程で火山灰が飛来してきて堆積した状況が確かめられています。

この遺跡が調査された昭和五〇年（一九七五）前後において、この火山灰が宮城県北の遺跡で発見されはじめ、私たち調査担当者は噴出源を鳴子温泉にある潟沼《かたぬま》（大崎市）や山形県新庄市近くの肘折《ひじおり》温泉（山形県大蔵村）周辺などと推測していました。ところが、研究機関に分析していただいたところ、この火山灰は十和田火山灰であることが分かりました。十和田火山灰については、延暦寺の僧が記した『扶桑略記《ふそうりやくき》』の延喜一五年（九一五）夏の記事に、「灰が積もり桑の葉が枯れたと出羽国から報告があった」とあることなどから、その年の火山灰であると考えられるようになりました。これは遺跡から発見される遺構や遺物から導き出される年代ともほぼ一致しており、定説となりました。近年、新たな火山灰年代測定法などから九一三〜翌年もしくは九三一年という説が出され、今後の研究課題となっています。

③赤生津遺跡（仙台市・21）　赤生津《あこうづ》遺跡（仙台市泉区）でも、平安時代の広い水田一面を覆う十和田火山灰が確認されています。水田には全面にわたって降り積もった火山灰と水によって流された火山灰が厚く堆積していました。水田からは農具を突き刺した痕跡やハタネズミの巣穴も発見されています。また、流されてきた火山灰の中からコガネムシの死骸も発見されていることから、火山灰の降下した季節は夏ではないかと考えられています。

④藤田新田遺跡（仙台市・29）　藤田新田遺跡（仙台市宮城野区）は第一浜堤列の上に形成された遺跡です。やや高いところは居住地に、低いところは水田に利用されていました。この遺跡でも、十和田火山灰によって水田が覆われてしまいました。火山灰に覆われると、その後、水田耕作を断念する事例が多くみられます。図5－16をみると、南東部（写真手前側）では耕作を断念したため火山灰がそのまま残っているのに対して、北東部（写

真奥側）の水田には耕作土に火山灰が混じっており、そのまま耕作を続けたことが分かりました。確かなことは分かりませんが、このことは火山灰の積もり方の相違によるものではないかとも考えられます。いずれにしても災害に直面した先人たちは、何とか克服しようと取り組んでいた様子がうかがえるようです。

⑤中野高柳遺跡（仙台市・20）　中野高柳遺跡（仙台市宮城野区）は、七北田川下流の自然堤防上に営まれた遺跡です。幅約三五メートルの平安時代の河川跡の両岸の広い範囲から畑跡が発見されました。畑にはたくさんの畝《うね》があり、畝と畝の間の溝状になった所には十和田火山灰が埋まっていました。畑の周りは溝で区画されていましたが、その区画溝の一角から二二個の土器がまとまって見つかりました（図5－17）。これは当時の人々が火山灰の鎮まることを願って神への祈りを捧げた跡ではないかとも考えられています。祈りが届かなかったのか、残念ながらこの畑はそのまま放棄されました。

⑥片貝家ノ下遺跡（秋田県大館市）　十和田火山灰を噴出させたカルデラである直径約一〇キロの十和田湖は、湖に向かって延びている半島状のところを境にして大きく二分されています。このことは十和田火山で二度の大きな噴火があったことを示しています。最初が縄文時代の噴火の際に、その後に平安時代の噴火の際にできたカルデラの跡です。これまで紹介してきた宮城県内で発見される火山灰は後者の火山灰です。平安時代の噴火は過去二〇〇〇年間で最大の規模とされています。

宮城県では火災泥流にともなう災害痕跡が発見されていないので、秋田県の例を紹介します。十和田湖近くを水源とする米代《よなしろ》川は「米の研ぎをしたような白い川」とも言われ、平安時代の十和田噴火にともなう大量の火山泥流が流れ下り、現在も川の両岸に厚く堆積しています。その被害を受けた遺跡の一つに片貝家《かたかいいえ》ノ下《した》遺跡（秋田県大館市）があります。この遺跡からは川を流れ下った泥流によって完全に埋没してしまった住居跡が屋根を含

図 5-16　十和田火山灰に覆われた水田跡
（藤田新田遺跡，宮城県教育委員会：1991 年ほか）

図 5-17　十和田火山灰に覆われた畑跡
（中野高柳遺跡，宮城県教育委員会：2003 年ほか）

めて立体的に分かる状態で発見されました。この遺跡の近くにある胡桃館《くるみだて》遺跡（秋田県北秋田市）でも埋没した建物が発見されており、「日本のポンペイ」といわれています。

⑦金井東裏遺跡（群馬県渋川市）　現在のところ宮城県では火砕流災害痕跡の事例はありませんが、火砕流で命を亡くした古墳時代の人が金井東裏遺跡（群馬県渋川市）で発見されています。一五〇〇年ぐらい前の六世紀に榛名《はるな》山《さん》が噴火したときに、成人男性が鎧を着けたまま跪《ひざまず》いた状態で亡くなっていました。その近くからは成人の女性・幼児・乳児の遺体も発見されています。このことから家族四人が火砕流によって落命したことが分かります。発見された状況から、家族四人が荒ぶる山の神を鎮めるための祈りをしていたときに火砕流に襲われたのではないかとも推測されています。

(4)　気象災害

次に、気象災害の事例について紹介します。最近では令和元年（二〇一九）一〇月の台風一九号の豪雨によって丸森町を流れる阿武隈川《あぶくま》やその支流、大崎市鹿島台・大郷町を流れる吉田川の決壊などによる大規模な洪水被害がありました。このような気象災害も残念なことに毎年のように発生しています。

①北小松遺跡（大崎市・4）　最初に紹介するのは北小松遺跡（大崎市田尻小松）です。大崎平野の北東部にあり、丘陵の麓から沼や湿地の広がる低地にかけて営まれた縄文時代晩期を中心とする集落跡で、建物跡や捨て場、人と犬のお墓などが発見されています。この集落は弥生時代を迎えた約二五〇〇年前に近くを流れる江合川《えあい》の氾濫による大洪水に襲われ、厚い土砂で覆われました。その後、しばらく人々はこの場所で生活することはなく、再び生活するようになるのは、約一二〇〇年後の奈良時代のことでした。

②山王遺跡（多賀城市・17）　山王遺跡は、先に述べたＪＲ東北本線の陸前山王駅付近の低地に広がる遺跡です。かつて山王地区には遺跡の東と南を隔てるように砂押川と旧七北田川の二つの川が流れていました。古代の町並みも発見されており、現在の地表から約三㍍下の地層から弥生時代の水田跡が発見されています。この地層は二つの川の度重なる洪水によるものと考えられ、詳細に調べるとそれぞれの洪水の大きさなどが分かります。つまり、現在に至るまで洪水との闘いを約二〇〇〇年間もやってきた地域であったと言えます。なお、弥生時代の水田跡には大人と子どもの足跡が多数残されていました（図5－18）。水田で作業中に洪水に出遭い、避難する際に残されたものかもしれません。

③富沢遺跡（仙台市・34）　先に富沢遺跡は姶良火山灰のことでも紹介しましたが、約二万年前の旧石器時代には湿地林が広がり、シカなどの狩猟活動の場となっていました。このように周囲は広い低湿地だったので、弥生時代から現在に至るまで連綿と水田が営まれてきました。厚さ約五㍍にもおよぶ地層からは幾度も洪水に見舞わ

図5-18　洪水の砂で覆われた水田と足跡（山王遺跡）
（多賀城市教育委員会：1997年）

図5-19　洪水の砂で覆われた水田跡（富沢遺跡）
（仙台市教育委員会：1991年）

れたことが分かります。そのうち古墳時代の水田は洪水の厚い砂でパックされており、この水田も五メートル四方ぐらいの小区画水田であるという特徴があります（図5－19）。加えて注目したいのは、この遺跡の近くには「砂押」・「矢流《やながれ》」という洪水をうかがわせる地名が残されていることです。「はじめに」のところで紹介した多賀城市八幡地区の「谷地」「袋」などの地名、あるいは宮城県内に残る「泥」「沖」「水押」「轟《とどろき》」などの地名も、かつて津波や洪水などに遭遇した可能性のある場所であることを暗示しており、今日の私たちに伝えてくれるヒントの一つになるのではないかと思われます。

④陸奥国分寺跡（仙台市・24）　次は同じ気象災害でも落雷による災害です。伊達政宗が造営した薬師堂（仙台市若林区）のところに、奈良時代に創建された陸奥国分寺がありました。この陸奥国分寺には立派な七重の塔があったのですが、この七重の塔の最上部の飾りである相輪《そうりん》に雷が落ちたのです。発掘調査によって落雷により落下した相輪の軸である擦管《さつかん》が逆さまになって地中に突き刺さった状態で発見されました。この近くからは、相輪を構成する水煙《すいえん》や九輪《くりん》、露盤《ろばん》なども見つかっています。貞観地震にも耐えた七重の塔でしたが、落雷によって焼失してしまいました。この落雷については『日本紀略』という史料に記録があり、「承平四年（九三四）に陸奥国分寺の七重塔が雷で焼失した」と記載されています。記録が残っていると時期を特定することができます。

2　貞観一一年（八六九）の陸奥国大地震と復興

『日本三代実録』の記述　続いて、貞観地震の実態と復興について話したいと思います（黒板一九六六）。まず貞観地震に関する記事が記載されている『日本三代実録』という史料について説明します。『日本三代実録』には、清和・陽成・光孝天皇の時代（八五八〜八八七年）の出来事が記録されています。具体的には、三〇年間の治世における天皇の行為、国家儀礼をはじめ全国で発生した災害などがまとめられています。延喜元年（九〇一）に完成し、写本として伝えられ現在に残されています。

『日本三代実録』には、貞観地震に関して貞観一一年（八六九）五月「廿六日　癸未《みずのとひつじ》、陸奥国地大震動」とあります。読み下し文にすると、「（五月）二六日、陸奥国の地、大いに震動す」と、書き始められています。当時の朝廷の記録はすべて漢文で書かれています。新暦に直すと七月九日に当たり、梅雨明けの頃に当たるのでしょうか。この記事の続きを現代語訳にしてみていくと、「(旧暦)五月二六日、陸奥国で大地震が起きた。流れる光は昼のように見え隠れし、人々は叫び、伏せて起き上がることができなかった」とあり、揺れがひどくて立っていられなかった様子が書かれています。さらに「倒れた家屋で圧死する者、地面が裂けて、地割れの所に埋まって亡くなった者もいた」とあります。そして「馬や牛は驚いて暴れた。城の建物や倉庫、門や櫓《やぐら》や塀など、崩れ落ちたものは数知れない」とあり、国府多賀城では相当な被害を受けたことが読み取れます。

さらに「海では落雷のような音がとどろいて、大きな波がうねり遡ってきて、たちまち城下まで来た。海岸から数十百里まで浸水して、野原も道路も一面海になった」と書かれています。「城下」というのは、先に多賀城の国府域に古代の町並みがあったという話をしましたが、その町並みまで津波が来て浸水したということです。「海岸から数十百里まで浸水」というのは、当時の海岸から多賀城までは約五キロなので、多賀城の高台から見渡す限りの沿岸部が浸水したことを物語っているのではないかと思われます。ちなみに、当時の一里は三〇〇歩ですので、約〇・五四キロとなります。この換算を当てはめますと阿武隈川河口までは約七二里、仙台平野南端の福島県相馬港南端までは約一〇〇里に相当します。そして、「船に乗っても、山に登っても逃げられず、波にのまれ、一〇〇〇人もの溺死者が出た。財産も稲も全部流失してしまった」と書かれているのです。

これらの内容から、高台の国府多賀城から確認できた震災の状況を記録し、それを朝廷に報告したものが、『日本三代実録』に記録として残されたものと考えることができます。

想定される地震・津波の規模　これまでの発掘調査と当時の史料の研究成果にもとづき、多賀城の変遷はⅠ期、Ⅱ期、Ⅲ期、Ⅳ期としてとらえられています。Ⅰ期(七二四～七六二年)は、大野東人が創建してからの約四〇年間の期間です。Ⅱ期（七六二～七八〇年）は、藤原朝獦《あさかり》による大改修後、栗原郡の豪族で栗原郡大領（郡の長官）であった伊治公呰麻呂《これはりのきみあざまろ》の反乱によって多賀城の建物が焼失するまでの期間です。なお、大野東人による創建と藤原朝獦による改修の記録は多賀城碑（「壺の碑」）に書かれてあります。Ⅲ期（七八〇～八六九年）は、伊治公呰麻呂の乱後の復旧から貞観地震による建物倒壊等の被災の時期までです。Ⅳ期（八六九年～一一世紀前葉）は、貞観地震後の復旧・復興以降の時期に当たります。『日本三代実録』によれば、Ⅲ期とⅣ期の画期となる貞観一一年（八六九）に高台の多賀城では建物などに甚大な被害を受け、城下の町並みには津波が襲来し、ここでも甚大な人的・物的被害を受けました。陸奥国分寺や多賀城廃寺（観音寺）などでも同様に、建物等に被害を受けたことが発掘調査によって確認されています。

　さて、貞観津波は、発掘調査例の比較的多い多賀城市以南の地では当時の海岸線から内陸に約三～四キロ浸水したのではないかと想定されています。津波の状況、そして稲光りがして落雷のような音が轟いたという『日本三代実録』の記述から、この地震の規模はマグニチュード八・三以上だろうと考えられています。そして地割れがあり、人々が起き上がれないといった記録を見ると、震度は六強以上と推定されます。それから、津波の高さは、雷鳴現象が起きていることから河口では六メートルぐらいまでに達しているのではないかと考えられています。また、貞観津波の痕跡は、北は三陸沿岸から南は福島県いわき市に至るまで発見されており、北海道の東部でもその可能性が指摘されています。これらを総合すると、貞観地震・津波は東日本大震災とほぼ同規模であろうと推測されます。

当時の多賀城周辺の地形　図5－20は、地理学の研究者がこれまでの調査データをもとに作成された約一二〇〇年前の多賀城跡周辺の地形図です。多賀城跡は標高約三三メートルの丘陵上にあり、その南の平野部には方格地割の町並みが形成されました。町並みの西側は自然堤防で少し小高くなっており、東側と南側は後背湿地となっていました。多賀城跡のすぐ西を砂押川が南東方向に流れ、この砂押川に町並みの南側を東流してきた旧七北田川（A付近）が合流して湊浜で海に注いでいました。

現在の七北田川は蒲生で海に注いでいますが、これは旧七北田川が伊達政宗によって流路を変えられたためで、貞観地震・津波の発生した約一一五〇年前は岩切（仙台市宮城野区）の南で東流し砂押川に合流していました。ですから、砂押川と旧七北田川に挟まれた山王地区の周辺は、気象災害でも触れましたが、低湿地で洪水が多い場所だったのです。図を見ると、約一二〇〇年前には砂押川が海に注ぎ出る湊浜の所を除いて海岸線と並行する浜堤で陸側が閉じられていることが分かります。これまで浜堤は完全に閉塞していないと考えられ、浜堤の内側には砂押川河口部から海に続く潟湖《せきこ》の存在を想定する考えもありました。

多賀城城下のイベント堆積物　図5－21は方格地割の町並みの調査によってイベント堆積物と珪藻化石の確認された地点を落とし込んだ図です。右上（北東）には多賀城跡の外郭南辺と南門跡、そして南西隅があります。図は多賀城跡の南西に当たる南北大路の西側のエリアで、町並みは道路によって方形に区画されています。八世紀後半に東西大路・南北大路が、八世紀末から九世紀前葉にかけて方格地割の道路が造られ、砂押川は北から町並みに入ると南北大路と接して南下するように流路を改修され、運河としての役割を持つようになりました。方格地割の東西道路は東西大路の北に二条、南に三条、南北道路は南北大路の東に三条、西に九条造営されました。その後に方格地割は貞観地震・津波に遭遇し九世紀後葉から一〇世紀にかけて災害復旧が行われたと考えられています。

当時の砂押川河口から五キロほど上流に位置しているこの方格地割内からはイベント堆積物である砂層が発見さ

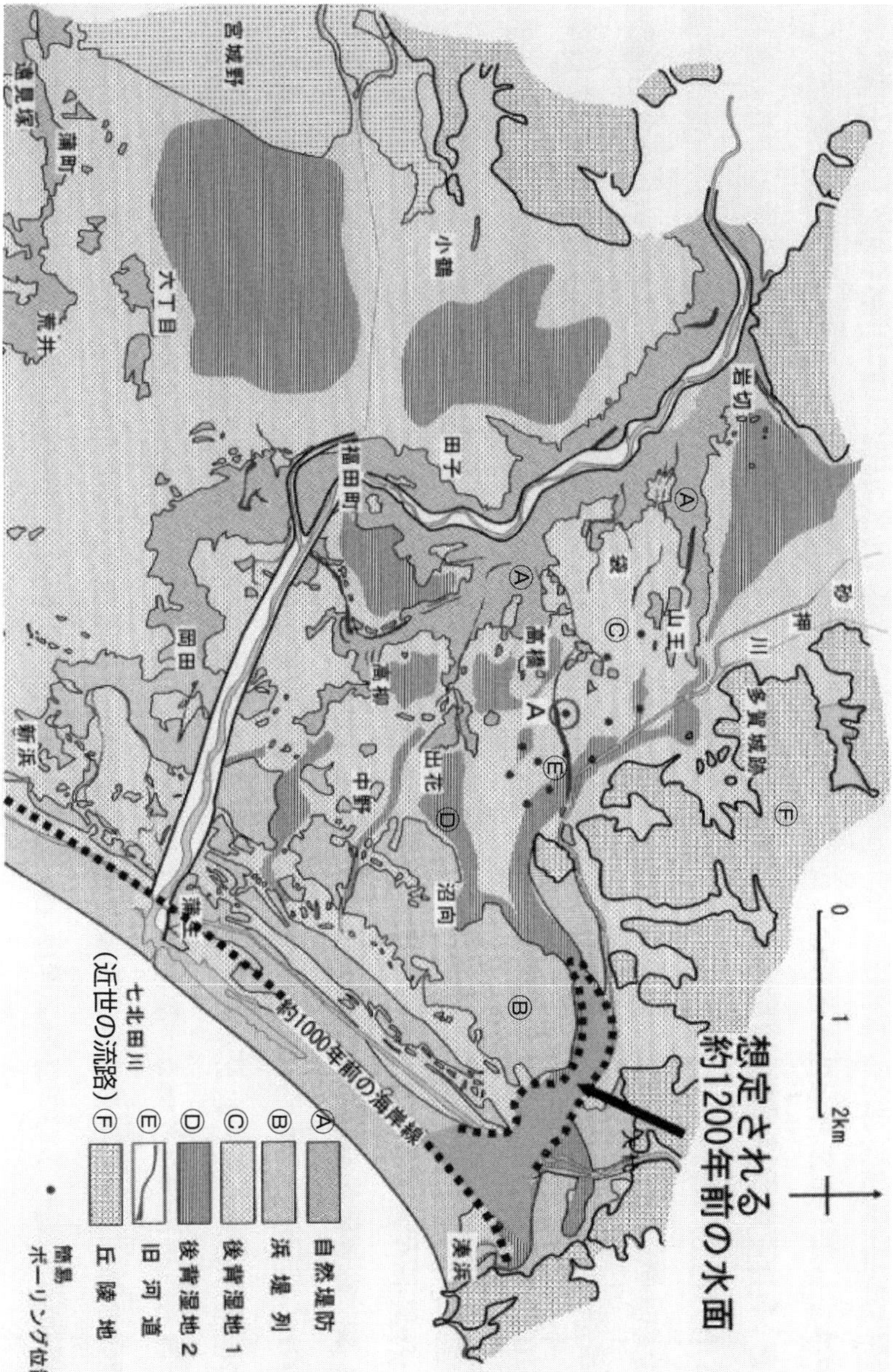

図5-20　約1200年前の多賀城跡周辺の地形（松本秀明・伊藤晶文：2014年に一部加筆）

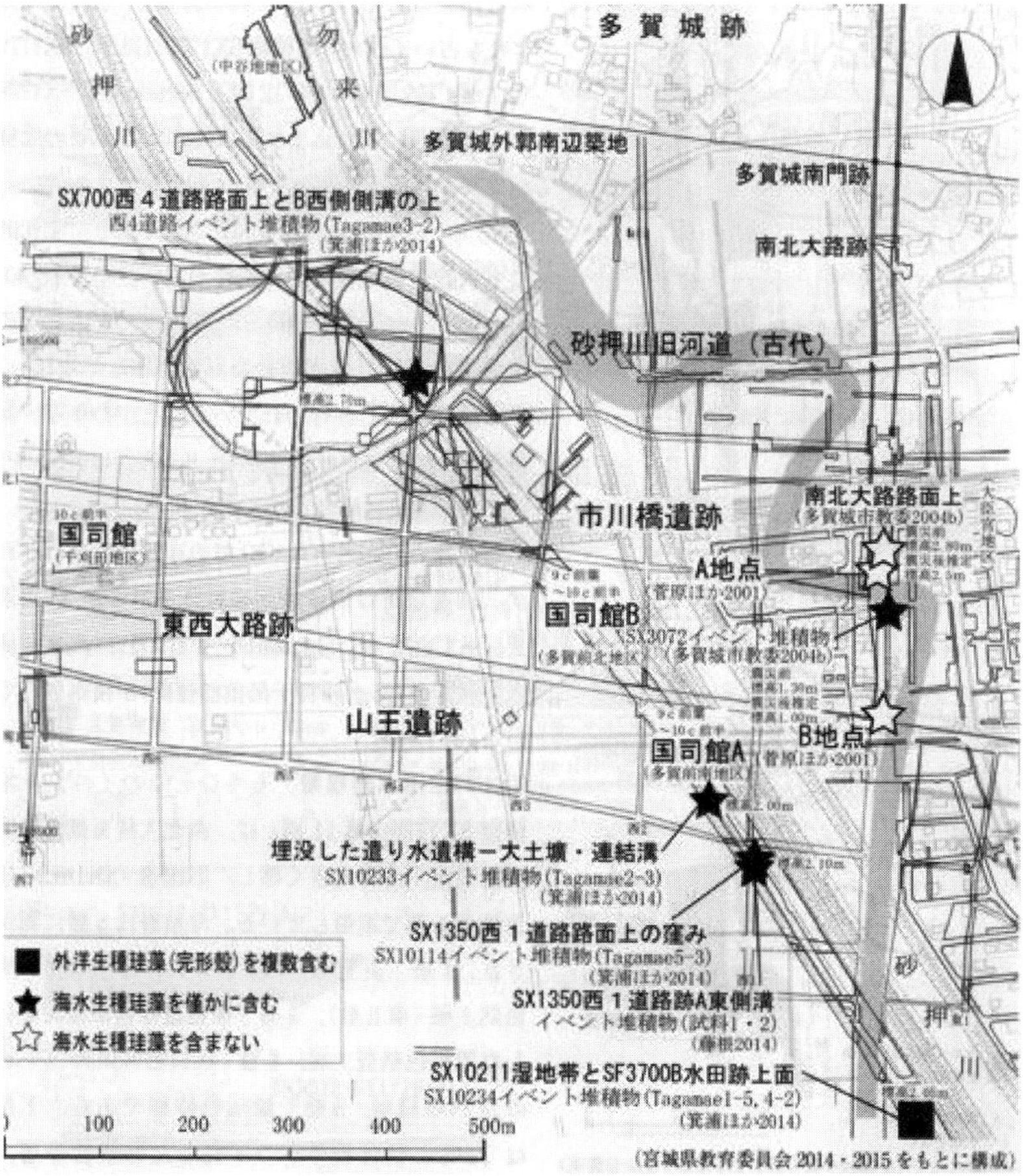

図 5-21　多賀城城下のイベント堆積物と珪藻化石の検出箇所（相原淳一：2018 年）

れており、なかには砂層の底面が火炎状構造になっているところも確認されています。さらには、イベント堆積物の珪藻化石分析の結果、海洋生の珪藻化石が見つかった（★）箇所は比較的広範囲に存在しています。東西の範囲では南北大路から西四道路を越えたところまで確認できますし、南北の範囲では東西大路を越えて北二ａ道路以南で確認されています。町はずれに当たる図の右下では

（■）の外洋生の珪藻化石が発見されています。海洋生（★）や外洋生（■）の珪藻化石が検出された地点ではそのほかに汽水生や淡水生の珪藻化石も発見されています。このことから多賀城城下の町並みには比較的広い範囲にわたって海起源の珪藻が汽水生や淡水生の珪藻とともに運ばれて来ていることが分かってきました。ちなみに、貞観津波の発生日はちょうど若潮日であったことから、七月の若潮日の夜の上げ潮の時間帯に、砂押川で珪藻の運ばれ方を検証した研究があり、海洋生の珪藻は現河口から三・一キロ上流までしか運ばれなかったのに対し、汽水生と淡水生の珪藻はそれより上流まで運ばれていたことが確かめられています。

津波に襲われた古代都市多賀城

イベント堆積物のすぐ下から発見された遺物や遺構の年代は九世紀後半を示しています。これらの調査結果は、『日本三代実録』の記述と矛盾せず、むしろ合致しているといえます。これまで『日本三代実録』の記述には誇張された面があり、浜堤のすぐ内側には潟湖があったと想定されたことなどから、貞観津波は多賀城城下に達していなかったとする考えもありましたが（斎野二〇一二）、多少の誇張があったにしても貞観津波が多賀城城下まで至ったと考えることが妥当であるように思われます。津波によって、町並みにあった道路、国司の邸宅をはじめ各種の施設や隣接する水田などにも被害がおよんだことが確認されています。先ほど『日本三代実録』では、馬や牛が暴れたという記載があることを話しました。実は西一道路の側溝から馬一体分の遺骨が発見されています。そして、この年代も貞観津波の時期と一致するのです。ですから、暴れた馬かどうかは別として、馬の遺骨からも方格地割の町並みで津波の被害に遭ったと考えることができるのではないかと思われます。

それでは、その津波はどこから襲来してきたのかということが問題になります。当時の海岸から約五キロ離れた町並み内のイベント堆積物である砂層の厚さや堆積範囲、他の珪藻化石とともに検出される海洋生珪藻化石の検出量や検出範囲、西側が高く東や南側が低いという当時の町並みの標高差などから、津波は海岸から直接襲来したと想定するより、河口から砂押川を遡上し、方格地割の箇所で越水し南北大路の西側の道路やその側溝を通じて浸水が広がったのではないかと考えられます（相原二〇一八、柳澤二〇一九）。その範囲は、小高い自然堤防上の街並みの西端を除く後背湿地のほぼ全域にわたったのでないかと想定されます。

陸奥国大地震からの復興　最後にこの大地震からの復興について、記録に残っていることから整理します。まず地震が発生したのが、貞観一一年五月二六日です。同年九月七日には清和天皇が特使を派遣し、被害状況の調査を命じて、調査にあたらせました。正式な名称は「検陸奥国地震使」といい、正使一名、副使二名の計三名でした。それから、天皇は同年一〇月一三日に災害に対するお詫びをし、自らの責任と復興策を表明しました。当時は、日本の国内で大規模な災害が発生するのは天皇に徳が足りないためであると考えられていました。復興策の一つは、公民や蝦夷の区別なく被害者に対して食料を支給し、当時の税である租・調を免除し、亡くなった人を丁重に埋葬することでした。

つぎに同年一二月八日から翌年の二月にかけて、天皇は伊勢神宮や石清水八幡宮などの神社や仁明・文徳天皇などの祖先の陵墓をお参りし、蝦夷の反乱などがないように、天皇としての務めを果たせるようにと祈願しました。そして蔵王の刈田嶺神社等にも叙位を行っています。さらに、貞観一二年九月一五日には国府等の復旧のための瓦造りをするように命じています。この記事のところに「陸奥国修理府」という言葉が出てきます。従来は、陸奥国に修理府という組織（機関）が設置されたと解釈されてきました（工藤一九六五）。近年になってこれは組織の設置ではなく陸奥国に国府を修理するように命じたとの解釈が出されています（二上二〇一二）。いずれにせよ記録には瓦造りの技術に長けた新羅人四人を陸奥国に移配させて瓦造りに従事させたとあります。これは

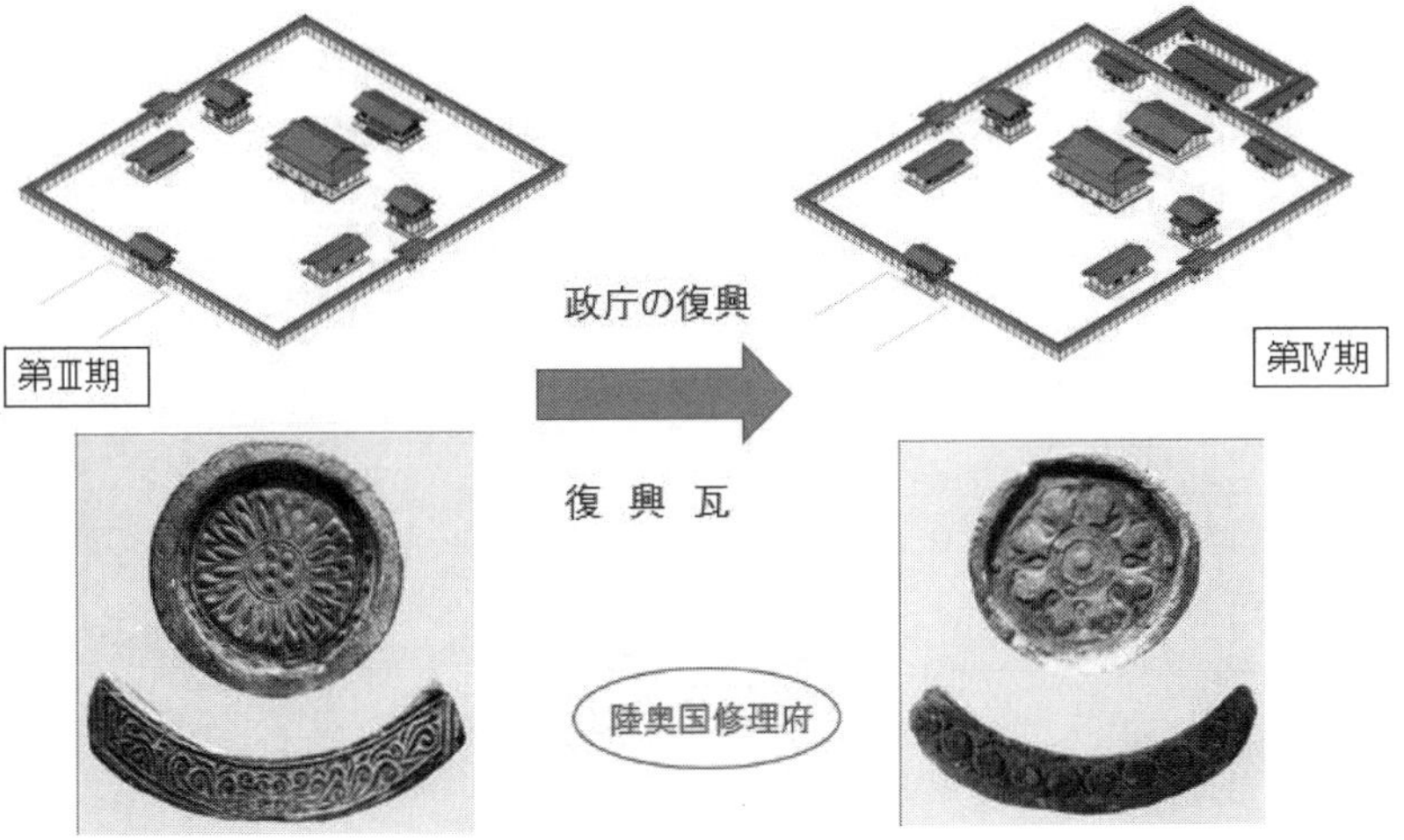

図5-22　多賀城跡政庁の復興と復興瓦（宮城県多賀城跡調査研究所）

どういうことかというと、新羅は朝鮮半島の東海岸に位置していますが、北九州の博多周辺で海賊行為をした新羅人十数人を捕まえたところ、その中に瓦造りの技術に非常に優れた者が四人いたのです。そこで、この四名に多賀城等の建物で破損した瓦に替えて新たな瓦を焼いて復旧させることを命じたのです。

このように復興に向けてさまざまな対策がとられましたが、四年たっても思うように復興は進みませんでした。塩害などの被害もあったのでしょう。現在であれば重機を使って表土を剝ぎ取ったりできますが、当時の技術では容易なことではなく不作の年が続いたようです。この間、天皇は食料の支給、被害者への対応を継続して命じ、陸奥国分寺には五大菩薩像を造って祈願しました。それでもなかなか復興が進まず、貞観一八年（八七六）に清和天皇は退位し、息子（陽成天皇）に天皇の位を譲りました。震災の復興過程では、天皇の譲位もあったのです。

国府多賀城の復興　つぎに国府多賀城の復興過程をみていきます。まず最重要施設の政庁ですが、図5－22のように復

図5-23　復旧瓦を焼いた窯跡（与平衛沼窯跡）
（仙台市教育委員会：2010年）

興後は北辺築地内に東西各一棟の建物、北辺築地に張り出し部を造って新たな建物を建てています。瓦の復旧ではすべて葺き替えるのではなく、破損した分の補充としました。したがって被災前の瓦もそのまま利用されていますし、新たに焼成された瓦もあります。多賀城の建物の復旧に使われた軒丸瓦の文様は、多賀城伝統の蓮華文《れんげもん》ではなく新羅の瓦に類似した宝相華文《ほうそうげもん》の瓦になりました。それから多賀城の外郭東門は位置を少し西に移動して再建されるとともに、建物の門や櫓なども建て替えられました。

古代都市多賀城の復興　古代都市多賀城の復興では、町並みの中の道路が改修され、建物も建て替えられ、周囲の水田も作り直されていきました。このような町並みの復興過程が調査によって確かめられてきています。また、町並みの北側の区域から一〇〇基以上の墓が発見されました。この中には木棺に葬られた大人の墓や、甕棺《かめかん》に入れられた子どもの墓もありました。『日本三代実録』では一〇〇〇人ばかりが溺れ死んだという記述がありましたが、すべての墓がそれに該当するか現時点では確定できませんが、震災の被害者を丁寧に埋葬した共同墓地の可能性も指摘されています。

復興瓦を焼いた窯跡　新羅人に復旧瓦を造らせた話をしましたが、その瓦を焼いた場所が、仙台第三高等学校（仙台市宮城野区）の近くの与兵衛沼付近にありました。与兵衛沼窯跡では、復旧の際に作られていた瓦が発見されました。窯の中央に柱があるロストル式の平窯（図5－23）は、平安京を造営したときに朝廷が造らせた瓦を焼く窯と同じ構造であることも分かりました。そして焼かれた復旧瓦というのは、先ほど述べたように新羅系の瓦です。棟平瓦は新羅では鬼瓦とセットで使われていますが、日本では基本的に使用されていない瓦です。こうした棟平瓦や鬼瓦もこの窯跡から発見されており、新羅人が瓦づくりに関与していた証拠と考えられ、『日本三代実録』の記録と一致しています。

陸奥国分寺の復興　それから陸奥国分寺も貞観の地震後に七重の塔の回廊が解体され、礎石も撤去されました。復旧瓦には多賀城と同じ新羅系の宝相華文の軒丸瓦が使用されました。また、陸奥国分寺の近くに薬師堂東遺跡（仙台市若林区）があり、ここからは梵鐘を作った際に用いた鋳型などの遺構が見つかっています。おそらく貞観地震で陸奥国分寺の梵鐘が壊れたのでしょう。年代も復興時期に一致しています。このように調査の進展によって、復興過程のようすが具体的に分かるようになってきました。

おわりに

ここまで遺跡の調査からわかってきた宮城県内の災害の歴史の概要について考察してきました。こういった遺跡に関わる災害の学問を、考古学の分野では「災害考古学」と私たちは呼んでいます。遺跡から発見される自然災害の痕跡から、それはいつ、どこで、どんな災害が起き、どんな規模で、被害はどうだったか、などというメッセージを読み解き、正確な記録を取って後世に残してく必要があります。そのためには発掘調査だけでなく、いろいろな過去の記録、史料・伝承・伝説・地名、あるいは石碑なども調べることによっても記録の内容がさらに深まります。また、調査やその分析等に当たっては、私たち考古学の分野だけでは分からないことがたくさんあります。さまざまな分野の研究者と連携することによって過去に発生した自然災害の実態をより具体的に解明していくことも重要です。そして、得られた研究の成果を多くの皆さんに可能な限り発信していきたいと考えております。それによって社会全体に今後の防災・減災の手がかりを示すことができ、少しでも生命と安全を守ることにもつながればありがたいと願っております。

最後になりますが、宮城県および県内市町村の行政機関、大学や博物館などの研究機関等において蓄積してきた調査・研究の成果をふまえて、東北歴史博物館の柳澤和明・相原淳一の両氏、宮城県考古学会・同「大地からの伝言」等研究部会の皆さん、とりわけ佐藤好一・太田昭夫の両氏のご協力をいただきました。この場をお借りして感謝を申し上げます。

※本稿で使用した写真・図・表の多くは宮城県考古学会刊行特別委員会『大地からの伝言―宮城の災害考古学―』（宮城県考古学会、二〇一六年）に掲載したものを基本とし、一部は記載の引用参考文献から使用させていただきました。なお、紙面の関係上、引用参考文献につきましては執筆者・発行者の代表的な文献にとどめさせていただきました。感謝申し上げますとともにご了承をお願い申し上げます。

【参考文献】

相原淳一「縄文時代の古津波堆積層―特に三陸地方を中心に―」（『宮城考古学』第一五号、二〇一三年）
相原淳一・髙橋守克・柳澤和明「東日本大震災津波と貞観津波における浸水域に関する調査―多賀城城下とその周辺を中心として―」（『宮城考古学』第一八号、二〇一六年）
相原淳一・髙橋守克・柳澤和明「貞観津波における砂押川中流域に関する検討―東日本大震災津波浸水域との比較から―」（『東北地

理学会発表資料」二〇一六年）
相原淳一「多賀城下とその周辺におけるイベント堆積物」（『宮城考古学』第一九号、二〇一七年）
相原淳一「多賀城と貞観津波」（『考古学雑誌』第一〇一巻第一号、二〇一八年）
相原淳一・野口真利江・谷口宏充・千葉達朗「貞観津波堆積層の構造と珪藻分析―宮城県多賀城市山王遺跡東西大路南側溝・山元町熊の作遺跡からの検討―」（『東北歴史博物館研究紀要』二〇、二〇一九年）
青木和夫・岡田茂弘編『古代を考える　多賀城と古代東北』（吉川弘文館、二〇〇六年）
阿子島功「地すべり・土石流の考古学（一）」（『国立歴史民俗博物館研究報告』第八一集、一九九九年）
岩沼市教育委員会「高大瀬遺跡・にら塚遺跡」（『岩沼市文化財調査報告書』第一六集、二〇一六年）
蝦名裕一「慶長奥州地震津波の歴史学的分析」（『宮城考古学』第一五号、二〇一三年）
角田市教育委員会「土浮貝塚」（『角田市文化財調査報告書』第一三集、一九九四年）
菅野正道「慶長地震の評価をめぐって」（『市史せんだい』第二三号、二〇一三年）
工藤雅樹「陸奥国出土の宝相華文鐙瓦の製作年代について―東北地方における新羅系古瓦の出現―」（『歴史考古学』第一三号、一九六五年）
黒板勝美・国史大系編修会編『国史大系第四巻（日本三代実録）新訂増補』（吉川弘文館、一九六六年）
古環境研究所「多賀城市市川橋遺跡における珪藻分析」（『多賀城市文化財調査報告書』第七四集、二〇〇四年）ほか
斎野裕彦「仙台平野中北部における弥生時代・平安時代の津波痕跡と集落動態」（『東北芸術工科大学（科研報告）』、二〇一二年）
斎野裕彦「貞観十一年陸奥国震災記事と自然災害痕跡研究」（『市史せんだい』第二三号、二〇一三年）
佐川正敏「貞観地震復旧瓦生産における新羅人の関与について」（『宮城考古学』第一六号、二〇一四年）
澤井祐紀ほか「宮城県熊の作遺跡から発見された貞観地震による津波堆積物」（『第四紀研究』第五五巻第二号、二〇一六年）
寒川　旭『地震考古学―遺跡が語る地震の歴史―』（中公新書、一九九二年）
仙台市教育委員会「富沢遺跡第三〇次発掘調査報告書」（『仙台市文化財調査報告書』第一四九集、一九九一年）
仙台市教育委員会「仙台市王ノ壇遺跡」（『仙台市文化財調査報告書』第二四九集、二〇〇〇年）
仙台市教育委員会「中在家南遺跡第三・四次発掘調査報告書」（『仙台市文化財調査報告書』第二五五集、二〇〇二年）ほか

仙台市教育委員会「仙台城跡本丸第一次調査報告書本文編」（『仙台市文化財調査報告書』第三四九集、二〇〇九年）
仙台市教育委員会「沓形遺跡発掘調査報告書」（『仙台市文化財調査報告書』第三六三集、二〇一〇年）ほか
仙台市教育委員会「与兵衛沼窯跡発掘調査報告書」（『仙台市文化財調査報告書』第三六六集、二〇一〇年）
多賀城市教育委員会「山王遺跡Ⅰ」（『多賀城市文化財調査報告書』第四五集、一九九七年）ほか
多賀城市復興検討委員会「第一回会議資料」（二〇一一年）
菅原大助・箕浦幸治・今村文彦「西暦八六九年貞観津波による堆積物に関する現地調査」（『月刊海洋』No.二八、二〇〇二年）
菅原弘樹「宮戸島の災害履歴」（『宮城考古学』第一五号、二〇一三年）
太宰幸子『災害・崩壊・津波地名解―地名に込められた伝言―』（彩流社、二〇一三年）
千葉孝弥「市川橋遺跡にみられる古代都市の造成と維持」（『季刊地理学』第五七巻第四号、二〇〇六年）
名取市教育委員会「下増田古墳群ほか」（『名取市文化財調査報告書』第六〇集、二〇一二年）
二上玲子「文献史料からみた貞観地震に関する一考察」（『市史せんだい』第二二号、二〇一二年）
平川一臣ほか「過去六〇〇〇年間の三陸超巨大古津波堆積層履歴の示す二つの露頭」（『特別シンポジウム―地震学の今を問う―』日本地震学会、二〇一一年）
松本秀明・吉田真幸「仙台市東部沓形遺跡にみられる津波堆積物の分布と年代」（『仙台市文化財調査報告書』第三六三集、二〇一〇年）
松本秀明・伊藤晶文「七北田川下流域の地形変化と山王遺跡」（『宮城県文化財調査報告書』第二三五集、二〇一四年）
箕浦幸治・山田努・平野信一「山王遺跡多賀前地区・市川橋遺跡八幡地区にみられるイベント堆積物の堆積学的・古生物学的検討」（『宮城県文化財調査報告書』第二三五集、二〇一四年）
宮城県教育委員会「藤田新田遺跡」（『宮城県文化財調査報告書』第一四二集、一九九一年）ほか
宮城県教育委員会「中野高柳遺跡Ⅰ」（『宮城県文化財調査報告書』第一九四集、二〇〇三年）ほか
宮城県考古学会刊行特別委員会『大地からの伝言―宮城の災害考古学―』（宮城県考古学会、二〇一六年）
宮城県史編纂委員会『宮城県史二四―風土記』（宮城県史刊行会、一九五四年）
宮城県多賀城跡調査研究所『多賀城跡政庁跡本文編』（一九八二年）

三好秀樹「古代東北の城柵と災害―多賀城跡―」（『第三九回古代城柵官衙遺跡検討会資料集』、二〇一三年）
山元町教育委員会「中筋遺跡」（『山元町文化財調査報告書』第一〇集、二〇一五年）
柳澤和明「多賀城の墓制―集団墓地と単独墓―」（『考古学研究』第五八巻第四号、二〇一一年）
柳澤和明「『日本三代実録』より知られる貞観十一年（八六九）陸奥国巨大地震・津波の被害とその復興」（『歴史』一一九号、二〇一二年）
柳澤和明「発掘調査からみた貞観十一年（八六九）陸奥国巨大地震の被害とその復興」（『宮城考古学』第一五号、二〇一三年）
柳澤和明「多賀城・多賀城廃寺・陸奥国分寺―貞観地震による被害と復興―」（高橋一夫・田中広明編『古代の災害復興と考古学』高志書院、二〇一三年）
柳澤和明・渡辺剛「砂押川における現生海水生種・汽水生種珪藻の輸送限界―平成二八年度科学研究費による調査・研究報告―」（『東北歴史博物館研究紀要』一九、二〇一八年）
柳澤和明「八六九年貞観地震・津波発生時における陸奥国府多賀城周辺の古環境」（『歴史地震』第三四号、二〇一九年）
柳澤和明「史料からみた多賀城市域における一六一一年慶長奥州地震津波の被害と復興―『安永風土記』などによる史料的検討―」（『歴史地震』第三四号、二〇一九年）
保立道久『歴史の中の大地動乱―奈良・平安の地震と天皇―』（岩波新書、二〇一二年）
利府村誌編纂委員会「神社と寺院―八幡宮―」（『利府村誌』、一九六三年）

第六章　山林資源と仙台藩
——一八世紀前半の史料と事例から——

高橋美貴

はじめに

本章には、「山林資源と仙台藩」という題目が付けられています。実は私は仙台藩の歴史に関しては素人同然なのですが、近年、仲間たちと、仙台藩領北方、旧磐井郡地域（現岩手県一関市、図6－1）に残る史料の整理・分析を進めており、そこで得た史料を紹介しながら、タイトルに掲げたテーマに接近してみたいと思っています。

問題の所在　私は、近世（江戸時代）を主な研究対象にしている歴史学者です。学生時代から、海や川や山などの歴史に興味があり、その興味・関心を起点に、三陸の沿岸や新潟県、伊豆半島を事例に研究を進めてきました。歴史学の王道である政治史や経済史などに興味がなかったわけではないのですが、学生時代以来、「自然と人間の関係」の歴史に対する興味を何となく捨てきれず、今日まで同様の関心を引きずってきてしまいました。本章も、そのような関心に基づくものです。

さて、最近、仙台藩領の史料を見ていて、あることが非常に気になりだし、場合によってはそれが新たな仙台

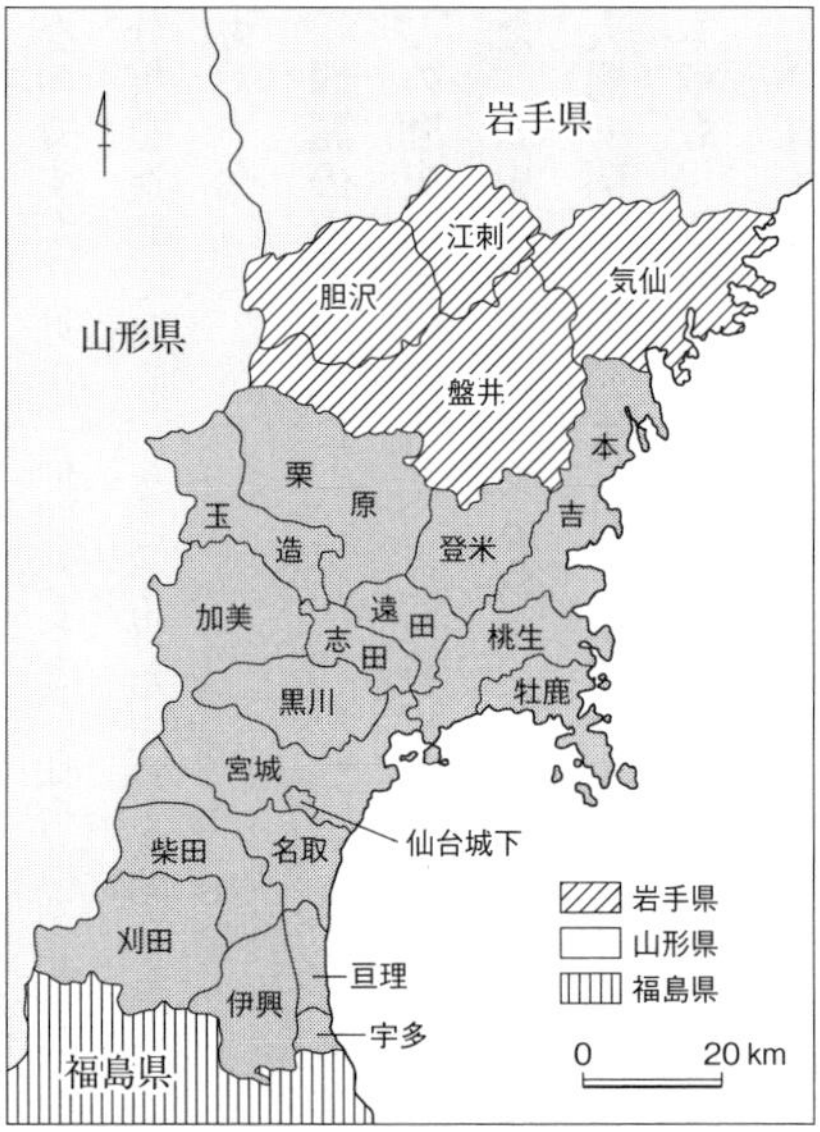

図 6-1　仙台藩領（仙台市史編さん委員会編 2001 年より）

藩研究の突破口になるのでは、と考え始めていることがあります。それは、山と川と海、この三つの要素をつなげて、この地域の歴史を捉え直すということです。歴史研究は、海といえば海だけの研究、川といえば川だけの研究、山といえば山だけの研究という個別分野に入り込みやすく、個別分散化する傾向が強いように感じられるのですが、海、川、山の三つをつなげて仙台藩の歴史を描けないかということを最近考えているわけです。本日の講演は、このような論点に関わる史料を紹介してみようというものになります。

三陸沿岸地域の土砂問題　私はもともと、三陸沿岸地域の漁業や山林資源の利用や管理に関する史料を調査していたのですが、それらの史料を見ていく過程で、特に一八世紀末以降、仙台藩の三陸沿岸地域の海や川で、土砂の流出・堆積が大きな社会問題になっていたことに気がつきました。

例えば、東北大学の籠橋俊光氏の研究によると、寛政八年（一七九六）に、気仙郡今泉、高田、長部の三ヵ村（現岩手県陸前高田市、広田湾沿岸に位置）から提出された願書の中に「海川自然と押埋」「潮干之砌《みぎり》ハ（中略）小魚さへも川入不相成《あいならず》」「年増不漁続」（近年、海川に土砂が堆積し、河口部が埋まってしまい、魚が遡上できず、不漁が続いている）という記述が出てきます（籠橋俊光二〇一六）。

また、一九世紀に気仙郡今泉村の検断を勤めていた久助の日記である『角屋敷久助覚牒《かどやしききゆうすけおぼえちょう》』（渡辺兼雄一九九四）の中にも、マグロ建網が不漁になっている原因を「すべて海は浅くなりける故か」と説明している記述があります。この頃、河川を介して沿岸部に土砂が流出して河口や沿岸の水深が浅くなりつつあるということに、地元の人びとが気付いていたことが分かってきます。

さらには幕末期の『坂下家文書』の中にも、尾崎浜（現宮城県石巻市、追波《おっぱ》川《がわ》河口地域に位置）で「段々入海浅く罷成、川口前自然塞り」という史料が出てきます（『坂下家文書』史料番号一―一―六―一）。また、同じく追波川に面した名振《なぶり》浜でも、同浜で行われていたサケ漁について、最近川が濁り、その濁りが海まで流れてくるために不漁になっていると、一八世紀末以降の様子を記した史料が残されています（高橋美貴二〇一三①）。

このような問題の背後では、一体何が起こっていたのでしょうか。このような問いを明らかにするためには、内陸部の山林を含めた広域的な視点で考えなければならないのではないかと考え、高橋陽一氏（宮城学院女子大学）や佐藤大介氏（東北大学災害科学国際研究所）などの仲間たちと一緒にこれらの河川の上流部にある地域の史料を数年前から調査し始めました。もちろん、いま述べた現象は、流域を介した広域的な問題として生じてくるわけで、けっして突然生じるものではなかったことに注意が必要です。少なくとも一〇〇年ぐらいのスパンで、このような問題が生じてくるプロセスをひとつひとつ解き明かしていくことが必要でしょう。そこで、本章では、一八世紀前半までを視野に入れて、こういった問題が発生してくる歴史的な出発点について考えてみたいと考えています。

山林問題における薪炭　さて、山林の問題を考える上で注目しなければならないのは、山林資源利用の上で非常に大きなウエートを占めた薪炭《しんたん》（薪と炭）です。薪炭は、いうまでもなく前近代では主要な燃料源でした。人間が生活する以上、煮炊きのために薪炭が必要だったことは言うまでもありませんが、その重要性はそれに止まるものではありませんでした。そのことは、例えば江戸時代の三陸沿岸地域で重要な物産であった塩や魚油はもちろん、鉄などを想起してみれば明らかだろうと思います。これらはいずれも燃料消費型産業の典型で、大量の薪炭を消費する営みでした。これらの産業が仙台藩、さらには盛岡藩の代表的な地場産業であったことを考えますと、薪炭がこれらの産業を維持し、場合によっては発展させていくうえで不可欠なエネルギー源だったことが理解できます。

したがって、薪炭供給を支える山林資源もまた、きわめて重要な地域資源だったことになるわけです。しかし、薪炭の産業的利用が増えれば、必然的に山林資源には負荷がかかっていくことになります。利用がその再生のペースを越えてしまえば、山林資源を持続的に利用していくことは困難になるだけではなく、自然の連環を通して、さまざまな弊害が引き起こされてくるでしょう。さきほど述べた問題の背景のひとつに、このような問題があると私たちは睨んでいるわけです。

森林資源からみた仙台藩の歴史　とすると、さきほど述べたような課題について考えていく際には、山林―河川―沿岸を巻き込んだ広域的な問題の発生・展開・対応の歴史という視点から、仙台藩の歴史をたどってみることが必要だ、ということになってきます。

本章では、1「東山のヤマから」、2「西磐井・栗原郡の御林から」、3「沿岸部の御林《おはやし》から」という三部からなっています。1で、タイトル通り東山地域の山林について史料を紹介したうえで、2で、さらに内陸の西磐井・栗原郡の山林に関する史料を、そして3で沿岸地域の山林―とくに藩の御林―に関する史料を紹介していきたいと思います。これらを通して、とくに一八世紀前半の仙台藩の森林資源の状態を、さきほど述べた問題が発生してくる歴史的前提として復元してみたいと考えています。

1　東山のヤマから

仙台藩東山地域の山論

まず、仙台藩の東山地域で発生した、とある山論（山を巡る争論）を紹介することから始めます。東山とは、大東町、東山町、千厩町《せんまやちょう》などの岩手県旧東磐井郡東部（現岩手県一関市、磐井郡については図6－1を参照）を指す江戸時代以来の地域名称です。江戸時代には、東山地域は大きく二つの行政区画に分けられていて、北側を東山北方といい、大原に代官所が設置されていました。いっぽう、南側は東山南方といって、千厩に代官所が置かれていました（図6－2を参照）。

この東山地域に、源八山という山林がありました（おおよその位置は図6－2の○印を参照）。源八山は上奥玉村、中奥玉村、下奥玉村（以下、三奥玉村）という三ヵ村が共同で使う山林だったのですが、この源八山を巡って元文五年（一七四〇）に三奥玉村が、とある訴えを起こしました（以下、岩手県一関市大東町X家文書）。三奥玉村が訴えた相手は、下奥玉村に住んでいた浪人で、及川源太郎という人物でした。浪人ですから元武士です。仙台藩ではもともと藩主の家臣の家臣（つまり陪臣《ばいしん》）でありながら、その禄から外れている人びとを浪人と呼んでいました。及川も、この浪人身分を自称していたわけです。実は、

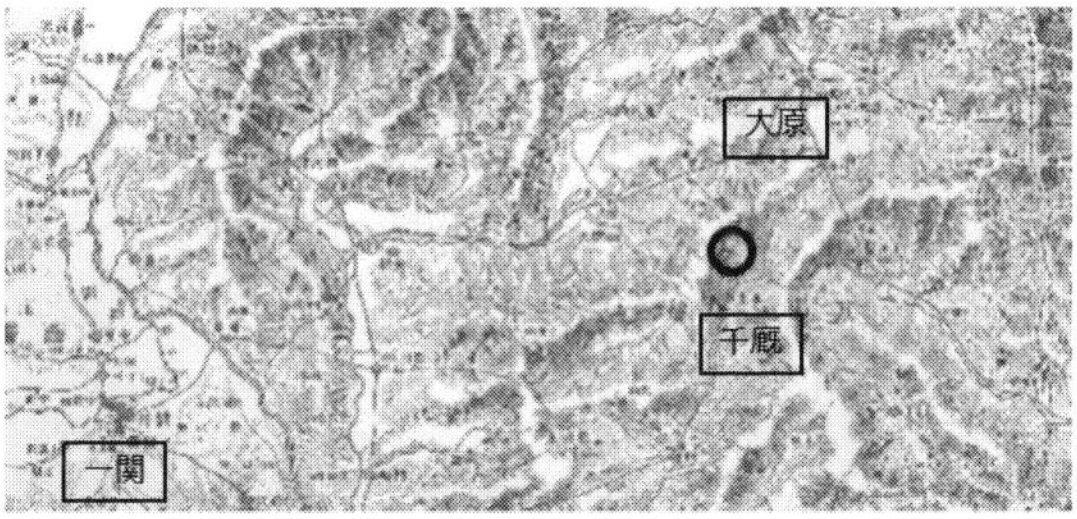

図6-2　大原・千厩および源八山のおおよその位置（○印）

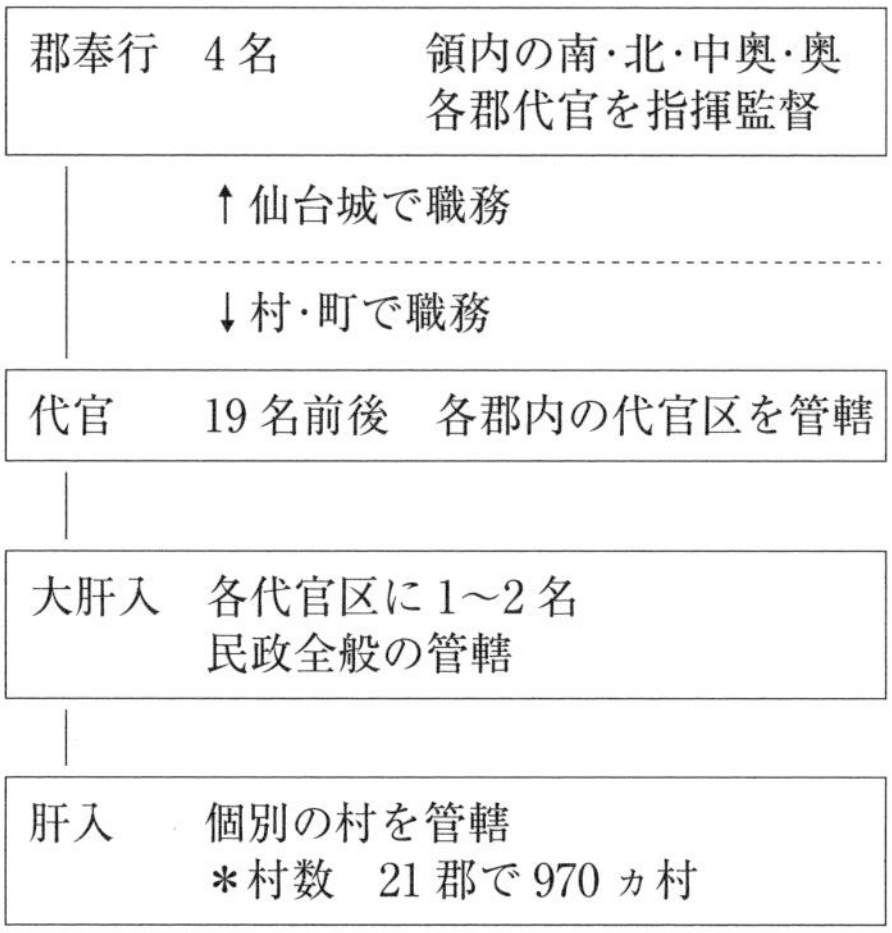

図6-3　仙台藩の農村支配体制（佐藤2016年より）

これは詐称で、のちにこれが露見して及川は斬首に処されています（張基善二〇〇七）。この及川が、この年、三奥玉村から「源八山を勝手に囲い込んだ」として、訴えられたのです。

仙台藩の地方支配　では、及川はいったい何をしたのでしょうか。次に、その経緯を見てみましょう。この一件の経緯については、大肝入《おおきもいり》と呼ばれる、この地域の行政官であった鳥畑三太夫という人物が報告書を残しています。読者の多くは、おそらく仙台藩の支配体制のことをご存じだとは思うのですが、初めて聞くという方もいらっしゃるかもしれませんので、簡単に説明させてください。

仙台藩は領内を奥郡・中奥郡・北方郡・南方郡の四つの行政区画に分け、それぞれに郡奉行《こおりぶぎょう》という役職を置いて支配していました。郡奉行の下には数名の代官が置かれ代官所を構えて地域行政を司り、さらに代官の下には一〜二名の大肝入が設置され数十ヵ村からなる管轄行政区を管轄していました。そして、その下に各村の肝入がいたわけです（図6－3参照）。

大肝入には、各地域の有力者が任命され、広域的な行政関係事項や訴訟などを取り扱っていました。つまり、訴訟が起こったときには、いきなり代官にはいかず、この大肝入がいろいろなことを当事者たちから聞き取りをして、詳細な報告書をまとめて代官に報告することで審理が進んでいくことになっていたのです。彼ら大肝入の業務は多忙で、大量の行政史料が彼らのもとで作成されました。大肝入を勤めたお宅に、膨大な古文書が残されている理由のひとつはここにあります。

大肝入・鳥畑三太夫の報告書　さて、話を元に戻しましょう。さきほど、東山北方の大肝入であった鳥畑三太夫が、三奥玉村と及川との間に発生した争論に関わる報告書を作成したと述べました。この報告書を読むと、三奥玉村が及川によって自分たちの入会山である源八山が囲い込まれたことに気付くに至った経緯が分かります。史料によると、「入合野山江小松生立草飼・刈敷指支申候ニ付」と書いてあります。「自分たちが入会山として使っている山林に、最近小さな松が生えてきてしまった。このため、草飼《くさかい》と刈《か》敷《しき》の採取に差し支えるようになってしまった」というわけです。草飼というのは、牛馬の飼料のことです。刈敷は言うまでもなく、草を刈って田畑に肥料として施す緑肥です。生えてきた小松が草を刈る際に邪魔になるため、「願申上伐申度《きりもうしたき》と境等迄村々組頭共内見《ないけん》仕《つかまつり》候」、つまり小松が生えてきて草を刈るのに邪魔なので、これらの小松を刈り払いたいと考え、まずは現地の状況を確認しようと、三奥玉村の組頭たちが源八山に赴いたというわけです。源八山では薪も採取されていたことが、後の史料から分かりますので、おそらく松林の一部に草地が作り出され、そこが三奥玉村の村びとが入会で使う草の刈り取り場になっていたことが推測されます。

ところが、組頭たちはそこで奇妙なものを発見することになります。史料には、「右之内ニ境穴塚等相立囲置申候」と書かれています。源八山に出かけたところ、境穴塚が作られ、自分たちの山が勝手に及川によって囲い込まれているのを発見したというのです。つまり、三奥玉村の村人はそれ以前まで、源八山で草飼と刈敷を採取してきたのですが、小松が生えてきたため切り払いを計画し、村役人たちが事前確認に行ったところ、自分たちの入会山が及川によって囲い込まれていることを発見することになったのでした。

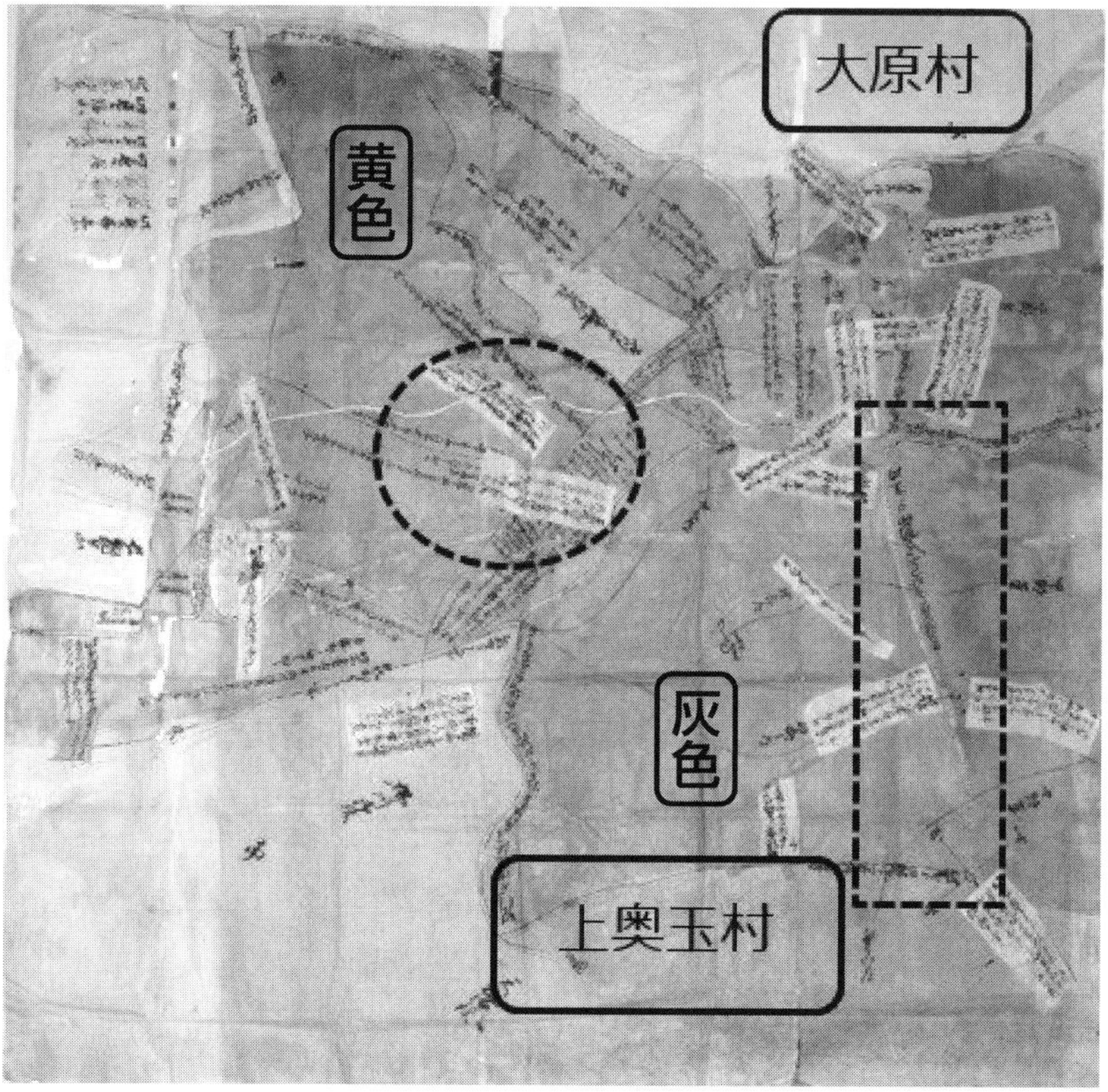

図6-4　源八山をめぐる訴訟絵図（一関市大東町X家文書）

境穴塚による囲い込み　それでは、及川は、どのようにして山林を囲い込んだのでしょうか。このとき及川が利用した方法が、「境穴塚」を設置するというものでした。では、境穴塚とは何でしょうか。言葉だけでもおおよそのイメージはつきますが、これまた残された史料から確認してみましょう。

実は、この山論の過程で論地（訴訟の対象になった山林）の絵図が作られました。図6－4の絵図は、とても大きなもので、畳二畳分以上あったのではないかと思います。大肝入は、この絵図をプロの絵師を呼び寄せて描かせ、実際に調査に同行させて、現地の確認をすると同時に、その際に聞き取ったことを書き留めた付箋《ふせん》を絵図に貼り付けさせました。御覧いただいている絵図に、多くの付箋が貼りつけられているのは、そのためです。

この絵図の黄色く色づけされている部分が、三奥玉村の入会山や村びとの百姓山です。この段階で、利用者や所有者がはっきりしている山林が黄色で示されたのです。いっぽう、絵図の真ん中に灰色の部分があります。これが及川によって囲い込まれたと三奥玉村が訴えた部分です。ここで図6－5をご覧ください。図5は図4の四角い点線で囲った部分を拡大したものです。これを見ると、ちょうど黄色と灰色に塗られた境のところに、小さな丸印がたくさん描かれていることが分かります。さらに、その丸印に沿って、「此所より山境迄穴七拾壱、百六拾四間」という文字が書かれています。実は、この丸印こそが境穴塚と呼ばれるものでした。つまり、一六四間（三〇〇メートルほど）の境界線に沿って七一個の境穴塚が作られていたわけです。単純計算で、およそ四メートルの間隔を空けて境穴塚が作られていたことになります。三奥玉村は、及川によってこのような境穴塚が連続して作られ、一方的に山を囲い込まれたと訴えたのでした。

江戸時代に、仙台藩と盛岡藩の藩境が塚によって区切られていたことはよく知られています。塚を連続して作ると、そこは境界になるのです。塚を作る際には、とうぜん塚を作るための土が必要になります。塚を連続して築く一番簡単な方法は、その場で穴を掘って、その脇に掘った土を盛り上げて塚を作ることです（図6－6）。このとき及川がとった方法も、おそらくこのようなものであったと考えられ、その結果、できあがったのが、多くの境穴塚でした。三奥玉村側から見ると、突如、このような境穴塚が築かれ自分たちの山が囲い込まれていたことに気づいたわけです。境穴塚が比較的短期間で作られたものであったことが分かります。

三奥玉村の主張　このような状況を受けて三奥玉村は訴状のなかで、次のように主張しています。「自分たち

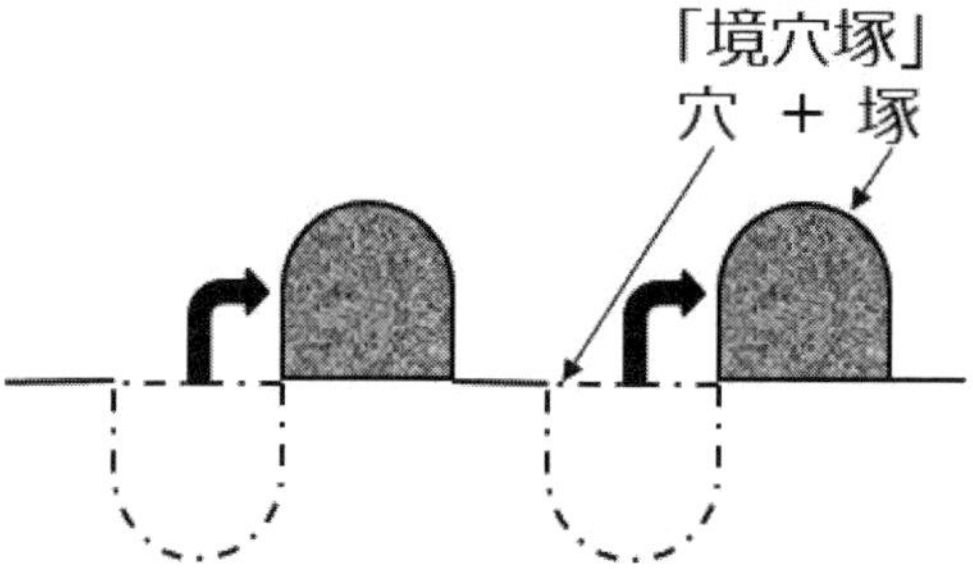

図6-6　境穴塚

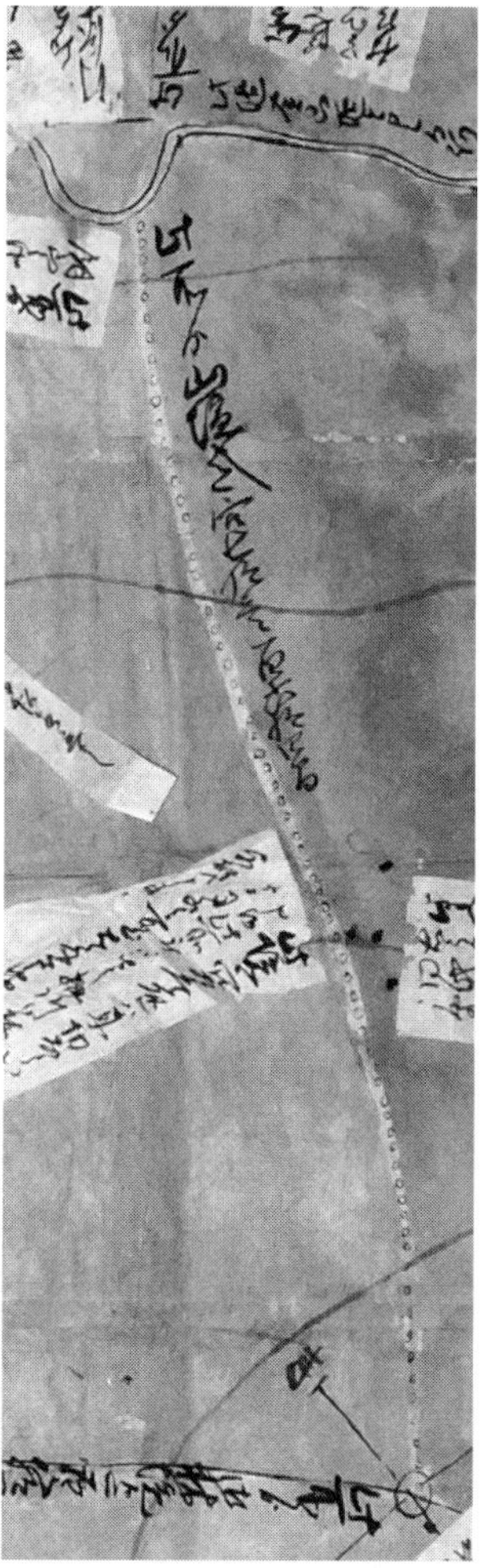

図6-5　絵図（図6-4）拡大図

は去年も、この山で草を刈ったのですが、もしも、この山が及川様の山であれば、先方は私たちの草刈りを阻止しようとしたはずです。しかし、そのようなことはなく、その後も私たちはこの山でずっと草を刈ってきたのです。ですから、この山は私たちの『草飼山』に間違いありません」。さらに、自分たちはこの年の夏までこの山で草を刈っていたが、そのときには境穴塚はひとつもなかったと記しています。

源八山はあくまでも三奥玉村の草飼山であって、そこを突如、及川が不当に囲い込んだのだ、というのが三奥玉村の主張でした。

及川源太郎の主張　もちろん、これに対して及川も黙ってはいませんでした。三奥玉村は源八山が自分たちの山だと言っているが、それは違うと真っ向から反論したのです。及川は、囲い込んだ山は私がお金を出して買い取った山だと主張しました。

実は、及川の主張に論拠がないわけではありません。争論絵図（図6－4）を見ると、及川源右衛門がこの周辺で山を実際に自分で買い取って入手した旨を記した付箋をいくつか確認できるのです。たとえば図6－4の点線で丸く囲った部分の付箋には、「杢《もく》右衛門・三四郎方ゟ及川源太郎方へ山相渡候」「杢右衛門・三四郎・清右衛門・兵助方より及川源太郎方江相渡し」などと記されています。及川が、この地域の山を三奥玉村の村びとから買い取っていたことが確認されていたのです。及川がこのころ、この辺りの百姓たちの所持する山を買い集めていたことが分かってきます。

では、及川は、これらの買い取った山で何をしていたのでしょうか。さきほどの付箋によると、「伐跡幷《ならびに》伐残共ニ御座候」と記されていることから、彼の狙いがそこに生えていた木々を伐採して入手することにあったことが分かります。及川は、この地域の百姓持ちの山を買い集め、それを伐採することを繰り返していたらしいのです。

ただ、このような活動はいずれ限界にぶちあたります。いったん木々を伐採してしまえば、その再生には数十年が必要となりますので、木材を手に入れるためには、その間、百姓持ちの山を次々と買い集めつづけなければなりません。しかし、そのようなことは、売却可能な百姓持ちの山にそもそも量的な限界があること、ひとたび伐採した山林の再生に相応の時間を要したことを考えれば困難でしょう。及川に、どうしても木材を手に入れなければならない何らかの事情があったとすれば、このような限界にぶちあたったとき、彼は困り果てたはずです。そこで彼が目を付けたのが、百姓持ちの山ではなく、三奥玉村の入会山だったわけです（図6－7）。さきほど述べたように、三奥玉村の入会山は草飼山でしたが、放置すれば小松が生えてくる環境にあり、おそらく草地と小松などの雑木の生えた環境にあったものと推測されます。実際、日本列島で草原を維持するためには、火入れや草刈りなどの人間による管理が不可欠ですので、入会山の全体が草地になっていたとは考えにくいと思います。これこそが、及川が、三奥玉村の入会山である源八山を突如囲い込んだ理由だったわけです。おそらく、三奥玉村との間で問題が生じることは及川にも予想できたでしょう。しかし、それでも木材を入手したいという強い欲求が及川にはあったことになります。それが何だったのかは、次に考えてみたいと思っています。

いっぽう、このような及川の行為は、三奥玉村の村びとから見れば入会山を勝手に囲い込まれることを意味したわけですから、三ヶ村から強烈な反発を受けることになります。三奥玉村が及川の不当性を主張して、訴訟に打って出た理由もそこにありました。

ウツギという植物　ここで、改めて図6－7をご覧ください。もしも及川が山を囲い込みたいのであれば、実際に囲い込んだ灰色の部分全体を境穴塚で囲い込むはずです。ところが、なぜか、彼が境穴塚を築いたのは、論山の東側（図の右側）に示した点線部分のみでした。なぜなのでしょうか。実は、これにはウツギという植物が関わっていました。ウツギとは、アジサイ科ウツギ属の落葉低木です。武蔵野台地など関東地方では畑の境木などとしてしばしば利用され、所有地の境界線によく植えられたものでした。刈り込みによく耐えて、次々と幹を伸ばして長い間なかなか枯れないという特徴があるそうです。枯れたとしても地下に根が残るため、境を示す植物として重宝されました。

実は、及川も山の境界を示すために、このウツギという植物を利用していたと主張していました。彼は訴訟のなかで、「以前からウツギを植えて山の境の目印としていました」「論山の東側の境界に残っているウツギの本数は少ないですが、それはもともと存在したウツギが枯れてしまったためなのです」といった趣旨の主張をしてい

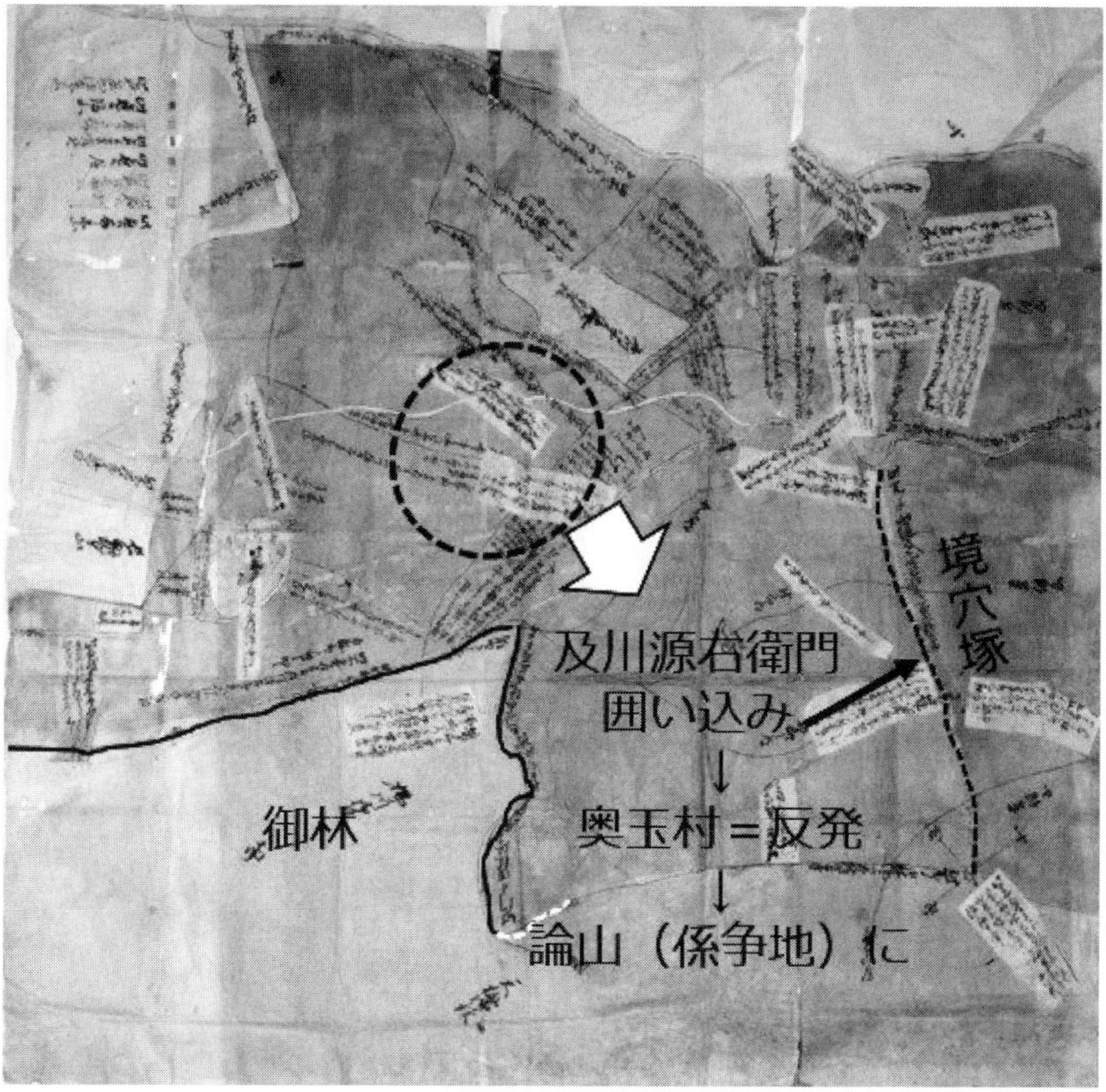

図 6-7　及川源衛門による囲い込みの過程

ます。自分が囲い込んだ山の境界線にはもともとウツギを植えて境界としていたが、論山の東側のウツギは枯れてしまったので境穴塚を作ったのだ、というのが及川の主張だったことになります。

このような及川の主張に対して、三奥玉村は真正面から反論します。彼らが論拠としたのは、「ウツギは枯れない」というものでした。論山の東側に残っているウツギはわずか七本にすぎず、それは天然のものだと主張したのです。三奥玉村にとっては、ウツギは及川によって植えられたものではないことを主張することが重要だったわけです。

境界としてのウツギ　双方の言

い分を聞いた大肝入は、ウツギがある以上、及川が言っていることが正しい可能性があるという判断を示しています。この地域でも、ウツギを植えるとそこが土地の境になることが一般な慣行となっていたことが分かります。いっぽうで、ウツギが連続して植えられていない、わずか三〇〇《メートル》に七本では境界木としては説得力がないという三奥玉村の主張も確かに一理あります。それならば現場を確認して絵図を作り、それをもとに審議を進めようということになりました。先ほど紹介した論山の絵図はこうして作られたものでした。

ですから、この絵図には、生えているウツギの本数が付箋で一つ一つ丁寧に記載されることになりました。数百年前に作られた絵図ですので、とれてしまった付箋が少なからずあると思うのですが、残っている付箋を見ていますと、「此《この》黒点星壱つうつき有之《これある》場所」などと記されています。絵図のなかにウツギの生えているところには黒点を付け、そこに付箋を貼ってウツギの本数などを記載したのです。

このような観点から絵図を再度見てみましょう。ここで図6－8をご覧ください。これを見ると、論山の北側と西側には、例えば「所々乱ニうつき五拾本」「所々ニうつき弐十本余」などというふうに、相応の数のウツギが生えていることが分かります。ところが、論山の東側には、「弐つうつき」「うつき壱本」などという記載が続き、ウツギの本数が少なかったことが分かります。ウツギは北側と西側にまとまって存在していますが、東側にはウツギがまばらに残っていただけだったのです。及川が論山の東側に境穴塚を設置したのは、そのような場所だったということが分かります。つまり、彼は戦略的に、ウツギの少ない境界に境穴塚を作って、論山を囲い込もうとしていたことになります。

山林囲い込みの背景　そもそも、なぜ及川は山を囲い込もうとしたのでしょうか。もう少し正確に言うと、なぜ彼はこれほどまでして木材を欲したのでしょうか。

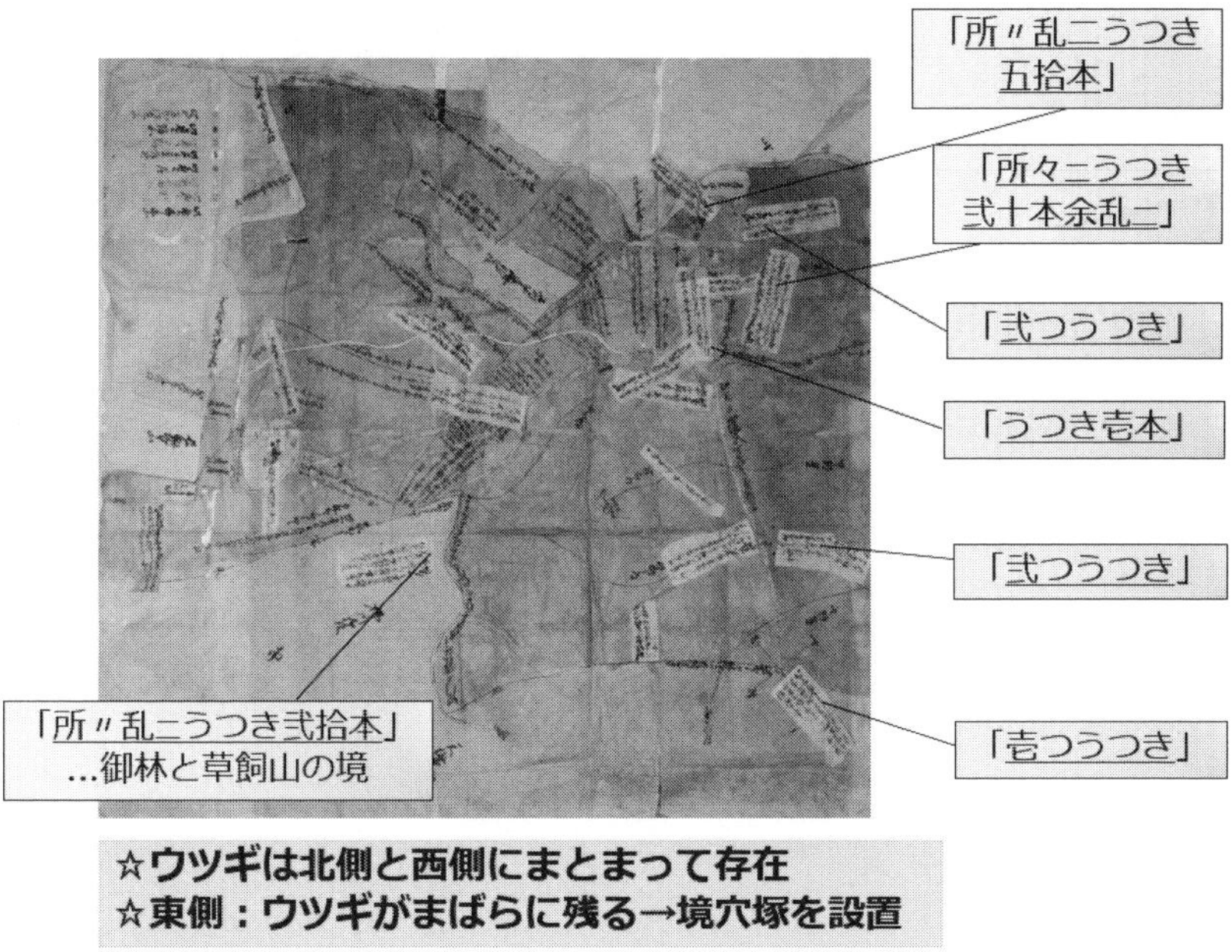

図 6-8　論山とウツギ

実はこの争論のさなか、論山で松が伐採されている現場が見つかるという事件が起きました。山をめぐる争論が起こったときは、その山を関係者が利用することが禁止されます。山の利用をそのまま放置すると、現場で刃傷沙汰などの問題が発生しかねないためです。山を利用できないと、とうぜんそれまで山を利用してきた人びとは困ります。それはときの収入にまで関わってきますので、問題が解決せず、争論が長引くと、関係者は資金的にどんどん苦しくなっていくのです。最後、我慢できなくなって、妥協もやむなしとなったところで、内済と呼ばれる仲直りをして、争論を終えることが多くなるわけです。つまり、争論中に山の利用を差し止めるのは、このような内済を引き出すための手段でもあったことになります。ところが、このときには、争論の途中にもかかわらず、争論の対象となっている論山で松が伐採されているのが発見されました。これは、とうぜん大きな問題となります。

伐採した人物はすぐに明らかになりました。論山で松を伐採したのは、下折壁村《しもおりかべ》（現岩手県一関市）という近隣の村の鍬師《くわし》（鍬を作る職人）である喜右衛門の配下で働いている金平という人物でした。金平は勝手に論山の中に入り松を切り倒したわけですが、では、彼はなぜそのようなことをしたのでしょうか。大肝入が取り調べたところ、次のようなことが明らかになります。

鍬師と小炭山　論山で松を伐採した金平が下折壁村の鍬師・喜右衛門配下の鍛冶屋人足であったことは先ほど述べました。彼は、大肝入の取り調べに対して、自身の主人である喜右衛門が及川から小炭山として買い取った松林に入って、松を伐採しただけです、と返答しています。小炭とは、炯屋《どうや》と呼ばれる製鉄所で生産された荒鉄から炭素を抜いて加工しやすい延鉄《のべかね》を作るため、あるいは、延鉄を用いて鍬などを作るために用いられる炭のことです。したがって、小炭山とは、そのような小炭を採取するための山林を指します。つまり、喜右衛門は及川から松の生えた山を買い取り、配下の金平を使ってそれを伐採させ炭を作ろうとしていたわけです。彼らにしてみれば、正当に買い入れた山で薪炭生産用の松を伐採したところ、そこが実は論山で、のちのち問題化してしまったということになります。史料には「松壱本伐倒さし置候」と記されていますので、その松を一本切り倒して、恐らく乾かすために、そこに置いておいたところ、それが発見されて大問題になってしまったことが分かります。状況を理解していれば、かなり不用心な対応ということになりますが、彼らが事情を知らなかったとすればもっともな対応でしょう。逆に、及川は、論山であることを承知のうえで、この山林を喜右衛門に売り払っていたことになります。

さて、ここで改めて先ほど御覧いただいた山論の絵図を見てみたいと思います。図6－9を御覧ください。さ

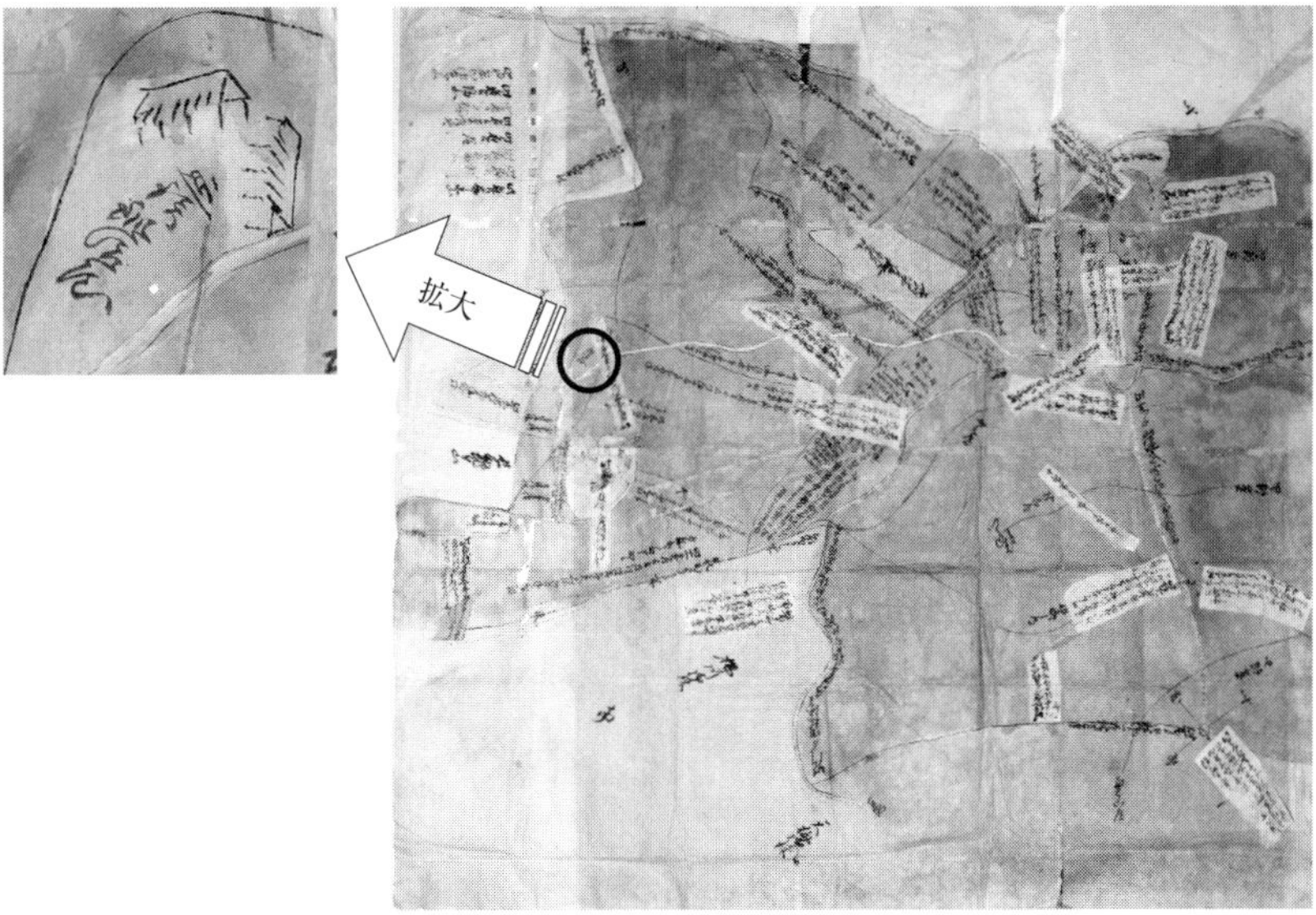

図6-9　絵図に描かれた鍛冶屋

きほど及川が絵図の西側部分（左側の黄色部分）の山林を買い集めていたことを述べましたが、そのなかにあるものが書き込まれているのです。絵図のなかの丸印の部分を拡大したのが図6－9の左側にある図です。そこには、二棟の建物が描かれており、「延鉄鍛冶屋」と記載されています。砂鉄を加工して作った鉄を荒鉄といい、それを処理して炭素を下げ、加工しやすくして延鉄を作り、そこから鍬などいろいろな道具を作ることを延鍛冶といいますので、「延鉄鍛冶屋」はそのような作業をする鍛冶屋小屋のことを指したことになります。つまり、この頃、山のなかにこのような鍛冶屋が設置され、そこで近隣の山林で取得された木材から燃料である炭を作り、さかんに鍛冶が行われていたことになるのです。及川が下折壁村の鍬師・喜右衛門に山林を売却していたことも踏まえると、彼がこの頃、山林を買い集めていた理由も、ここにあったことが分かってきます。彼は、鍛冶の燃料となる炭の材料である木材の調達を自らの資金源としていたのです。彼が山林を買い集めることができたのも、このような資金に支えられたものであったといえるでしょう。

入会山への侵入　以前、及川源太郎が上奥玉村の村人から買い取った山林は、切り跡ならびに切り残しがたくさんあったと書き記されていたわけですが、彼は山を買い取っては、鍛冶屋にどんどん燃料を供給していたわけです。当初は、百姓の所持している山を買い入れながら、このような活動を続けていたわけですが、ただ、そのような活動にはいずれ限界が来ます。その段階で、彼は三奥玉村の入会山に手を出したのです。おそらく訴訟になる危険性を承知しつつだったのではないかと私は思うのですが、あえてそこに手を出したのは、買い入れることのできた山林は伐り尽くしてしまい、また、これ以上買い取ることのできる百姓の持山が見つからないという状況があったと考えざるを得ないでしょう。

だったら三奥玉村の入会山に生えている木々を買い入れればよいではないか、と思われるかもしれません。しかし、入会山の権利を入手するためには三奥玉村の村びとの了解が必須で、そう簡単なことではありませんでした。もしかしたら売ってもらえないかもしれません。なぜなら、入会山は三奥玉村の人々にとっても生業や生活のために不可欠な山だったからです。こうした事情が、及川を三奥玉村入会地の囲い込みに走らせたと理解できるのではないかと私は考えています。

彼はなぜこんな無謀なことをしたのだろうかと、私はこの史料を読んだときに思いましたが、おそらく彼は利益を確保しつづけるためにも止まることができなかったのでしょう。大量の燃料が必要な鍛冶屋への炭材供給は儲けという点でも魅力的なものだったと思われます。とくに炭材を買い入れていた喜右衛門が鍬師であったことは、農村における農具需要の拡大がその背景にあったことを予想させます。

一八世紀前期の木炭需要　実は、このことについては、すでに一九六〇年代に森嘉兵衛さんという研究者が指摘していらっしゃいます（森嘉兵衛一九六六）。一七世紀半ば、仙台藩内の大籠村（現岩手県一関市）という場所で、東北地方で初めて鍬の生産が始まりました。これは仙台藩領、盛岡藩領の農業発展においてとても重要な役割を果たしたと森さんは指摘されています。その後、一八世紀前半の享保期にかけて農具の需要も増していき、それに応じてこの地域の鍬の生産も拡大していきます。このような状況のなかで、原料の鉄の供給が農具の需要に追い付かなくなるのです。鉄は作っても作っても、いくらでも売れる状況で、必然的に鉄を作るための燃料となる炭、さらにはその炭を作るための木材の消費量も大きく増加することになりました。すると、今度は炭の原料である木材が不足してきます。この結果、炭材の獲得をめぐる争いも起こってくるわけで、例えば、後述するように享保一四年（一七二九）、近くの津谷川村（現岩手県一関市）でも木炭の需要増加を背景に山林をめぐる争いが起こっています。

農具需要の増加と鉄不足　享保一〇年（一七二五）の大肝入の史料に含まれる藩の命令を記した簿冊の記述から、森嘉兵衛さんが次のようなことを指摘しています。仙台藩では、すでに一八世紀前半には鉄の生産量が不足していて、いくら生産しても足りない状況になっていた、そこで鍛冶屋は農具の需要増加に対処するために、鉄を買いあさり、結果としてこの時期には領内の鉄の価格がどんどん高騰していたのだ、と。鉄の価格が上がれば当然、鍬や鎌など農具の価格も高騰するわけです。そこで仙台藩は、鉄の自由売買をやめさせて、生産された鉄をすべて藩で買い上げる専売制を採用します。藩が独占的に買い上げた鉄を農鍛冶（おもに農具を手がけた鍛冶屋）に優先的に払い下げ、農具の供給量の維持・増大を図るとともに、農具の製造・販売の統制を強化したのだ、と森さんは指摘しています。及川が鍛冶屋向け炭材の入手にあれほど躍起になっていた背景には、このような時代状況があったのです。

森林資源急減の時代　実際、先ほど及川が訴訟を起こした時代とほぼ同じ頃、他の場所でも山林資源を巡る争いが起こっていました。前述の津谷川村で、享保一四年（一七二九）に、木炭の需要増加を背景にして入会山争論が発生したのです（森嘉兵衛一九六六）。薪採取で生計を立てていた村内の千代ヶ原部落民が村全体の入会山であった馬飼山と小倉山の二ヵ山を囲い込み、他の部落の入会を阻止して大問題になったのです。森嘉兵衛氏は、千代ヶ原部落には烔屋経営、つまり荒鉄の生産に従事する者が多かったため、木炭需要の増加を受けて、このような行動に出たのだと述べています。

つまり、一八世紀前期は、農具需要の増加などを背景に鉄生産が急速に拡大したものの、需要の大きさゆえに鉄不足が発生した時代だったと位置付けられます。それは必然的に、木炭需要の急増を引き起こします。これこそ、及川源太郎対奥玉村の山論が発生した時代背景のひとつだったのです。この山論は、源八山という特定地域で発生した出来事だったのですが、その背後にはここまで述べたような時代背景を想定することができるわけです。それは、東山地域など仙台藩北東部で、鉄生産の拡大を背景に森林資源が急減した時代でもあったと位置付けることができるでしょう。

さて、ここで注目しておきたいのは、この時代に仙台藩領内で山林資源の減少を見ていたのは、藩の北東部だけではなかったということです。そこで次に、同時代の他の地域に目を転じてみましょう。

2　西磐井・栗原郡の御林から

西磐井・栗原郡の御林　そこで今度は、西磐井（岩手県）・栗原郡（宮城県）の御林に注目してみましょう。次に紹介する史料は、正徳六年（一七一六）、仙台藩が出した法令です（農林省一九三二）。出入司《しゆつにゆうづかさ》という、他の藩では勘定奉行《かんじようぶぎよう》と呼ばれている藩の財政や民政を管理している最上位の役職から出された法令です。先ほど、仙台藩では、領内を四つに分け、そのひとつひとつに担当する郡奉行が設置されていると紹介しましたが、この法令は出入司から郡奉行を通して領内に通達されました。

この法令の冒頭には、「壱二三廻・西岩井山元より御流木・小間木受ヲ以《もつて》相出被売下分《うりくださる》ニ相止候間」と書かれています。西磐井郡にある御林で生産される御流木（薪を川に流して都市部に届ける薪）と小間木（船や陸路で運搬する薪）について、その採取を「受ヲ以相出被売下分」で停止すると通達しています。文言が分かりにくいですが、これは仙台藩でしばしば実施された御林の払い下げ制度について述べたものです。藩の管理する御林は、運上金や伐採した木材の売却代金の一部、あるいは伐採した木材の一部を藩に収めることなどを条件にして、しばしば民間に払い下げられました。たとえば、ある御林が藩から払い下げられたとすると、払い下げを受けた人物や集団は、定められた運上金を収めるほかに、実際に取得した薪などの木材の一部を藩に上納したうえで、残りを販売して利益を得たわけです。この資料で出てくる「受ヲ以相出被売下分」というのは、この段階で御林を払い下げ、伐採を請け負わせている分という意味になります。つまり、「受ヲ以相出被売下分ニ相止候間」というのは、御林の払い下げは、現在、請け負わせている分でいったん停止する、という意味になるわけです。

仙台城下の燃料不足　それでは、なぜ、仙台藩はこのような法令を出したのでしょうか。この法令によれば、このようなことを命じるのは、「御林も段々伐尽《きりつくし》候」ためだと記しています。この時期の西磐井郡・栗原郡では、御林の切り尽くしが進んでいたのです。背景には、薪の過剰採取があったことになります。つまり、御林が切り尽くされつつあるので、いったん御林の払い下げを停止して、薪生産をしばらく停止するというのが、この法令の趣旨だったわけです。

さらに史料を読むと、「御城下者共焼料近年不自由ニ成行候」とあります。最近、仙台城下で燃料が不足しているというのです。さきほど、鉄生産のために燃料需要が増し山林資源の過剰利用が生じていることを見ましたが、この時代には都市部でも燃料不足が問題化していたのです。この時代の山林資源の過剰利用は、鉄生産拡大にともなう燃料需要の増加、そして都市における燃料需要の膨張によって引き起こされていたことが分かります。そこで、「右山所囲置、往々ハ御城下へ相廻可然」ということになるわけです。つまり、山の利用をいったん停止させて、山林資源の再生を計ったうえで、先々きちんと城下に燃料供給ができるようにしていかなければならないと宣言したのが、この法令の趣旨でした。

追波浜の御林　実は、このような山林資源の過剰利用は、同藩の沿岸地域でも、同じくこの時期に生じていました。たとえば北上川の河口部に位置する追波浜沿岸地域（現宮城県石巻市）には御林が多く設置されており、仙台城下に薪を送る拠点のひとつとなっていました。この地域の御林から藩に納められる薪（御小間木）が伐り出されて城下に送られるのですが、一七世紀末に、御林から伐り出した薪を一時的に保管しておく木場《きば》が追波浜に設置されました。木場には、そこを管理する役職である木場守が必要で、地元の有力者である惣左衛門という人物が任命されました（高橋美貴二〇一六）。

木場守の願書　ところが、一八世紀前半に、この木場をめぐって、とある問題が生じます。木場守に任命された惣左衛門が藩に、ある願いを提出したのです。その願いというのは、設置した木場の周りに柵を作ってほしいというものでした。惣左衛門がこのような願いを出したのは、次のような理由によるものでした。「右木場北上川端ニ御座候ニ付、昼夜艜《ひらた》等茂上下仕《つかまつり》候道筋ニ御座候」、つまり、この木場は北上川のすぐ脇にあり、艜舟

（川舟）が昼夜構わず行き交っている場所に近接しているというのです。にもかかわらず「木場廻り垣等も不被《なしくだ》成下《されず》候故」、つまり木場の周囲に垣などもないため、あることが頻発していると惣左衛門は訴えています。それは、いうまでもなく、薪の盗難でした。大量の薪が、頻繁に川舟が通る場所に囲いもなく置かれていれば、それは当然のことであったでしょう。願書のなかで惣左衛門は、「年々少宛《すこしずつ》失木等も罷出《まかりいで》」、つまり薪がしばしば盗難にあい、非常に困っていると訴えているのです。木場の薪については木場守が管理責任を負っていたため、盗まれた場合には全て自分で弁償しなければならず、惣左衛門の被害と心配は深刻でした。

薪盗難事件の多発　惣左衛門の願書には、この年に起こった薪の盗難事件のことも記されています。それによれば、この年の夏も木場に保管されている藩に収めるための薪三八丸が盗まれてしまったと記されています。丸という単位は、薪を直径六十数センチの束にまとめて丸く括ったものをいいます。それが三八個分盗まれてしまったわけです。木場からの薪の盗難がかなり容易に行えるものであったことが推測されます。こうして惣左衛門は、木場の周囲に柵を作り、薪が簡単に盗まれないよう対処しようとしたのです。

この願書から、この時期に薪の盗難事件が多発して、木場守が非常に手を焼いていたことが分かってきます。その背後に何があったのかといえば、ここまでの分析を踏まえれば、このような盗難事件を引き起こすような薪需要の増大があったと考えざるをえないでしょう。鉄生産のための燃料や都市における燃料の需要拡大が、一八世紀前半の追波浜の河口地域で、このような問題を生じさせていたのです。

3　沿岸部の御林から

沿岸部御林の管理体制　さて、ここでもう少しだけ、同時代の沿岸地域の御林の状況について史料を紹介させてください。さきほど薪の盗難事件が多発するようになることを説明しましたが、沿岸地域も森林資源の利用圧がこの時期に高まっていたことを確認することができます。例えば元禄四年（一六九一）、津谷《つや》村（現宮城県気仙沼市）という海沿いの村で、御林の管理体制の再編が起こっています（農林省一九三二）。同村には広大な御林が所在していたのですが、この年、同村では、これを五つに分割したうえで、それぞれに番小屋を設置して、村人が輪番でそこに詰めることで、御林の管理体制を強化しようとしました。

このように御林の管理体制が強化されたのは、密伐が多発していたためでした。史料によれば、「近年ニ至右御林猥りニ有之」、つまり御林の密伐がしばしば生じて、「生立不申候」、木の再生がうまく行っていなかったのです。密伐による御林資源の過剰利用が起こっていたことが分かります。

村内の御林の構成　それでは、なぜ、津谷村の御林で山林資源の過剰利用が起こっていたのでしょうか。その理由は、この村の御林の構成を見てみると分かってきます。それを示したのが、次の資料です。1～5は、さきほど述べた御林管理のために分けた五つの区画に対応したものです。

1、①御鉄山・桶澤山、②御鉄山・大日影山、③御鉄山・小日影山
2、④御鉄山・青鳳山、⑤御鉄山・巣鷹山
3、⑥御塩木山・京森山、⑦御塩木山・大峠山、⑧御塩木山・片子山、⑨御塩木山・からすこ澤山、⑩御塩木

山・館森山、⑪御鉄山・つゝちり森山
4、⑫御塩木山・大戸山、⑬御塩木山・岩倉山、⑭御塩木山・新館山、⑮御塩木山・京森山
5、⑯御鉄山・釜石山、⑰御鉄山・横澤山、⑱梨木山しの竹山、⑲立石山しの竹

これをみると、同村の御林の大部分が「鉄山」であったことが分かります。「鉄山」とは鉄を採る山ではなく、鉄を加工するための山林資源を採る山です。津谷村の御林のなかには、「御塩木山」もありますが、これも燃料消費型産業の典型である塩生産に薪を供給する御林でした。なお、塩の生産は、とうぜん鉄釜を用いて行われるわけですから、塩生産の拡大も鉄の供給を前提としたものだったことになります。

仙台藩の専売品＝鉄・塩　つまり、津谷村の御林は近隣の鉄生産地、さらには製塩地への燃料供給地として機能していたことになります。それが過剰利用になるということは、鉄生産の拡大、塩生産の拡大と密接に関わっていたと指摘できるでしょう。鉄と塩は仙台藩の専売品の代表なのですが、その生産を支える燃料としてこの地域の御林の森林資源が投入されていたのです。このような状況のなかで、すでに一七世紀末には、御林の過剰利用が問題化していたことになります。

製鉄と製塩という二大燃料消費型産業を近隣に持つが故に、特にこの地域は森林資源の過剰利用が進みやすい地域だったといえるでしょう。それに対応するために、御林管理のための管理体制強化が一七世紀末に行われたわけです。とはいえ、おそらく燃料需要拡大の圧力はその後も止まることはなかったと私は予想しています。

「御鉄山」の比重　では、「御鉄山」（鉄山御林）は御林の中でどの程度の比重を占めたのでしょうか。実は、そもそも仙台藩の山林全体の中で御林がどの程度の比重を占めていたのかといったことを含めて、藩領全体の状況を示す史料があればいいのですが、残念ながら管見の限り見つけられていません。ただ、御林のなかで「御鉄

表6-1　1697年（元禄10）桃生郡御林の構成

	御林類型	御林銘数	面積（坪）	%（面積）
1	御預り山	5	186,655	1.76%
2	杉御植立林	5	11,031	0.10%
3	御用木林	102	5,046,318	47.70%
4	用水御林	2	28,800	0.27%
5	鉄山御林	26	3,823,600	36.15%
6	新鉄山御林	13	618,700	5.85%
7	御小間木被相出山所	2	118,800	1.12%
8	為渡世御売金之内御村江三ヶ式被下山所	14	744,300	7.04%
	計	169	10,578,204	

（農林省編『日本林政史資料　仙台藩』朝陽会長杉精三・1932年）

山」が占める割合については、桃生郡に関わる史料を一点だけ見つけることができました。元禄一〇年（一六九七）の「桃生《ものう》郡南北御林牒」という史料です。この史料のなかに、桃生郡（現宮城県石巻市）にある御林がどのような構成をとっていたのかがまとめられています。

この時代の桃生郡の御林は、八つのカテゴリーに分けられています（表6－1参照）。例えば1「御預り山」という種類の御林があります。これが何を指すのか、実はよく分からないのですが、おそらく藩が所有している御林を村もしくは家臣が預かっている山のことを預り山というのではないかと考えています。それから、2「杉御植立林」はスギを植えている藩が領有する御林です。3「御用木林」は、藩が用材として使うためのヒノキなどが育っている山。4「用水御林」は、水資源を維持するための御林である可能性もありますが、恐らく用水を整備するときに使う木材を調達するための山ではないかと思います。

「鉄山御林」と「新鉄山御林」　それから、5・6に鉄山御林がありますが、これは5「鉄山御林」・6「新鉄山御林」と新旧二つありますので、鉄山御林が二段階で増えてきたことが分かります。さらに7「御小間木山」は藩に収める薪を採取するための山です。そして8に「為渡世《とせいのため》御売金之内御村江三ヶ弐被下《くだされ》山所」がありま すが、これは少し説明が必要です。さきほど説明したように、仙台藩では御林の払い下げがしばしば行われました。8もそれに関わるもので、藩が御林をまずは上納無しで村に払い下げ、村が御林を伐採のうえ薪などを生産します。村はその薪などを販売し収益を得ることになりますが、その三分の一を払い下げに対する対価として藩に上納して、残りの三分の二を村の収益にしたわけです。これが8「為渡世御売金之内御村江三ヶ弐被下山所」でした。

さて、ここで注目したいのは、5と6です。さきほど述べたように、桃生郡の鉄山御林は、5の「鉄山御林」がいったん設定された上で、それだけでは足りないために、6「新鉄山御林」が設置されたものと考えられます。5と6二つ合わせると、鉄山御林が桃生郡内の御林の四二%を占めたことが分かります。さらに言えば七・〇四%を占める8「為渡世御売金之内御村江三ヶ弐被下山所」は薪炭生産を目的にしていることが多いので、その薪炭の一部が鉄生産に振り向けられた可能性もあります。

以上から、鉄の生産・加工のための燃料供給地域は、東山地域を越えて、遅くとも一七世紀末には桃生郡地域まで広がっていたことが分かります。しかも、鉄を生産するための燃料を供給する鉄山御林の割合は四〇%以上を占めていますので、この地域の森林資源に対して無視できない圧力を持っていました。鉄生産が仙台藩北部地域の森林資源に多大な影響を与えていたことは確実です。

おわりに

鉄・塩の国産品生産の拡大　仙台藩の森林資源の変遷を考えるうえで、一八世紀前半はどのような時代であったと位置づけられるのか、改めてまとめておきたいと思います。さきに述べたように、この時代は、同藩で鉄の生産が拡大した時期に当たっていました。また、都市でも燃料消費が増加していました。鉄の増産によって農具のみならず、鍋や釜などの生活用鉄器具の供給が増えれば、それと連動して燃料需要が増すのは必然で鉄釜の供給は製塩の拡大とも関わっていた可能性もあります。製塩もまた鉄生産とともに燃料消費型産業の典型であったことを想起すると、以上のような動きは領内の森林資源に大きな影響を与えていくことになるでしょう。

一九九〇年代に刊行された佐藤興二郎氏の『仙台藩製鉄史』という本があります（佐藤興二郎一九九五）。残念ながら史料の典拠がはっきりしないのですが、この本のなかで佐藤氏が「仙台藩の製鉄は、宝永より元禄の間最も盛大に行われ」たと述べていらっしゃいます。佐藤氏はさらに、このような鉄生産の拡大に続いて、宝永・享保（一七〇四～三六年）の頃になると、「製鉄用の山林炭木も大略伐採し尽くし」、つまり森林の伐採・過剰利用が問題化して、「跡生立の生育も不十分故」、つまり山林資源の再生がうまく進まないので、鉄の生産も滞ることになったと指摘されています。一八世紀前半の鉄生産の拡大によって森林資源の過剰利用が引き起こされ、その結果、継続的に燃料を供給できなくなったために鉄生産に支障が生じたというわけです。

製鉄の藩領外への拡大　この結果、「領内の山先」、つまり鉄生産を行う者たちは、「領内山林生替生育の間」、つまり領内の山林資源が再生するまでの間、「他領砂鉄山林豊富の地に向って進出し」、つまり山林資源が豊富な場所に出ていって、そこで鉄生産を始めることとなりました。その結果、「南部は勿論《もちろん》、出羽庄内地方迄吹出せしもの」、つまり南部藩や出羽庄内藩などで鉄の生産が拡大したというわけです。

典拠史料がはっきりしないながらも、一八世紀前半に、鉄生産の拡大によって仙台藩領内の山林資源の過剰利用が急速に進行したことが分かります。森林資源の再生もうまく進まなかったため、山林資源が再生するまでの間、森林資源の豊富な南部・庄内地方に製鉄場所を移す動きがこの時期に表面化したことを指摘できます。

一九世紀の動向　このような動きはその後食い止められるのでしょうか。この問いについて実証的に分析を進めることが、私にとりましては次の課題となります。はっきりしていることは、冒頭で紹介したように、一八世紀末から一九世紀にかけて、仙台藩の三陸沿岸地域で海川への土砂の流出・堆積問題が発生していたことです。このような状況を見れば、結局、森林資源の過剰利用を抑え込みつつその再生を進めるという課題は、恐らく困難だったと結論付けざるをえないだろうと予想しています。

実は一八世紀末から一九世紀にかけて発生した土砂流出・堆積問題は、仙台藩当局でも大きな問題になっていました。佐藤大介氏が、荒井宣昭という、とある仙台藩の役人に関する研究を発表されています（佐藤大介二〇一〇）。荒井は、文化九年（一八一二）以降、下級役人からたたき上げで代官、山林奉行、郡奉行、出入司と、藩官僚の幹部にまで出世した人物です。彼は、そのキャリアの途中で一時的に職を解かれた時期があるのですが、そのときに藩に対していろいろな政策提言をしています。その中で、例えば天保五年（一八三四）には、「仙台藩で山林の伐採が進み、出水・洪水があるごとに土砂流出が起こって大変な問題が起こっている。これは何とかしないとたいへんなことになるから、山林資源をきちんと維持する政策を取るべきだ」と述べています。さらに同年八月の献策書では、「領内で森林伐採が過度に進められている。海辺でも伐採が進んで、魚付林に魚の接岸が見られなくなって不漁になってしまっている」とも述べています。

一九世紀になると、藩の官僚の目にも森林伐採にともなう土砂流出や沿岸部の不漁が明確に認識されていました。流域という拡がりを視野に入れた広域的な視点から見通すことで、政策提言が行われていたことになります。図らずも「森は海の恋人運動」のような視点を一九世紀段階の藩官僚が持っていたことは、私にとって非常に驚きです。

仙台藩の環境史　このようなことを踏まえると、次のような展望を示すことができるのではないでしょうか。一八世紀末以降の仙台藩では、流域的に蓄積された環境問題によって、人々の暮らしに大きな問題が噴出する時代に突入していました。このような状況は一八世紀末から一九世紀にかけて突如出てくるわけではありません。環境問題の特徴のひとつは、それが表面化したときが出発点ではなく、数十年、ときに一〇〇年以上の時間をかけて蓄積された要因によって引き起こされるところにあります。その恐ろしさは、そのような要因の蓄積が進んでいる間は、多くの人がそのことに気づきにくいことにあるように思われます。いち早く、そのことに気づいて警鐘を鳴らす人間や組織の存在が大切になってきます。

歴史研究の利点は、その当時の人びとでは決して持ちえない、「この先何が起こるか」を知っている、ある種の「神の目」を持って、問題発生のプロセスや原因を、場合によっては数百年単位でさかのぼりながら明らかにできる点にあると思われます。そのような「目」を持って、一八世紀末から一九世紀にかけて発生した土砂流出・堆積問題を見つめてみると、その起点は少なくとも一八世紀初めまで一〇〇年ほど遡ることができるのではないかと考えられるわけです。このような時間感覚を持って、この一〇〇年ほどの間に、これらの河川上流部にあたる仙台藩内陸部で何が生じていたのかを実証的に追跡していく必要があります。環境史研究の効用は、おそらく長期的なスパンで問題発生のプロセスとメカニズムを明らかにしていく、それを通して、ときに生産力や社会の発展と捉えられてきた歴史を環境や持続性などの価値観から捉え返していくことにあるのだろうと思います。そのような課題に挑戦することが、私の次の課題、本章で紹介させていただいた史料紹介に続けて行われるべき作業になるわけです。

仙台藩の場合、このような問題を考えていくときのキーポイントは鉄生産にあるのではないかと考えています。仙台藩領を素材にした私の研究は海・山・川をめぐる史料収集と分析から始まりましたが、これらを統合して仙台藩の環境史を描くためには、鉄に関する研究が必要だと考えているわけです。前述したように、鉄は、塩の生産とも関わるし、農業生産とも関わるし、さらには釣りなども含めれば漁業生産とも関わるし、鍋・釜を使った庶民の生活文化とも関わっています。このように鉄が社会や経済に与えた歴史的な役割はすこぶる大きいわけですが、同時に、その発展が地域の環境に与えた影響についても、きちんとした歴史研究が行われるべきだと思うのです。

引き続き一八世紀後半から一九世紀前半の推移を明らかにしながら、山と海と川を貫いた仙台藩の環境史を描くという構想で、仲間たちと一緒に研究を進めていけたら、と思っています。

【参考文献】

籠橋俊光「『御見抜』と地域社会—仙台藩における領主的受容と漁業政策—」（『歴史』一二七号、二〇一六年）
菊池勇夫『飢饉の社会史』（校倉書房、一九九四年）
菊池勇夫『近世の飢饉』（吉川弘文館、一九九七年）
菊池勇夫「救荒食と山野利用」（菊池勇夫・斎藤善之編『講座東北の歴史　第四巻　交流と環境』清文堂出版、二〇一二年）
菊池慶子『仙台藩の海岸林と村の暮らし—クロマツを植えて災害に備える』（蕃山房、二〇一六年）
斎藤善之・高橋美貴編『近世三陸の海村社会と海商』（清文堂出版、二〇一〇年）
佐藤興二郎著・西田耕三編『仙台藩製鉄史　第一巻』（耕風社、一九九五年）
佐藤大介『大災害からの再生と協働—丸山佐々木家の貯穀蔵建設と塩田開発』（蕃山房、二〇一六年）
佐藤大介「天保飢饉からの復興と藩官僚—仙台藩士荒井東吾『民間盛衰記』の分析から—」（『東北アジア研究』一四号、二〇一〇年）

仙台市史編さん委員会編『仙台市史　通史編三』（二〇〇一年）
高橋美貴『近世漁業社会史の研究—近世前期漁業政策の展開と成り立ち—』（清文堂出版、一九九五年）
高橋美貴『「資源繁殖の時代」と日本の漁業』（山川出版社、二〇〇七年）
高橋美貴「近世の水揚帳とサケの漁況変動」（『歴史評論』七六四号、二〇一三年①）
高橋美貴『近世・近代の水産資源と生業—保全と繁殖の時代—』（吉川弘文館、二〇一三年②）
高橋美貴『仙台藩の御林の社会史—三陸沿岸の森林と生活』（蕃山房、二〇一六年）
張　基善「仙台藩における諸医師とその把握・動員」（『歴史』一〇九号、二〇〇七年）
大東町編纂『大東町史　上巻』（大東町、一九八二年）
大東町編纂『大東町史　下巻』（大東町、二〇〇五年）
農林省編『日本林制史資料　仙台藩』（農林省、一九三二年。本稿では、一九七一年に臨川書店から刊行された版を利用。）
野崎　準「東北地方南部の鍛冶業とその技術についての覚書」（『東北学院大学東北文化研究所紀要』一三号、一九八二年）
森嘉兵衛『九戸地方史　下巻』（九戸地方史刊行会、一九七〇年）
森嘉兵衛「近世山村構造変質の研究—鉄製農具工業生産を中心として—」（『岩手大学教育学部研究年報』二六号、一九六六年）
渡辺兼雄『角屋敷久助覚牒』（共同印刷企画センター、一九九四年）
渡辺信夫「村方地主の成立とその構造—岩手県東磐井郡金家の場合—」（『東北文化研究室紀要』二号、一九六〇年）

第七章　近世の温泉経営と村落社会
――鎌先温泉一條家の記録から――

荒武賢一朗

はじめに

本章では、江戸時代の温泉経営と村落の関係を主題に、地域のなかの産業や人々の営みをみなさんにご紹介しようと思います。私は、平成二九年（二〇一七）から、宮城県白石市の鎌先温泉にある一條家《いちじょうけ》文書《もんじょ》の調査をしています。これから詳しく説明をいたしますが、一條家は初代から現在の二〇代目までおよそ四〇〇年以上にわたって鎌先《かまさき》温泉に住み暮らし、その経営をおこなってきました。長きにわたる歴史について、古文書を読み解きながら、江戸時代の実像を明らかにしていきます。

この本を手にとっておられる読者は、温泉に関心を持つ方々も多く、その歴史がさまざまな書物で取り上げられていることもご存じかと思います（石川二〇一八など）。また、温泉という特徴から歴史や文化にとどまらず、自然科学をまじえた「温泉学」の提唱もあるようです（日本温泉文化研究会二〇〇七）。研究者にとって、万能な「温泉」というテーマではありますが、ここでは鎌先温泉の歴史的経過をとらえながら、とくに村落社会との関係に注目していきます。

江戸時代の史料　古文書を勉強されている皆さんはよくご存じですが、江戸時代の村に関する古文書にはどのようなものがあるのかというと、領主との関係を示す文書、村落の運営にかかるもの、そして訴訟や治安の記録があります（渡辺二〇〇八）。これらはおおよそ「公文書」に含められ、私たちは「地方文書《じかたもんじょ》」とも呼んでいて、村役人が管理をしていました。この村落の文書には、仙台藩であれば肝入《きもいり》など村のリーダーたちの記録、あるいは区有文書のように地域で管理しているものがあります。たとえば、検地や年貢など税制に関わること、それから村入用《にゅうよう》といって村の運営経費を百姓たちで出し合う帳簿、さらには村内で用水路を作ったり、橋を架けたり、道を直したりするときの書類や、訴訟や治安など裁判についての証文が含まれています。これらに限らず、基本的には村の運営や行政に関わるものが中心になります。

いっぽう、家業の収支をまとめた帳簿などは「私文書」の性格を持っています。村役人をしながら農業経営をしている家は数多くありますし、村役人は務めていないけれども、いわゆる「豪農」といわれるような田畑をたくさん持って経営している家もあって、そういう家には土地所有に関する古文書もたくさんあります。これは農業だけではなくて、たとえばお金の貸借や、ほかの商売をしていたり、沿岸部では漁業をしていたりしますが、それぞれの収入と支出、その年の収穫や出来高、あるいは農書や教養書などの出版物が中心になってきます。これらが一般的な村の史料といえるでしょう。

一條家文書の特徴　鎌先温泉で現在「時音《ときね》の宿　湯主一條」を経営する一條家の史料（一條家文書）を紹介していきます。一條家文書には、さきほどのような村落の運営や年貢、裁判の話はほとんど出てきません。一般的な村の古文書のような特徴は取っ払った状態で、村の話ではあるのだけれども、少し変わった古文書の特徴を持っているのだ、ということを最初にご説明しておきます。

一條家は、初代市兵衛長吉（一五〇八〜七八）が戦国時代後期の人で、現在の当主が二〇代目の一條一平氏です。初代が誕生したころからすると、五〇〇年以上の歳月が流れ、歴代当主だけで二〇人が存在します。それから、一條家は鎌先温泉の湯守《ゆもり》（仙台藩から温泉経営を任される）であると同時に、村の百姓であって、かつ江戸時代前期から武士身分を持つという複合的な立場を持っています。その社会的地位に関して、特徴的な出来事を交えながら述べていこうと思います。村や温泉、そして一條家の歴史を振り返りつつ、温泉だけをみるのではなくて、これら一連の動きが社会に対してどのような影響を持っていたのかというところを最後にまとめてみたいと考えています。

1　鎌先温泉を取り巻く環境

蔵本村　江戸時代を通じて、鎌先温泉の所在地は陸奥国刈田《かった》郡蔵本村《ぐんくらもと》と呼ばれていました。ちょうど初代市兵衛が当地に定住を始めたころ、蒲生氏郷《がもううじさと》（一五五六〜九五）がこの一帯を支配していました。江戸時代の初めに伊達政宗（一五六七〜一六三六）の領地になると、慶長七年（一六〇二）に政宗の重臣で白石《しろいし》城主となった片倉《かたくら》小十郎景綱《かげつな》（一五五七〜一六一五）の知行地として与えられ、蔵本村は明治維新まで片倉氏の支配下にありました。村内にある鎌先温泉は、村落社会と関係がありますので、どのような特徴があったのかを整理しておきます。とくに、生産力の指標になる村高、家数や人口などに注目しましょう。

村高と田畑　辞書で調べてみると、村高とは「江戸時代に領主から課せられる年貢や諸役の基準となった一つの村の田畑・屋敷などの総石高《こくだか》」のことであり、つまり大まかには村の農業生産高を示しているのです。仙台藩

表7-1　蔵本村の村高

年　　次	村高(単位：貫・文)
寛永21年（1644）	45.719
寛文２年（1662）	73.326
宝永元年（1704）	73.326
延享元年（1744）	73.326
明和５年（1768）	73.731
文化９年（1812）	73.731

出典）『白石市史』第１巻（通史編）1979年

では領内全域を対象に「寛永検地」が実施されましたが、そのとき（寛永二一年〈一六四四〉）蔵本村の村高は四五貫七一九文《もん》でした。同藩では貫高制で表記しているのですが、ほかの地域では一般的に石高を使うので、それに換算すると四五七石余りとなります（一貫文＝一〇石）。一七世紀前半の村高だけをみると、それほど大きな規模ではありません。その後、寛文二年（一六六二）以降は七三貫三二六文と大きく数字は伸び、さらに明和五年（一七六八）と文化九年（一八一二）の記録では七三貫七三一文となっています（白石市史一九七九）。表７－１で示している通り、寛永二一年から二〇年足らずの間に、村高がおよそ一・六倍に増えたところをみると、耕地の開墾が進んだといえるでしょう。

どのような形で蔵本村では耕地を利用していたのか。前提として、初期の四五貫七一九文の内訳を検討します。これには田と畑に区分ができて、ほぼ同時期に調査している「正保郷帳《しょうほうごうちょう》」という史料によると、同村は田三五貫五一五文、畑一〇貫二〇一文で、前者が多いという特徴がありました。その後、村内で積極的な開墾が実施されて、明暦二年（一六五六）には田畑合計二七貫六一〇文の増加がわかっています。それによって、村高七三貫文余りという数字が出てくることになりました。いま「田畑合計」と書いたのですが、後年の史料「安永風土記御用書出《ごようかきだし》」を確認すると、このときに増えたのはほとんど田んぼでした（白石市史一九七四）。つまり、もともと存在していた農地の比率とともに、そして新たに開墾されたのも田地だったということで、蔵本村は圧倒的に田んぼが多かったといえます。

このように、江戸時代中期以降、石高約七三〇石の蔵本村は米作、あるいは麦などの穀物中心の生産地だったと推測できます。さらに付け加えると、さきほどの「安永風土記御用書出」には特産物として葛粉《くずこ》、紙子《かみこ》が記されています。いずれも蔵本村に限らず、刈田郡一帯で取り扱われることの多い商品でしたが、葛粉は「白石葛」として広く知られていましたし、紙子とは和紙を使った着物で「白石和紙」が名産でした。葛粉や紙子の生産は、しばしば凶作に見舞われる基幹農業を補う意味合いも強かったと思われます。ちなみに葛・和紙・温麺《うーめん》は、白石周辺の特産物「白石三白《しろいしさんぱく》」と称されていますが、地元の歴史研究者である櫻井和人氏によれば、この呼び名はかなり後世につくられたもののようです。

田畑の所有者　蔵本村にはどれくらいの人々が住んでいたのか。これも村の概要を示してくれる「安永風土記御用書出」をもとに検討してみます。さきに触れました「寛永検地」では、七人の「竿答百姓《さおごたえ》」がいたと記録されています。検地は、領内の村々で田畑の測量をおこなうなど、年貢を取るための基準にする調査ですが、そのときに「竿答」をした、つまり村内に田畑を所持し、検地を受けた百姓が七人いたのです。ただし、留意すべきは地主が七人ということですから、その家族はもちろん、土地を持たない（「無高」と呼ばれる）人々もたくさん村内にいただろうと思います。

江戸時代中期の安永年間（一七七二～八一）になると、土地を持つ「人頭《にんとう》」と呼ばれる百姓は一二人、「家中前《かちゅうまえ》」が一八人います。この合計三〇人がこの村で、人から土地を借りているのではなく、自分で所有していることがわかります。「家中前」は奉公人前《ほうこうにん》ともいいますが、仙台藩における農地のうち、給地と呼ばれるところは奉公人前と百姓前に分けられます。奉公人前は家中の士（武士）が名請けをした土地のことです。いっぽう、百姓前は文字通り、村々の百姓が持っています。つまり、武士が農地を所有している、土地持ちであるということです。ここでは地主本人が耕作をしているか、あるいは小作人を入れて耕作をさせ、「上がり」を得ているのかまでは立ち入りません。一般的に村内の耕地を所有しているのは、地元や近隣の百姓イコール地主というイメージがあります。しかし、蔵本村だけではなく、仙台藩領の各地で多く見受けられるように、家中の士たちが土地を持っていることがよく理解できます。しかも人数のレベルでは、百姓地主よりも家中前が多く、村内には武士と百姓の土地が混在しているともいえるでしょう。

家数と人口　もう少し詳しく、蔵本村に住んでいる人たちに迫ってみましょう。亘理梧郎氏の研究成果によると、江戸時代後期における村内の百姓家数は一八軒とあり、そのうち高持（地主）は一一軒です（亘理一九八四）。さきほどの安永年間の事例とほぼ変化はありません。残る七軒には、名子《なご》五・水呑《みずのみ》一・新水呑一という内訳が示されています。実態は判明しませんが、いずれも主人に付き従う下人《げにん》、または自分たちで土地を持っておらず、小作やその他の仕事で雇われている人たちだと推測できます。この一八軒で、男八五人・女六一人とありますので合計一四六人、そして馬は一四匹でした。平均すると一軒あたり約八人といった具合ですが、高持と名子・水呑には経済的格差も想定されるほか、馬は農耕用のみならず、鎌先温泉の物資輸送などに利用された可能性が高いです。

亘理氏の調査で、同じ時期の蔵本村における家中家数は九九軒とあって、極めて興味深く感じています。ここには寺院二ヵ寺を含めていますが、侍三軒を筆頭に、下級武士に位置付けられる組士《くみし》一一、不断組《ふだんぐみ》三六、そして村足軽四七軒で構成されていました。残念ながら彼らの家族・奉公人を含めた人口は確認できないのですが、仮に一軒あたり五人と見積もったとすれば、百姓たちの三倍以上という計算になります。

さて、この数字をみていくなかで気になるのは、一條家はどこに入るのか、という疑問です。右に挙げた軒数や人口で、湯守がどちらに含められたのかは不明です。ただ、百姓か、それとも家中（士分格）なのか、という資格を問いかけるとすれば「両方に属する」という答えになるでしょう。

2　鎌先温泉と一條家の系譜

温泉の発見　鎌先温泉の話に入ります。江戸時代後期に全国の名湯を番付にした『諸国温泉功能鑑《しょこくおんせんこうのうかがみ》』（早稲田大学図書館所蔵）では、同じく仙台藩内の鳴子《なるこ》温泉（現宮城県大崎市）や川渡《かわたび》温泉（同）、秋保《あきう》温泉（現仙台市太白区）とともに、「仙台釜崎《かまさき》湯（仙台藩領の鎌先温泉）」の名前が登場します。そのうち、鎌先温泉は江戸時代の記録によく出てくる話として、有馬温泉（現兵庫県）の泉質とよく似ているのだといいます。たとえば、「安永風土記御用書出」には、「この温泉は摂州有馬温泉と同様である」とするし、一條家の歴代当主たちもそのような認識をたびたび記していました。現在まで知られているのは「傷に鎌先」といって、切り傷などに大変効能があることです。その他、江戸時代の書物などに鎌先の効能はたくさん出てきます。温泉とは旅に出かけて、宿に泊まるというイメージではあるものの、重要な意味を持つのは湯治《とうじ》で、病気やけがをしている人たちが快復を期待することでした。

江戸時代後期に一條家の歴史をまとめた「一條氏家譜」には、先祖の由緒《ゆいしょ》が書き上げられています。たとえば、初代はどのような人物か、三代目はこのような仕事をしていた、という具合です。江戸時代前半の話は伝え聞いたものが主体で、何かによって正確な数字が出されているわけではなく、不明なこともありますが、家の変遷を示す貴重な史料です。家譜の冒頭には、正長元年（一四二八）に樵夫《きこり》が鎌の先にて掘り出したこと、それに

図 7-1　鎌先温泉全図（近代，個人蔵）

表 7-2　鎌先温泉の効能

傷病	中風，筋痛，頭痛，打身，骨くだけ，眩暈，金瘡，痔漏，下血，腎虚，労瘵，霜労，疝気，冷痰，淋病，白血，長血

出典）一條家文書 347「安永六年七月　風土記御用書出抜書」

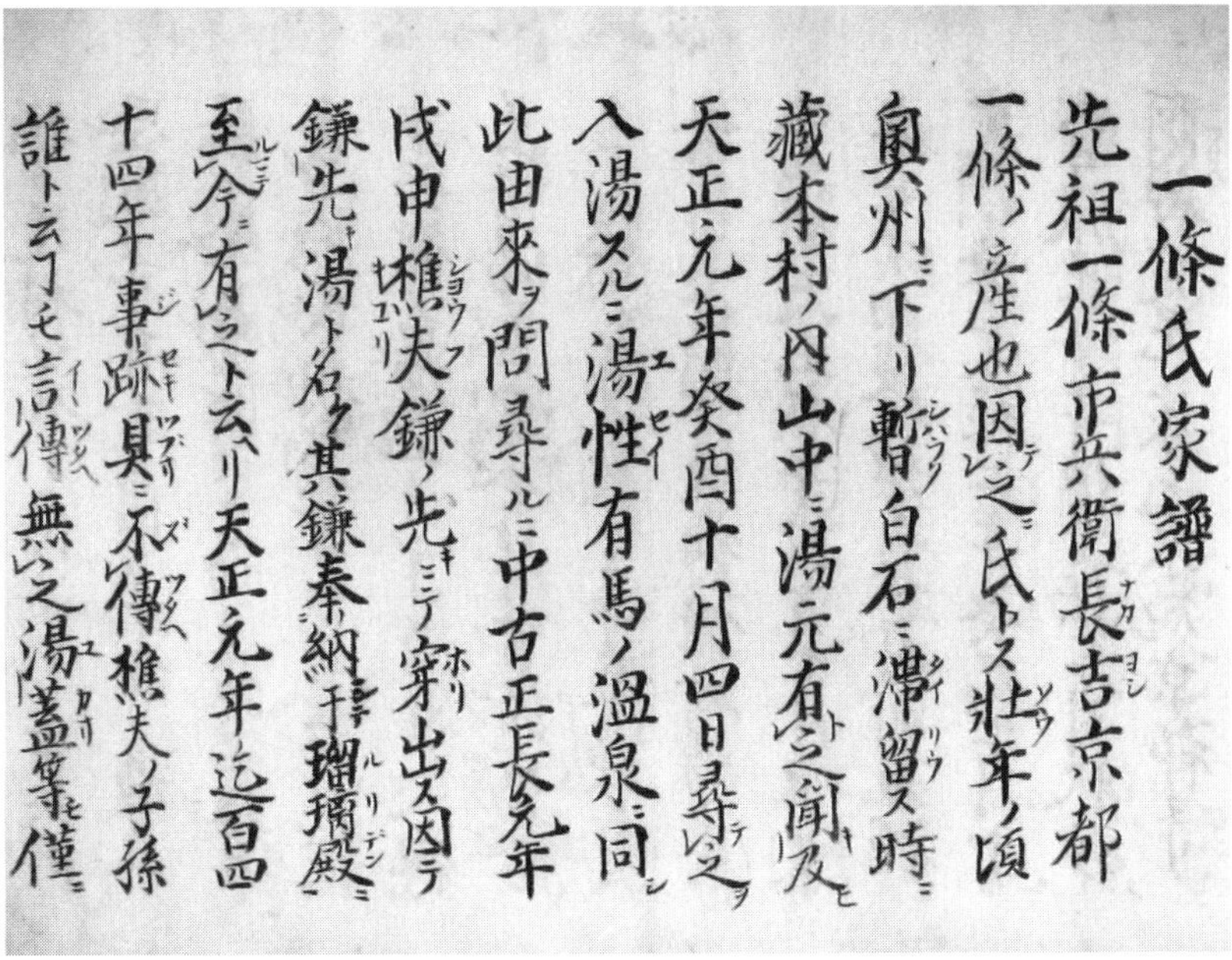
一條氏家譜
先祖一條市兵衛長吉京都
一條ノ産也因テ之氏トス壮年ノ頃
奥州ニ下リ暫白石ニ滞留ス時ニ
藏本村ノ内山中ニ湯元有ト之聞及ヒ
天正元年癸酉十月四日尋テ之ヲ
入湯スルニ湯性有馬ノ温泉ニ同シ
此由来ヲ問尋スルニ中古正長元年
戊申樵夫鎌ノ先キニテ穿出ス因テ
鎌先キ湯ト名ク其鎌奉納于瑠璃殿ニ
至ル今ニ有ルト云ヘリ天正元年迄百四
十四年事跡具ニ不傳ズ樵夫ノ子孫
誰トモ云フコトモ言傳無シ之湯蓋等モ僅ニ

図 7-2　「一條氏家譜」（一條家文書 419）

よって鎌先湯と名付けたという話と、初代長吉について説明がなされています。

第一発見者は白石からやって来た樵夫で、この人が鎌を持って岩の隅を少したたいたら、温泉が湧き出たという話です。これは「一條氏家譜」もそうですし、さきほど紹介した「安永風土記御用書出」にも同じことが書かれています。もっとも「御用書出」は一條家や蔵本村のリーダーたちに聞き取り、それを文章にしているでしょうから、情報源は同じです。明治時代になって、石川磨という地元の人が書いた『鎌先温泉由来記』にも引用されています。

初代は京都から?　一五世紀前半、この時点ではまだ一條家はまったく登場しません。発見後、しばらく温泉は「営業」していたようですが、康正元年（一四五五）の秋に鎌先周辺は水害、山崩れ、石墜ちによって温泉を埋めてしまったとのことでした。このときに最初に開発および経営を始めた人たちがいなくなってしまったと推測します。温泉自体が消滅状態で、戦国時代の終わりごろに初代市兵衛は京都の一条から奥州にやって来て、しばらく白石に滞留していたところ、蔵本村の山中に湯元があると聞きおよび、天正元年（一五七三）に入湯したという話の流れです。そこで市兵衛は「これはいい温泉だ」と感銘を受け、地元の人たちに相談し、「私がここの経営をしてもいいですか」という話になって、そこから経営者として定着するのだといいます。少し付け足しておくと、一九六〇年代に発行していた地域の新聞『白石新報』では、「一條家は今川義元の家臣・一條（市兵衛）長吉が祖である」と記事を綴っています（『白石新報』第一〇〇号、一九六五年三月二五日、小野希一筆）。これも根拠が不明ですが、初代は蔵本村で生まれ育ったのではないことは共通しているのかもしれません。

歴史には「諸説」がつきものですが、一條家文書や鎌先温泉に関連した史料にはいろいろと齟齬《そご》があって、「一條氏家譜」によれば天正元年で、ほかの文献では天正七年（一五七九）とするものもありました。初代は天正六年に亡くなっているので、その翌年に経営を始めたとなれば、かなり話は複雑になってきます。あるいは江戸時代初期に経営を始めたという説もあるのですが、ここは定かではありません。いまのところ「一條氏家譜」にもとづいて、初代が天正元年に温泉を再興したというところだけ確認しておきます。当時の鎌先温泉がどのような配置をしていたのかは不明です。ただ、初代は湯蓋（屋根付きの温泉）と客舎を建てたとあるので、これらを自費で設けたのは間違いないだろうと思います。

歴代当主たち　江戸時代後期の一〇代までの一覧を表7－3に示しています。これを読者の皆さんに御覧いただいて、特徴を読み取っていただければと思います。すぐに判明することは、五代あたりまでは記録が定かではないのです。現在のところ「一條氏家譜」やほかの史料で調べてみても、とくに生年がわかりません。六代以降

表7-3　一條家の歴代当主（初代〜10代）

	名　前	生　年	没　年	備　考
1	市兵衛長吉	永正5（1508）	天正6（1578）	享年70
2	助左衛門氏長	—	慶長5（1600）	先代実子ヵ
3	小平治正長	—	元和3（1617）	婿養子
4	仁平治安吉	—	—	婿養子
5	助左衛門吉氏	—	—	先代長男
6	三之丞吉清	寛文3（1663）	元禄12（1699）	先代長男，享年36
7	助左衛門道正	延宝4（1676）	享保12（1727）	5代娘婿，享年52
8	市兵衛重成	元禄9（1696）	元文2（1737）	先代長男，享年42
9	助左衛門包吉	享保5（1720）	宝暦7（1757）	先代長男，享年36
10	助左衛門安臧	寛延2（1749）	文政8（1825）	先代長男，享年76

出典）一條家文書419「一條氏家譜」

になると、少しずつ情報が詳しくなります。二〇一八年に白石市教育委員会で、一條家の敷地内にある墓地の調査がおこなわれました。これで教えられたのは、表7－3にある六代以降の墓石はきれいに残っており、調査の成果から墓碑もきれいに読めたとのことでした。つまり、一八世紀よりあとの時代は、古文書と墓碑の突き合わせが可能で、その結果、当主たちの生没や前後の親子関係などが日付を含めて明らかになったのです。歴代の継承を確認すると、前半は不明なところもありますが、三代と四代は婿養子によるもの、五代以降は基本的に実子への世襲が続いていることも目立ちます。また、享年をみると三〇代および四〇代前半で逝去する事例もみられました。

息子の嫁探し　一條家の婚姻関係がどのようなものか、家の歴史や系譜を考えるうえで気になるのですが、初代の場合、妻はおそらく京都から一緒に来ただろうと「一條氏家譜」に書かれています。二代から五代は鎌先温泉周辺の村で、百姓の家から嫁入り、あるいは婿養子

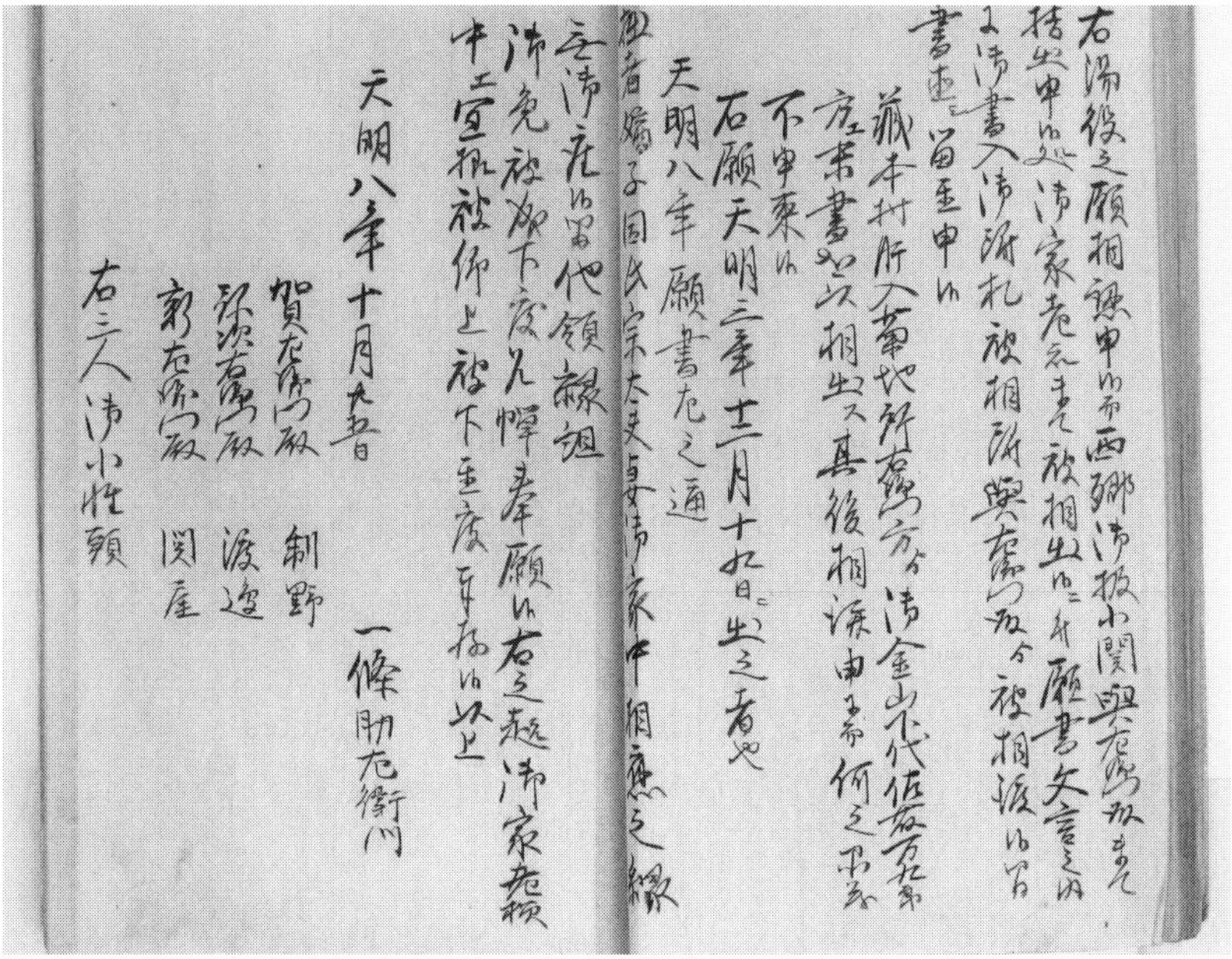

図 7-3　天明 8 年 10 月 25 日の願書（一條家文書 414-1）

をとっているようです。六代吉清の妻は、仙台から嫁入りしてきたと書かれています。実家の職業など詳しい情報はわかりません。七代道正以降は、武家との婚姻関係が確認できます。片倉家中から当主の妻となり、また一條家の娘が武士に嫁ぐという事例が出てくるのも七代以降の特徴です。そのなかでひとつ、「息子の嫁探し」を紹介します。

一條家文書に「諸願留《しょねがいとめ》」と題した分厚い冊子がのこされています。この史料は、一條家から領主である片倉家、温泉の支配を担う仙台藩の金山《かなやま》方役所などへ提出した願書の控をまとめたものです。そのなかで天明八年（一七八八）の秋に一〇代安臧《やすよし》が片倉家の役人たちに宛てた願書を取り上げます。

願書①は、天明八年一〇月二五日に一條助左衛門安臧が片倉家の小姓頭《こしょうがしら》三名に出しており、嫡子宗太《そうだ》夫《ゆう》（安臧の長男、のち一一代安親）の妻になる女性を探しているが、片倉家中には相応の縁がないため、他領との縁組を許可してほしいというものでした。ここで「他領」としているのは、仙台藩内の別の領主（伊達家の重臣）を指しています。願書②も、同じく安臧が小姓頭へ宛てたもので、願書①の翌月に提出されたようです。文面によると、他領との縁組を認められ、芝多《しばた》主税《ちから》信憲《のぶのり》（仙台藩奉行、柴田郡村田の領主）の家臣・永野健という人物の娘（当時一五歳）と縁談がまとまったので、これを許可してほしいと申し出ています。安臧は片倉家の士分を得ているので、自分の上司にあたる小姓頭に息子の縁談を伝え、家老たちへ取り次いでくれるよう上申したのでした。この二点の願書からわかるのは、片倉家中に相応の縁がないことです。これは、仙台藩に限りませんが、同じ身分で家柄もおおよそ近い家同士で婚姻関係を持つという「常識」からすると、当たり前のことだったのではないかと考えられます。

宗太夫の結婚　宗太夫と永野家の娘が結婚をしたのかどうかを調べていくと、次のようなことがわかりました。一條家の家族構成などがわかる「人別《にんべつ》改《あらため》書上《かきあげ》」で、右の宗太夫は天明八年一一月に永野氏の次女と結婚したとあります。この直前に宗太夫は幼名の千代吉から改名をしているので、後継者としての準備が着々と進みつつあったともいえるでしょう。しかし、同じ史料で宗太夫夫妻の動向を追っていくと、寛政四年（一七九二）八月に「不縁のため妻を村田の永野家へ返した」と記しています。理由は詳しく書かれていませんが、宗太夫は最初の妻と別れ、寛政六年に片倉家中の半沢小四郎の養女と再婚しました。

改めて宗太夫の婚姻に関して整理をしておきましょう。ここで注目していただきたいのは、一條家の婚姻は片倉家の許可が必要であることです。殿様が判断する案件ではないかもしれませんが、その下の家老たちには話を通して、公的に認めてもらう。なぜかというと、片倉家中の武士という立場にあったからです。百姓であれば、村役人に届け出を済ませるのみですが、家臣団の一員である場合、当然ながら主人あるいは家老の承認を得ることになります。もう一つは、最初に出てきた相応の縁がないということです。相応の縁というのは、要するにこれも「武士であること」に関わるのですが、家格の問題があるのです。

3　一條家の社会的地位

三つの顔　一條家の社会的地位について考えてみたいと思います。もう少しわかりやすくいうと「身分」を検討します。前提として、これまで触れてきたように社会のなかでは三つの顔を持っていました。

第一は、蔵本村の百姓としての立場です。村に住んでいるから百姓というわけではありません。ここで注目するのは、村落の一員として運営に参加し、周辺の百姓たちと協力しながら社会を動かしている点です。蔵本村は片倉氏の支配を受けていますから、領主の組織には「西郷御扱《にしごうおあつかい》」という村々を統轄する役人が配置され、肝入《きもいり》や組頭といった村役人、そして一條家や百姓たちがいるという位置付けになります。一條家は村内に屋敷、田畑、そして広大な山林を持っていました。そのような観点から、蔵本村の有力な構成員であるといえます。

第二に、主たる生業である温泉経営をおこなう「湯守《ゆもり》」という役職です。仙台藩では、実質的に温泉経営を担う百姓に湯守という役職を与え、その収入から「湯役《ゆやく》」という税を藩に上納させていました（仙台市史二〇〇三）。これは村を領有する片倉氏ではなく、仙台藩から任命されています。藩主やその家族が「御入湯《ごにゅうとう》」と称して温泉を訪れることもありますし、温泉に設けられた建物・敷地は藩主のもので、実質的に所有しているのは一條家となります。ここで湯守に関する支配の序列からすると、頂点には藩主がおり、その次に奉行（家老に相当）、そして実務面を司る金山方《かなやまかた》という藩内の鉱山および資源開発を担当する役所があり、その配下に湯守は配置されています。湯守に対する藩からの命令や通知は、金山方下代という役人から一條家に伝えられました。

第三の顔は、さきほど紹介したような片倉家中の武士です。片倉氏は伊達家（仙台藩主）の重臣でありますが、白石城とその周辺に約一万六〇〇〇石の知行地を拝領しているので、領内では殿様になり、その下に家老がおり、一條氏の上席には小姓頭がいるという仕組みです。一條氏は片倉家への献金などが評価されて、家臣に取り立てられ、扶持米《ふちまい》（給料）をもらっています。温泉経営では、高額な資金を動かしていたわけですが、扶持米は月々米一俵でした。米一俵は決して少額の報酬とはいえませんが、温泉経営の規模からいえば大したことはありません。ただ、片倉家から給付を受けている事実が大きな意味を持っているのです。

片倉家中に生きる　一條家が士分を得たのは、いつごろだったのかを調べてみると、五代助左衛門吉氏の時代であることがわかりました。明暦二年（一六五六）、片倉重長《しげなが》（一五八五〜一六五九、片倉家二代、景綱の息子）が鎌先における湯治で病気が快癒したため、祝儀として一條家は五九文の永代知行《えいだいちぎょう》を給付されたとあります（一條家文書「口上之覚」）。江戸時代後期にまとめた文書では、五代目助左衛門の時代である明暦二年二月、「片倉重長様御入湯御病気御快然」によって、重長様は御満足遊ばされ、さきほどの五九文をくださったと記録していま す。これは片倉家との由緒を示す重要な出来事だったので、書類のなかでよく使われる文言のひとつです。

ここで注目すべき部分は五九文の内容で、古文書には「土地・曲輪《くるわ》の山林四方」とありました。土地というのは自分たちが住んでいるところ、曲輪は温泉場周辺を指しているようです。要するに、曲輪の山林なので、温泉場の周りの山ですから、温泉をぐるりと囲んだあたり一帯ということです。五九文という高はそれほど大きいわけではありませんが、土地の面積を推測すると、かなりの規模だったと思われます。わずかながらも知行を給付されたのは一七世紀半ばであり、形式的ではあるものの片倉氏の家臣になったといえます。

一〇代安臧は、明和二年（一七六五）二月に片倉家から「永々御鷹匠列」をもらいました（一條家文書「口上之覚」）。同じく、分家の一條仁三郎にも「其身一生御鷹匠列」が与えられています。仁三郎について、原文には分家と書いていますが実際には安臧の育てた叔父、養父に当たる人です。鷹匠は鷹の飼育をすることが本来の仕事ですが、この「御鷹匠列」は鷹を実際に飼育しているというよりは、家中における序列で与えられた家格です。安臧は「永々」とありますから「永久に」代替わりをしても子孫が継いでいけます。仁三郎は「其身一生」で、仁三郎の後継者に代わった場合、申請を出して認めてもらわなければなりません。

仁三郎は、安臧が成人して主人の役割を果たせるようになると、鎌先温泉から離れて白石の城下町に屋敷を構えます。この背景には、安臧が叔父への感謝の意を表すように自ら武家地の屋敷を買い取り、また片倉家への根回しを意図して多額の献金をおこない「叔父に役職を与えてほしい」と交渉したことがありました。両家とも片倉家中で御鷹匠列を得たのは、このような経緯があったのです。全国的にもよくみられる話ですが、仙台藩では献金をすることで士分を入手する百姓（金上侍《かねあげ》）はたくさん存在します。

4　温泉と村の状況

湯守と永湯守　一條家における温泉の運営について紹介をしていきます。営業をするためには、仙台藩から湯守に任命されることが不可欠です。その見返りは何かというと、役所に対して「役銭《やくせん》（湯役とも呼ぶ）」という税の上納をおこなうことです。これは実際の収入や利用者数によるものではなく、一年間に課せられた一定の金額を支払うことになります。さらに、片倉家には献金し、後述するように蔵本村へも臨時の合力金を出すことがしばしば見受けられます。役銭、献金、合力金という支出は、出費の大部分を占めていますが、これによって湯守という地位を守っていたのです。湯守は一代限りで、代替わりするとふたたび申請をしなければなりませんが、これには役銭の上納や献金が査定の対象になっているようです。鎌先温泉については一條家が代々継承していますが、藩内の温泉では湯守を替えるという話も出てくるので、必ずしも世襲が約束されているわけではありません。

さらには、「永《なが》湯守」あるいは「永代湯守」という言葉が古文書に出てきます。永湯守とは一代限りではなく、その家で代々世襲していくもの、つまり永久に湯守であることを示します。史料に書かれている範囲で、江戸時代後期に何回も一條家は永湯守の承認を懇願します。たとえば、仙台藩に対して「私の家は一代ごとではなく、永久に湯守として認めてください」とお願いするのですが、仙台藩はいろいろ理由を付けて、なかなか許可を出さないのです。

毎年のように同じ文章で歎願を繰り返した結果、天保一五年（一八四四）に一條家は鎌先温泉の永湯守に任命されます。最終判断をしたのは仙台藩の奉行ですが、これには片倉家、仙台藩の金山方役所も支援をおこない、役人たちが一條家の要望を受け入れてくれるよう、奉行に口添えをしていました。一條家にとっては悲願ともいえ、ようやくにして決まるのですが、湯守から永湯守に昇格するのはかなり難しいものだったといえるでしょう。

現在は宮城県川崎町に所在する青根温泉の湯守だった佐藤仁右衛門家の事例では、永湯守になるのは元治元年（一八六四）でした。江戸時代の初期から湯守を務めていても幕末期まで永湯守として認められなかったわけです（高橋二〇一三）。それだけ仙台藩にとって湯守と永湯守の違いが大きく、役銭や献金をめぐる駆け引きも手伝って、認可を渋るという状況が生じていたと考えられます。

役　銭　温泉経営については藩の機構に取り込まれ、入湯客から得る湯銭《ゆせん》、木銭《きせん》の価格設定をします。鎌先温泉における湯銭は入湯料で、木銭は薪代および宿泊代金を指しています。これは一條家で決めるのではなく、金山方役所にお伺いを立てて、近隣の温泉との比較をしたうえで調整するのが基本だったようです。湯守として任じられる重要な役割は役銭の上納です。

天保六年（一八三五）一〇月に作成された史料は、片倉家の家老たち四名が仙台藩の郡奉行に対して出したものです（一條家文書「鎌先温泉御役銭につき願書」）。郡奉行は、勘定所系統の役職で、村々からの年貢や諸税を管理するほか、民政を担当していました。内容を読んでみると、鎌先温泉の役銭は一年間で銭二五貫文に決まっているが、一昨年の凶作などの影響が長引いており、湯治人《とうじにん》（入湯客）が少ないことから、「当年ニ限り半高御免（今年に限って半額）」にしてやってほしいと主張しています。これは一條家が出しているものではなく、片倉家が仙台藩に対して出しているものです。一條家を湯守に任命しているのは仙台藩なので、この役銭も当然ながら藩に上納することになりますが、蔵本村の領主である片倉家がそれに意見を出している点は注目できます。また、ここで述べている凶作とは、いわゆる「天保の飢饉」と時期が合致します。凶作による食糧不足や人々の生命維持はもちろん重要な問題ですが、経済が停滞しているため、温泉も不景気になっていることも理解できます。

湯銭・木銭の設定　金山方役所には御金山下代という役人がおり、彼らは鎌先のほか、近隣では青根・小原《おばら》・遠刈田《とおがった》の温泉で湯守をしている人たちに通知を出しています。当時（天保一三年〈一八四二〉ごろ）、下代が述べるところでは入湯料を一日五〇文にすべきだとしています。これをきちんと守っていれば、四か所の温泉は同一

表7-4　天保13年（1842）10月の料金表（単位：文）

種別	木銭	湯銭	灯明銭	米３杯代	3食おかず代	味噌汁代	茶代	夜具代	敷蒲団代	備　　考
上客	50	15	10	35	30	16	32	30	10	木銭・湯銭・灯明銭セットで66
中客	50	15	10	35	30	16	24	20	10	木銭・湯銭・灯明銭セットで66
下客	50	15	10	35	30	16	—	—	—	木銭・湯銭・灯明銭セットで66

出典）一條家文書420「弘化三年取調」

料金となるのでは思います。

表7－4を御覧いただきたいと思います。ここでは湯治に訪れる利用者の代金を取り上げています。天保一三年に鎌先温泉で作成した料金表のようなものですが、これには「上・中・下」の三つのコースが書かれています。薪代・宿泊費（木銭）や入湯料（湯銭）、灯明銭《とうみょうせん》（夜間に入湯する際の灯り代）が基本料金、そして食事代と蒲団《ふとん》代も含まれます。基本料金はいずれのコースでも変わらず、セット料金では少し割引があるということ、食事の提供を依頼した場合は示している通りですが、なかには手弁当の客もいただろうと推測されます。また、夜具や蒲団の有無によっても金額が変わってくるわけですが、上客ならば一人あたり二三〇文ぐらい、下客では一五七文というのが基本になっていました。また、湯治客は長逗留する場合がほとんどで、鎌先温泉では三泊目から一五文を割り引くとしています。

この料金体系で、試算をしてみると上客では、金一両を携えて鎌先温泉に出掛けると、三週間ぐらいは過ごせます。ここに来るまでの旅費や諸経費はもっとかかりますが、湯治の費用を考える基本にはなりそうです。ちなみに、江戸の町で同じころに、屋台のそば一杯は一六文とありますから、鎌先温泉の味噌汁とほぼ同じぐらいです。それから、当時の宿場町などで旅籠《はたご》に支払う宿賃がおおよそ一〇〇文から二〇〇文といったところでしょうか。そう考えると、温泉の宿泊はちょっと割高かもしれないけれど、とんでもなく高額ではありません。

表7－4で読者のみなさんがどこに注目されたのかというのを考えていただければと思い

ます。費目をみていて、温泉に行かれたときに何か足りないものがある、とお気づきになりませんか。ここにはお酒がないのです。お酒はどうしたかというと、当時の一條旅館の向かい側に茶屋が二軒あるので、そこで調達するわけです。旅館のなかでお酒は出さないのか、ここの料金表に出さないだけかもしれませんが、茶屋ではお酒を出しています。あとは生活用品です。長期滞在の客もたくさんいるので、草鞋《わらじ》、浴衣などの衣類や蒲団も売っていました。これも茶屋と一緒で荒物屋が敷地内にあり、売店みたいな形で売っていたので、利用者のニーズにこたえて物が買えたのです。

蔵本村への合力　一條家は、温泉経営者として地元に対する資金援助をすることがあります。これを合力金と呼んでおり、飢饉や凶作などに際してはとくに手厚く出しているようです。天明四年（一七八四）一一月一七日、片倉家の小姓頭から一條助左衛門安臧は「御賞書」を受け取っています（一條家文書「諸願留」）。これによれば、今回の飢饉に際して、安臧は蔵本村で生活に窮する人々を救済するために銭二〇貫文（＝金五両）を献上したとあります。加えて、前年の冬にも村への合力として銭一五貫文を援助しているから、片倉家は褒美として温泉周辺の山林一八六〇坪を与えるとしています。このように一條家は、村人たちが凶作や飢饉で困っているときに、私財を村に合力金という形で出して援助していました。銭二〇貫文は片倉家へ献上のうえ、そこから対象となる村民へ給付される、また村への合力金は肝入より村内へ分配されたものと考えられます。

その結果、片倉家はよくやった、すばらしい振る舞いだとして褒美をやろうということになります。大変栄誉なことだと思いますが、これについて安臧の返答は「山沢山に所持罷在申候間（山をたくさん持っていますので）」として、御賞を辞退しています。実際に山地を数多く所有していたと思いますが、家臣団の一員、蔵本村の百姓として当然のことをしたという自負があったかもしれません。

村との関係　村に対して良いことをしたのだ、という事実は本当のことですが、慈善事業であったのかといえば、少し検討の余地があります。一條家が村のために尽力し、実際にこのような資金援助をしているのは、蔵本村の人たちにもちょっと言い分があるようです。蔵本村の肝入が書いた文書を要約すると、村役人たちの指示で鎌先温泉には「触書《ふれがき》（藩や片倉家からの通達、法令）」などの文書を送付し、また物資の運搬にも人足を出しています。これは一條家がお金を出して人足を雇っているわけではなくて、村で負担しているのだと記しています。そのため、村の出費もかさむので年間銭一五貫文を一條家が拠出するようになったといいます。つまり、温泉の運営に関係する経費を合力金《ごうりききん》（村への協力）として固定化したのでしょう。

ただし、肝入はそれでも資金が不足しているといいます。一條家からもっと資金提供をしてほしいと要望を続けているようです。明和七年（一七七〇）正月、肝入・組頭・惣名代の村方三役は一條家に、年間銭一五貫文では足りないので、村側で温泉内の建物を借りて、そこでお酒や荒物を扱う茶屋を設置したいという文書を送ったのです（一條家文書「茶屋場借用申入書」）。要するに、茶屋を経営して、そこで得た利潤を村の財政に含めたいと言っています。ただ、これはどうやら、うまくいかなかったようです。

文政元年（一八一八）の事例では、一一代安親から渡部弥治右衛門という片倉家の役人に対して送った文面が確認できます（一條家文書「口上之覚」）。概略をまとめてみると、前年末に片倉家から一條家に対して、蔵本村へ合力金二〇貫文を出してくれないか、という要請がありました。安親は、村の合力は本来一五貫文ずつという話だったけれども、明和七年正月に村から「合力相増呉候様（合力金を増やしてくれるように）」といわれたので、そこから年間三〇貫文に増額した。そのような経緯で、別途二〇貫文を出せというのはよくわからない。年間三〇貫文となったのは、ずいぶん以前からで度重なる負担には応じられない意向を表明しています。安親の主張からも、恒常的に一條家は蔵本村へ資金を出していることが理解できるでしょう。

蔵本村との関係は良好に保ちたいという一條家の方針はあると思いますが、経営に直結する合力金や献金の増額は簡単ではありません。藩に対しては役銭の上納がありますが、いっぽうで村に対して温泉の営業税という観点から「税金」として取られることはないわけです。温泉があることによって地域経済は潤っているのですが、村役人たちにすれば人手や経費も出しているのだからという意図もあり、一條家と村における駆け引きはさまざまな場面で展開されることになります。

おわりに

本章は、鎌先温泉の湯守であった一條家の古文書を中心に、温泉と村落を主題にして考察をしました。史料に基づいて検討を重ねていくと、温泉をめぐる家、村、そして藩の歴史というような広がりが出てくるように思いました。もっとも注目できるのは、村落経済を「温泉産業」が支えていたということです。それから、一條家の歴代当主に注目すると、家の歴史が語ってくれるというか、社会や家のあり方を教えてくれるし、武士とは、百姓とは、湯守とは何者か、という問いかけに答えてくれるようにも感じています。

飢饉や凶作に直面して困難を極めている村人たちを誰が助けるのかというところも気になるところです。領主はお金は出さないけれども、いっぽうで村の有力者が資金を拠出して救済するということは、一般的な姿であろうと察します。一人あたりの入浴料から湯守という存在形態まで、温泉経営の歴史をいろいろな角度でみていくと、実に興味深い事例がたくさん表れてきます。一見、非日常のように思いますけれども、江戸時代における庶民生活をみせてくれる格好の事例ではないかと強く感じています。

【参考文献】

石川理夫『温泉の日本史―記紀の古湯、武将の隠し湯、温泉番付―』（中公新書、二〇一八年）

伊藤克己「史料紹介　宮城県白石市鎌先温泉と一條家」（日本温泉文化研究会編『温泉の原風景　論集温泉学Ⅲ』岩田書院、二〇一三年）

白石市史編さん委員会編『白石市史』第一巻（通史篇）（白石市、一九七九年）

白石市史編さん委員会編『白石市史』第五巻（史料編下）（白石市、一九七四年）

仙台市史編さん委員会編『仙台市史』通史編五（近世三）（仙台市、二〇〇三年）

高橋陽一編『江戸時代の温泉と交流―陸奥国柴田郡前川村佐藤仁右衛門家文書の世界―』（東北アジア研究センター叢書五〇号、二〇一三年）

日本温泉文化研究会編『温泉の文化誌　論集温泉学①』（岩田書院、二〇〇七年）

渡辺尚志『百姓の力―江戸時代から見える日本―』（柏書房、二〇〇八年。のち角川ソフィア文庫、二〇一五年）

亘理梧郎「白石領村落の住民構造―村足軽を中心として―」（白石市史編さん委員会編『白石市史』第三巻の二、特別史・下の〈一〉、白石市、一九八四年）

第八章　江戸時代、出羽国村山地方の百姓たち

渡辺尚志

はじめに

私は、かれこれ四〇年ほど、ずっと江戸時代の村と百姓について研究してきました。その中で全国各地の村を見てきましたが、東北地方では出羽国村山地方の村を少し調べたことがあります。そこで、本章では村山地方を取り上げます。ただ、江戸時代のうちでも、幕末を中心とした話になります。

二〇一八年はちょうど明治一五〇年、戊辰戦争一五〇年であり、各地でいろいろな催しが行われました。ただ、明治維新を取り上げる場合、どうしても武士中心になってしまい、百姓や村にとって明治維新とは何だったのかということが語られることは少ないように思います。ですから今日は、百姓にとって明治維新とは何だったのかということもあわせて考えてみたいと思います。

本章の内容は大きく四つに分かれます。最初に、江戸時代の村山地方の特徴について説明します。次に、村山地方で幕末に行われた地域自治の姿を、郡中議定《ぐんちゅうぎじょう》を素材に述べます。それから、村山地方で起こった兵蔵《ひょうぞう》騒動といわれる百姓一揆について述べ、最後に村山地方の百姓たちにとって明治維新とは何だったのかということにつ

いて少し考えたいと思います。

1　江戸時代の村山地方

村山地方の領主たち　まず、江戸時代の村山地方の特徴を三点あげたいと思います。一点目は、領主の支配が細分化されていたことです。幕末の村山地方には、地域全体を支配するような大きな大名はいませんでした。表8－1は、幕末期の村山地方の領主一覧です。一番左の欄を見ると、領主を大きく幕府・大名・旗本・寺社に分けていて、その右側の欄に各領主の詳細が記されています。

幕府領を見ると、村山地方の幕府領は三つの代官管轄区域に分かれていることがわかります。たとえば、①は、柴橋《しばはし》（現山形県寒河江《さがえ》市）という所に置かれた陣屋《じんや》（代官所）を拠点に、三万六〇〇〇石の村々、村の数でいうと五七ヵ村が管轄下に置かれていたということです。

④以降が大名領で、このうち④から⑦までは村山地方に本拠地がある大名です。その村山郡内における石高は、一番多くて山形藩の四万五〇〇〇石余りで、総じて非常に規模が小さいことがわかります。⑧から⑭までは、本拠地は村山地方以外にあるけれども、領地の一部が村山地方にあるという大名です。例えば⑧は松前氏です。松前は蝦夷《えぞち》地（現北海道）の地名であり、松前氏は本拠が蝦夷地にある大名です。わけあって、幕末には村山地方にも領地を持っていて、東根（現山形県東根市）に陣屋を置いて支配していました。⑨以降も本拠地はいずれも村山地方以外にある大名です。

これら各幕府領や大名領の石高をすべて合わせると約三六万石になります。全部合わせても、仙台藩の領地よ

表 8-1　幕末期（安政 3～万延元年）の村山郡の領主一覧

	領地の中心地	領　　主	村山郡内の石高	村　数
幕府領	①柴橋陣屋	代官支配	3 万6000	57
	②寒河江〃	代官支配	3 万5600	31
	③尾花沢〃	松前伊豆守預所 （松前 3 万石）	1 万4000	24
大名領	④長瀞〃	米津伊勢守領 （長瀞 1 万1000石）	4500	4
	⑤上ノ山城	松平山城守領 （上ノ山 3 万石）	1 万7800	34
	⑥天童〃	織田兵部少輔領 （天童 2 万石）	2 万3200	21
	⑦山形〃	水野和泉守領 （山形 5 万石）	4 万5200	町方29 村方23
	⑧東根陣屋	松前伊豆守領 （松前 3 万石）	3 万600	41
	⑨漆山〃	秋元但馬守領 （館林 6 万石）	4 万6900	39
	⑩北目〃	土屋采女正領 （土浦 9 万5000石）	1 万3000	18
	⑪北口横山〃	戸沢上総介領 （新庄 6 万8000石）	1 万7300	18
	⑫柏倉〃	堀田備中守領 （佐倉11万石）	4 万1500	46
	⑬山ノ辺〃	阿部播磨守領 （白河10万石）	8500	12
	⑭左沢〃	酒井石見守領 （松山 2 万5000石）	1 万2400	77
旗本領	⑮深堀〃	高力庸之丞知行所 （深堀3000石）	3000	4
寺社領	⑯朱印地・除地	—	1 万3600	—

出典）梅津保一 1969

りずっと少ないのです。その領地を、表8－1にある多数の領主が分けあって支配していることが、村山地方の第一の大きな特徴です。

治安の悪化　このように支配が細分化されていると何が起こるかというと、一番大きな問題は治安の悪化です。村山地方では柴橋や寒河江に幕府の陣屋が置かれていましたが、ここにはごく少数の行政官が詰めているだけで、警察力・軍事力としては非常に弱体でした。また、大名をみても、村山地方に本拠地のない大名は、出先機関としてやはり少数の役人（行政職）を置いている程度で、その警察力・軍事力はあまり頼りになりません。また、村山地方に本拠地のある大名も四家ほどありましたが、これらはいずれも規模が小さく、それほど多くの武士を抱えていたわけではありません。

村山地方の領主が持っていた軍事力・警察力は総じて、他と比べて弱体だったということです。そうすると、庶民の中にはそれを見越して、博打《ばくち》を打ったり、百姓たちから金銭をゆすったりする無法者が現れてきます。多少の無法を働いても領主の警察力は弱体だから、捕まえられる心配はないだろうと高をくくって、悪党が跋扈《ばっこ》するわけです。これが、幕末の村山地方において大きな問題になっていました。

一大特産品―紅花　村山地方の第二の特徴は、紅花《べにばな》が一大特産品であるということです。紅花は百姓たちが生きていくうえでの生活必需品ではありません。百姓たちは、自分自身が紅花で染めた着物を着るために、紅花を栽培していたのではないのです。紅花は京都に送られて、高級な和服や口紅に使われました。百姓たちは、摘んだままの花であれ、干して乾燥させた干花であれ、いずれにせよ売って代金を得るために栽培や加工をしていたのです。畑に紅花を作れば麦や大豆を作るよりも高く売れるので、百姓たちの暮らしは紅花によって豊かになっていきました。また、土地を持たない百姓であっても、他の百姓から土地を借りて紅花を栽培し、それを高く売るなどして暮らしていくことができるようになりました。

その点では良かったのですが、言うまでもなく紅花は主食にはなりません。ですから、紅花を作る百姓たちは、作った紅花を売ったお金で、自分が食べる米や麦を買っていたわけです。したがって、いったん不作になるとたちまち食べる物がなくなり、飢えた百姓たちが社会不安を引き起こすという問題がありました。

零細な百姓の増加　第三の特徴は、百姓戸数の増加、とりわけ零細な百姓の戸数の増加です。紅花のように、売ってお金をもうけるための作物を商品作物といいますが、幕末の村山地方では、他にもたばこなどの商品作物がいろいろ作られるようになりました。その結果、従来は一人前に自立できなかった者たちが、小さいながらも独立の家を形成するようになり、村の戸数が増加していきました。その姿を表8－2で見ておきたいと思います。これは村山地方の観音寺村《かんのんじ》（現東根市）の百姓たちがどれだけ土地を持っていたかを示したものです。まず観音寺村の位置ですが、村山盆地全体が入っている図8－1を見ますと、村山盆地の東の外れ、盆地から山に入った所にあります。では、表8－2の安政二年（一八五五）の欄をご覧ください。安政二年は、すでにペリーの来航後です。この年には持高ゼロ、つまり自分の土地をまったく持っていない家が四二戸ありました。村全体の戸数は、一番下の欄を見ると一九八戸ですから、その二割程度は村に住んでいても土地をまったく持っていなかったのです。次に、持高が〇・一～二石の家は二六戸あります。持高二石以下というのはやはり零細な土地所持規模で、自分の持っている土地だけでは十分に経営が成り立たなかったでしょう。土地をまったく持っていないか、二石以下の家々は合わせて六八戸です。つまり、村全体の約三分の一は非常に零細規模の土地所持者か、土地を持っていない人たちだったということです。

食料問題と社会不穏　こういう人たちも地主の土地を借りるなどして、紅花など利益率の高い作物を作ること

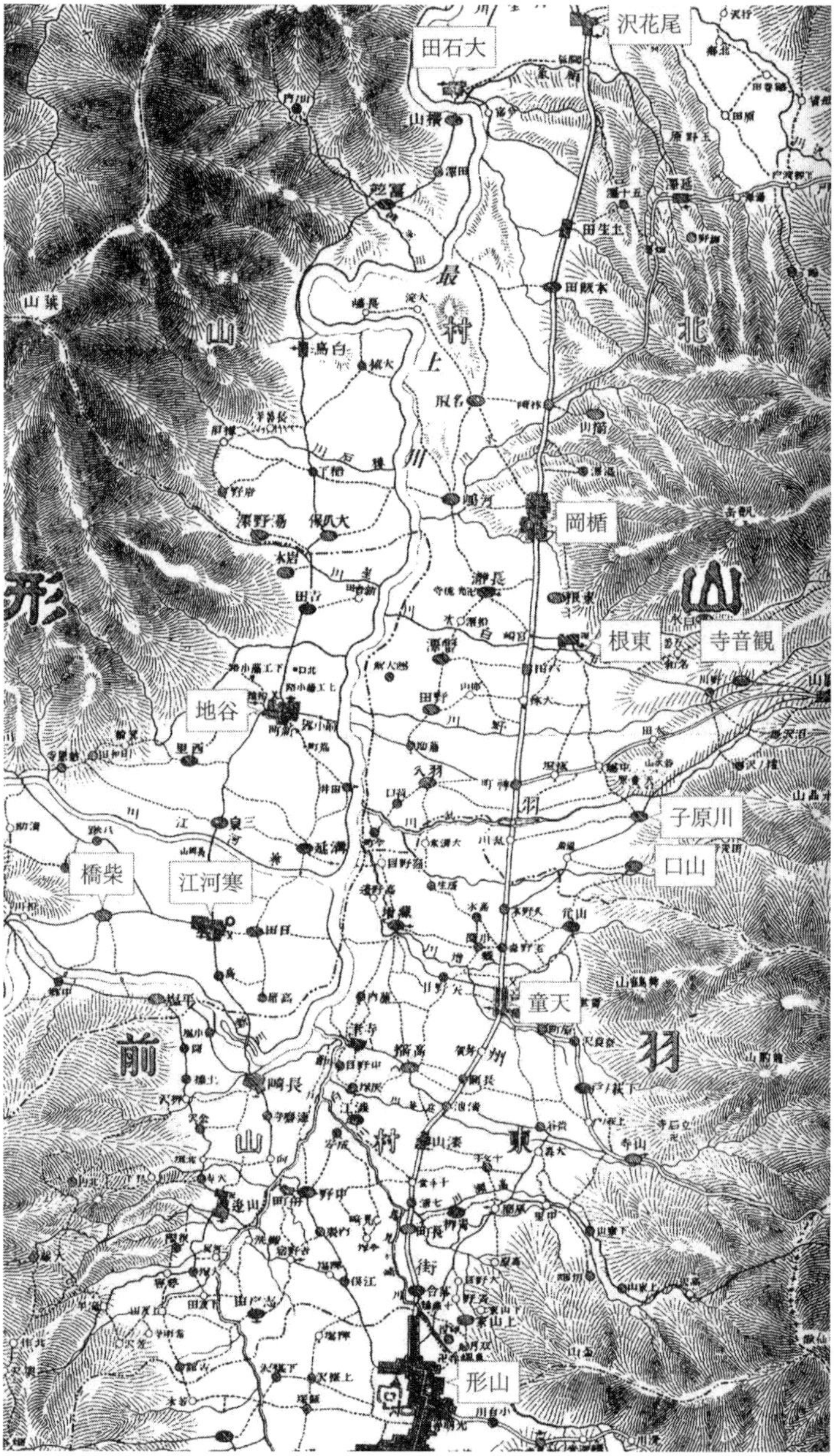

図 8-1　村山郡の地図（『日本歴史地名大系 6 山形県の地名』「特別付録 山形県全図」，平凡社を一部改変）

で何とか経営を維持することができたというのが幕末の特徴です。ただ、こういった家々は経営が決して楽ではありませんから、不作や凶作になるとすぐに没落の危機に瀕します。そうしたときに、場合によっては百姓一揆に立ち上がることにもなります。零細規模の土地所持者であっても、平年作のときには紅花などの栽培によって何とか経営を維持することができましたが、彼らは食料を購入している人たちだったため、いったん不作や凶作

表 8-2　観音寺村の各戸の土地所有規模の変遷

年代 / 持高(石)	寛政 4 (1792)	天保11 (1840)	安政 2 (1855)	明治 2 (1869)	明治 6 (1873)
0	37	48	42	26	44
0.1～2	8	22	26	20	41
2.1～4	19	32	29	35	37
4.1～6	26	26	25	28	31
6.1～8	29	26	20	21	13
8.1～10	20	26	19	18	22
10.1～12	8	17	16	17	6
12.1～14	12	4	9	7	2
14.1～16	3		3	3	2
16.1～18	7	1	2	1	
18.1～20	2	2	2	2	3
20.1～25	3	1	1		3
25.1～30			1	2	
30.1～35		1	1	1	1
35.1～40	1		1	1	
40.1～50	1	1	1	1	1
50.1～60	1	1			
60.1～70					
70.1～80	1				
80.1～90					1
90.1～100					
100.1～200					1
計（全戸数）	178	208	198	183	208

出典）青木美智男 2004

になって買う米がなかったり、米価が高騰したりすると、たちまち食べる物に困ります。そういうときには、たちまち不穏な状況が醸成されて、場合によっては百姓一揆にも発展するような危険性が存在したことが村山地方の特徴です。

以上、三点にわたって幕末期の村山地方の特徴を述べました。そこからわかることは、幕末期の村山地方の人々が抱えていた大きな課題は二つあったということです。一つは領主の警察力・軍事力が弱体なことによる治安の悪化、もう一つは食料を買って食べている零細百姓が増えたために、彼らが食料をどう確保するかという食料問題です。この二つが、幕末期の村山地方において解決すべき大きな問題になっていました。

2　万延元年の郡中議定——江戸時代の地方自治——

地域のルールを決める　幕末の村山地方には大きく二つの課題、治安維持と食料確保という課題がありました。村山地方の百姓たちは、課題の解決を領主に任せるのではなく、自分たちの手で何とか解決できないかと模索しました。その際に取った方法が、大きく二つありました。一つは、村を超えて村山地方全体の百姓たちが相談し、問題解決のためにルールを取り決めたことです。そこで取り決められたのが、郡中議定というものです。郡中というのは村山郡（村山地方）全体という意味で、議定というのは取り決めです。ですから、郡中議定とは、村山地方全体の百姓たちが決めた約束事です。現在の地方自治は、明治になって欧米の思想が入ってきてはじめて生まれたと思う方もいらっしゃるかもしれませんが、実はそうではなくて、江戸時代の百姓たちが自前で地方自治の源流に当たるものをつくり出していたのです。

郡中議定の前文　村山地方では郡中議定が一八世紀後半以降、何回も結ばれているのですが、ここでは万延元年（一八六〇）に結ばれた郡中議定を見ていきたいと思います。以下に、郡中議定を現代語訳したものをあげます（以下の引用史料も、すべて現代語訳しています）。まず、前文から見てみましょう。

議定のこと

村山郡は、幕府領・諸大名領・寺院領・神社領が入り組んでおり、それぞれの領地ごとに住民の考えもまちまちであるが、それでも郡全体の人々が心を一つにしていかなければならない。そのため、これまでも各領地の住民を代表する郡中惣代《そうだい》・大庄屋ら一同が年々集まり、その年柄に応じて時々の課題への対処法を申し合わせてきた。

ところが、天保年間（一八三〇〜一八四四）に飢饉や凶作の年が続いたため、ついに惣代らの会合は休会となってしまった。しかし、深く村山郡全体のためを思って定めてきた規則が白紙に戻ってしまっては、先人たちの篤《あつ》い思いに反することになる。そこで、今回一同で相談して、以下のように議定を再興する。

ここで、皆さんがわかりにくいだろうと思うのは、「郡中惣代・大庄屋ら一同が集まり」というところです。郡中惣代も大庄屋も、複数の村々の代表です。地主などの富裕者・有力百姓がなりました。幕府領の村々の代表が郡中惣代で、大名領の村々の代表が大庄屋です。庄屋（名主）は一つの村の代表者ですが、その一つ上のランクとして、一つの村だけでなく一〇ヵ村とか二〇ヵ村を代表するのが郡中惣代や大庄屋です。郡中惣代や大庄屋を務めるような村山地方の有力百姓が集まって、この議定を取り決めたのです。その目的は、郡全体の人々が領主の違いを超えて心を一つにし、課題解決に当たることでした。

第一条目―治安維持　では、具体的な箇条を見ていきましょう。まず、第一条です。

総じて、領主が定めた法度《はっと》（法令）は厳守する。無宿者はもちろん、不良の者を村内に住まわせてはならない。もし、それまで住んでいた村を追放された者が、伝手《つて》を頼って他の村への移住を希望してきた場合には、移住希望先の村役人が、元の居住村の村役人に問題の有無を確認し、また当人の改心の度合いを見定めた上で、領主の許可を得て移住を認めることは構わない。しかし、そうした場合を除いて、生業を持たない悪者を一切、村に住まわせてはならない。

「無宿者」というのは、宿がない、すなわち住所不定ということです。こういう人たちの中には、博打を打ったり、長脇差《ながわきざし》を差して百姓を脅して金品をゆすり取ったり、悪事を働く者がいて、場合によっては百姓一揆を主導したりする場合もありました。村山地方の人々が抱えた最大の課題の一つは治安維持ですから、それを実現するために、無宿者がやって来ても、村に置かないことを取り決めて治安を維持していこうとしたわけです。

第二、三条目―食料確保　続けて第二条を見てみましょう。

村山郡は多くの領主の領地に分かれているが、一郡一体という旧情に復し、一郡の人々は皆一家同様に信義を尽くさねばならない。凶作に遭った村々へは、被害のなかった村々から米穀を融通することとする。村山郡全域が不作で食料が底を突くような年には、穀物類の郡外への移出を禁止してくれるよう、幕府や各領主へ願い出る。そして、領主の禁止令を受けて、穀物の移出を差し止めることにより、郡内で飢えた者を出すことなく、皆が無難に暮らしていけるように心掛ける。

第三条も同じ問題を扱っているので、続けて見てみます。

近年は、不作でなくても米価が騰貴して、人々が苦しむことがしばしばある。これは、商人たちが自分勝手な利欲に走って、郡外の穀物相場の方が高値のときは、自郡の痛みも顧みずに、米穀類の値段をつり上げて買い入れ、郡外へ移出するからである。その結果、自然と村山郡の産米が払底し、市場で売られる米も少なくなるため、食べる米を日々購入している貧民は暮らしが苦しくなって、群集するような不穏な動きもあると聞いている。これは容易ならざる事態なので、今後は貧民群集の噂を聞いたら放置せず、余所事《よそごと》などとは思わずに、領主に届け出て取り締まってもらうようにすべきである。

ここでは村山地方が抱えている大きな課題の二つ目、いかに住民の食料を確保するかということに対する対処策が示されています。不作や凶作は自然災害ですから、これはどうすることもできません。ただ、村山地方の食料不足はそれだけが原因ではないということが書かれています。つまり、米商人の中には不作による米価の高騰につけ込んで米を買い占め、その買い占めた米を村山地方よりも米価の高いよその地域に持っていって売ってもうける者たちがいるというのです。そのために村山地方では、ただでさえ少ない食料がより少なくなって、人々が苦しむのです。それを何とかしなければならないということで、具体的には第二条にあるように、不作や凶作の年には村山地方で作られた米を村山地方から外部に移出することを禁止しているのです。村山地方から外部に通じる主要交通路に番人を置いて、穀物が村山地方から外に運び出されないようにチェックするわけです。また、各村がそれぞれの領主に訴えて、領主からも穀物の村山地方外への移出の禁止令を出してもらうことにしました。領主の力も借りて、食料確保を実現しようとしているわけです。

一郡一体　そういうかたちで村山地方に米穀を確保できたとして、今度はそれをどう分配するかという問題が出てきます。不作の年でも、村山地方の四〇〇近い村の中にはまだ食料にゆとりがある村もあれば、完全に食料が底を突いている村もあったでしょう。そこで、食料にゆとりのある村から、ゆとりのある分を食料難で困っている村に融通するかたちで、とにかく郡内すべての村で飢えた人を出さないようにしたのです。そうやって危機を乗り越えようと取り決めたのが第二、三条になります。繰り返しになりますが、食料確保という重大な課題に対処するために、まずは米穀を村山地方から外に出さないようにした上で、困っている村にはゆとりのある村から融通して村々が助け合うことで危機を乗り越えようとしたわけです。

そのような方法を定めた基礎には「一郡一体」であるとか、「一郡の人々は皆一家同様」に信義を尽くさねばならないという考え方がありました。また、領主に対しても、この問題は自分たちだけで対処するからといって領主を蚊帳《かや》の外に置いたり、逆にすべてを領主に頼り切ったりするのではなく、まずは自分たちで食料確保の方法を考えた上で、領主にも穀物の郡外移出を禁止してもらったり、困窮者が集まって百姓一揆を起こそうという不穏な動きがあった場合には領主に取り締まってもらったりするかたちで、領主にも応分の協力を仰ぎながら危機を乗り越えようとしました。これが郡中議定の精神です。議定はこれ以降も何か条かあるのですが、今日はここまでにしておきます。

村山地方の郡中議定の特徴　村山地方の有力者たち（郡中惣代や大庄屋）は、会合を持ってこうした議定を取り決めました。そして、彼らは、その議定を自分の管轄する村々に周知徹底し、一人一人の百姓にまでこの議定を守らせることによって、治安悪化と食料不足という二つの問題を乗り越えようとしたわけです。幕末になるとこのように日本各地で、領主の違いを超えて百姓たちが合議し、課題解決のために取り決めを行う事例が見られます。ただ、村山地方ほど何回も繰り返しきちんとした議定が結ばれた地域は少数です。そういう点で、村山地方の郡中議定からは、幕末期に百姓たちが自分たちの地域が抱える課題を自分たちで解決すべく、村の枠や領主の違いを超えて話し合いつつ、ルールを定めていくという地方自治、地域民主主義の芽生えを見て取ることができます。

3　日本北限の世直し一揆——兵蔵騒動——

世直し一揆　ここからは一転して、百姓一揆の話をします。先に、村山地方の百姓たちは、治安維持と食料確保という二つの課題を解決するために、二つの道を選んだという話をしました。その一つは今申し上げた郡中議定の締結ですが、もう一つは百姓一揆を起こすことによって、より直接的に食料確保を実現しようとする道でした。ただし、この道は治安維持とは逆行します。

その例としてこれから述べるのは、日本北限の世直し一揆である「兵蔵騒動《ひょうぞう》」です。江戸時代に百姓一揆は全国でたくさん起こりましたが、幕末の百姓一揆は「世直し一揆」とか「世直し騒動」と呼ばれています。それは、一揆勢が「世直し」をスローガンに掲げることがあったからです。世直しとは、一揆勢の手で世の中を作り替えるということです。

世直し一揆の攻撃対象者　では、一揆勢は具体的に何をしたのでしょうか。一八世紀の百姓一揆は、領主に対して、あまりにも高い年貢を減免してほしいとか、百姓をいじめる役人を罷免してほしいとか、いずれにしても領主に対して主張をぶつけるものでした。それに対して、世直し一揆は、領主に対して何かを要求するというよりも、不作のときに米の買い占め・売り惜しみをしたりする悪徳商人や、高利で百姓に金を貸して、返済できないと担保を無理やり引き取るような高利貸に対して、それはおかしいではないかと抗議するものでした。つまり、一揆で要求をぶつける相手が、幕府や大名から庶民の中の富裕者・商人・地主などに変わってきたわけです。それを、村山地方の兵蔵騒動で具体的に見ていきたいと思います。

兵蔵騒動の勃発　まず、兵蔵というのは人の名前です。この騒動のリーダー（頭取）の一人が兵蔵という人だったので、この一揆を兵蔵騒動と呼んでいます。兵蔵は、東根村の「無宿」でした。東根村で生まれ育ったけれども、この一揆のときには村を離れ、村山地方のあちこちを転々としていたのです。

兵蔵騒動は、慶応二年（一八六六）に起こりました。この翌年に将軍徳川慶喜《よしのぶ》が大政奉還をするわけですから、幕府が倒れる直前です。この年は不作でした。慶応二年七月のことです。以下、月日はすべて旧暦ですが、旧暦の七月は今の八月頃なので、ちょうど米の収穫前の端境期であり、百姓たちが蓄えている食料も底を突く頃でした。同年は不作に加えて、幕末の開港の影響もあって物価が高騰していて、米が高くてなかなか買えません。食料不足になりそうだということで、ギリギリの暮らしをしている下層百姓たちの間に不穏な空気が高まっていきました。

そうした中で、七月二四日の夜に、兵蔵ら一揆の頭取たちは、久野本《くのもと》村（現天童市）という天童の北にある村に集まり、「これは一揆でも起こさなければ駄目だろう」という相談をしました。そして、翌二五日の深夜に行動を開始し、最初に蜂起の相談をした久野本村からほど近い川原子《かわらご》村（現天童市）に向かいました。そこで、道端に積んであった松葉に火を付け、持っていった鉄砲を撃ちました。深夜ですから、村人たちは寝ていたでしょう。それをたたき起こして、「これから一揆を起こすから、おまえらも参加しろ」と動員をかけたのです。

村人全員への呼びかけ　百姓一揆は、数の力で相手に圧力をかけます。領主にしろ富裕者にしろ、相手に要求をのませるには数が多ければ多いほどいいわけです。ただ、百姓一揆は天下の御法度であり、参加者は場合によっては死刑になるかもしれません。ですから、頭取が「一揆をやるぞ」と言っても、それだけで簡単に大人数が集まるわけではなく、何らかの強制的な手段で人を集める必要がありました。頭取たちは村々を回って、村の全戸から男を一人ずつ出させたり、村にいる成人男子を全員参加させたりするというかたちで、強制的に参加者を動員しました。その際、「もし参加しないならば、家に火を放って村を丸焼けにするぞ」などと脅しをかけて、人々を動員しました。この兵蔵騒動の場合も同じで、兵蔵たちは川原子村に行って、村人たちを「もし一揆に参加しないなら村を焼き払う」と脅し、一三〇人ほどの百姓を動員することに成功しました。

そのようにして、二六日の夜が明けてからも、兵蔵たちは、川原子村など村山盆地東側の山に近い村々を回って動員をかけました。この一帯には、先ほどお話しした、本拠を蝦夷地にもつ松前藩領の村が多くありました。

出金要求　一揆勢は村々を回って動員をかけ、参加人数を増やすと同時に、各村に一人から数人くらいいる地主や金貸など富裕な者たちの家に行って、出金を要求しました。後沢村《うしろざわ》（現東根市）では頭取が、「今は世上一般に米価が高値で、人々が難儀している。困窮した人々に金を施したいので、そのための金子を用意してもらいたい」と言って、富裕者に出金を要求しました。そして、出金要求を断れば、富裕者の家に押し入って、家屋や家財を打ちこわしていきました。これについては、観音寺村の事例を、後ほど詳しく見たいと思います。

兵蔵騒動の終息　翌七月二七日の朝には、動員をかけた結果、一揆勢は五〇〇〜六〇〇人に増えました。そして、村山盆地東部の中心地である東根村に押し寄せました。ここには松前藩の陣屋もありました。そして、東根村の富裕者に対して、それまでと同じように「金を出せ」と要求しました。一揆勢はあちこち歩き回って腹も減りますから、食べ物や酒も要求し、東根村の富裕者はそれに応じて一〇〇両を用意することで打ちこわしは免れました。しかし、その頃になると、各村から動員された百姓たちのなかで、集団から抜けて自分の村に帰っていく者が増え、なし崩し的に一揆参加者が減っていきました。また、一揆の報を聞きつけて、幕府領の柴橋や寒河江（現寒河江市）の陣屋（代官所）にいる武士たちも、数は少ないながらも駆けつけました。一揆勢の参加人数の減少と、武士が鎮圧に駆けつけてきたこととが相まって、七月二七日時点で一揆勢は自然解体していき、ここに兵蔵騒動は終わりを告げました。これが、兵蔵騒動の一部始終です。つまり、七月二五日深夜から始まって二七日の解体までの、三日間だけの一揆だったということです。

一揆勢の頭取　一揆の頭取の一人が兵蔵だったことは、先に述べました。それ以外にも、頭取は全部で一〇人ほどいました。彼らの性格を見ると、おおよそ二つに分かれます。一つは、兵蔵と同じような村山地方出身の無宿者です。村山地方のどこかの村で生まれ育ったのだけれども、村に居つかなくて、村山盆地のあちこちを渡り歩き、博打などをして暮らしていた人たちが、頭取のうちに何人かいました。もう一つは、よそからやって来た浪人たちです。現在の栃木県や新潟県などからやって来て、村山地方にたまたま住み着いて一揆の頭取になったのです。ですから、村で誠実に農作業に励んでいた人たちは必ずしも頭取になっていないのであり、むしろ普通の百姓たちは動員される側になっていたのです。

頭取たちは、自分たちが頭取であることがわかるように、他の一般参加者とは違う身なりをしていました。たとえば、武士がかぶるような陣笠をかぶる、鉢巻きを締める、白たすきをかける、袴をはくといったように、武士のような格好をしたり、あるいは首に数珠《じゆず》をかけたりしていました。そういった、普通の百姓とは異なる特異な身なりをしている者が多かったようです。

頭取たちは自分たちのことを「天下《てんか》義士《ぎし》」と名乗っていました。自分たちを、天下御免の正義の士だと名乗ったわけです。そして、「自分たちが義兵（正義の軍）を起こして困窮した民衆を救うのだ」とか、「われわれは一命を懸けて困っている人々を助けるのだ」などと述べています。正義の味方を自認しているのです。金を無理やり出させられたり、打ちこわされたりした富裕者側から見れば、彼らは無法者、悪党としか映らなかったわけで

表 8-3　兵蔵騒動の参加人数と不参加人数

村名＼人数	参加人数				不参加人数	不明	計
	打ちこわし	立入	出合	計			
川原子村	18	1	111	130	52	2	184
野川村	31		30	61	37		98
猪野沢村	24		24	48	40		88
観音寺村	39		63	102	73		175
沢渡村	15	24	16	55	33	13	101
沼沢村	24	16	40	80	35	2	117
関山村	24	65	35	124	62		186
万善寺村	15	10	14	39	21	5	65
後沢村	13	15	45	73	37	9	119
計	203	131	378	712	390	31	1133

出典）『山形市史 中巻 近世編』（1971年）をもとに作成

すが、頭取たちは自らを正義の味方だと称していたのです。

一揆の一般参加者　では、一般の参加者はどうだったのでしょうか。まず、参加者の人数を確認しておきましょう。表8－3は、兵蔵騒動の参加人数と不参加人数を村ごとに挙げたものです。ここに挙がっている村は、川原子村や観音寺村を含めて全て村山盆地東側の山寄りにありました。表では、参加人数が三つに分かれています。「打ちこわし」は一揆に参加して積極的に打ちこわしを行った者、「立入」は打ちこわす家の敷地や住宅には入ったが、自分が物を壊したりはしなかった者、「出合」は一揆には参加したけれども、打ちこわしもしなければ打ちこわす対象の家にも入らなかった者、つまり、ついては行ったが外で見ていただけという消極的参加者です。表8－3には、これら積極的・消極的双方を含めた参加人数の合計が示されています。その右には不参加人数も挙げています。参加者は各家から一人程度出るので、参加人数は人数であると同時にほぼ戸数と考えていいでしょう。

観音寺村を見てみましょう。観音寺村では積極的に打ちこわしに参加した者が三九人、消極的についていった者が六三人、合わせて一〇二人が参加しています。それに対して、不参加人数は七三人でした。村の半数以上の家から参加者が出ていることになります。同じように見れば、どの村も全戸の半数以上から参加者が出ていることがわかります。ただ、参加者の中でも積極的に打ちこわしに参加した人は全体の三分の一以下でした。

野川村彦八の供述　一般参加者の全体像は表8－3で大体わかっていただけたと思いますが、もう少しリアルに個々の参加者がどういう行動を取ったのかを見てみましょう。

実は兵蔵騒動に関しては、参加者が幕府の役人に逮捕されて取り調べを受けたときの供述書が幾つか残っています。そこから参加者たちの具体的な行動や思いがある程度わかります。その一例として、野川村（現東根市）の彦八という百姓の場合をあげてみましょう。供述書を現代語訳したものを、次に掲げます。

慶応二年七月二五日夜に、悪徒どもが隣の川原子村から野川村（彦八がいる村）に押し入ってきて、「与左衛門（沢渡《さわたり》村組頭兼年寄）の家を打ちこわすぞ。どの家からも人足に出ろ」と大声で呼び立てました。さらに、私（彦八）の家の戸口の壁をたたかれたので、逆らうこともできずに与左衛門の家まで引き立てられて行きました。けれども、打ちこわしはせずに外庭に立っていると、「打ちこわしに加わらなければ、切り殺すぞ」と言われたので、前の土蔵の脇から逃げ出してすぐに家に帰りました。

翌二六日午前一〇時頃、観音寺村上野原を通って、悪徒どもが集まっている関山村まで行ったところ、「観音寺村名主久右衛門の家を打ちこわすぞ」と悪徒どもに言われ、抜き身の刀で脅されて連れていかれました。仕方なく久右衛門宅の籾蔵の前まで行ったところ、籾蔵の扉を打ちこわしていたので、制止しました。また、内庭の土蔵の扉も打ちこわしていたので、これもやめさせました。それから、打ちこわし勢とともに猪野沢《いのさわ》村まで引き上げ、翌二七日に東根村まで行ったところで、一人別れて村に帰りました。

これが彦八の一揆参加の一部始終です。彦八の供述では、彼は決して積極的に参加したわけではなく、抜き身の刀で脅されたりして仕方なくついていったのだということになっています。むしろ、一揆勢が打ちこわしをしているときには制止したと言っているわけです。本当にそうだったかもしれませんし、そのように言えば自分の罪が軽くなると思ってそう言っているのかもしれません。本当のところは分かりません。

供述調書を丹念に読み解く　ただ、仮にほぼこのとおりだったとしても、彦八が必ずしも無理やり参加させられただけとは思えないのです。というのは、今見た中に、「いったん一揆の集団から逃げ出して家に帰った」とありました。しかし、翌日の午前一〇時頃、一揆勢が集まっている関山村までもう一度自分で行っているのです。このように、彦八は完全に一揆勢に脅されただけというわけではなく、いったん家に逃げ帰っているのに、再度一揆勢のところまで行っているのですから、これは彦八の中に一揆にある程度共感する部分があったと思わざるを得ません。

百姓一揆といっても、頭取は別にして、一般の参加者全員がやる気満々で打ちこわしを積極的に行ったわけではないのです。もちろん積極的な人はいたのですが、彦八のように、強制的に参加させられたという側面があるいっぽうで、一揆勢に共鳴する部分もあったというふうに、揺れ動く心情で加わった人たちも多かったのではないでしょうか。

そういった一人一人の心情は、こうした供述調書を丹念に読み解くことから引き出せるのだと思います。

一揆勢の統制と逸脱　次に、一揆勢の性格について三点述べます。一点目は、騒動勢がどういう組織形態を取っていたかということです。一揆勢は全体としては急きょ駆り集められた烏合の衆ですが、それを統率する頭取は一〇人ほどしかいませんでした。それに対して、参加者は最大で五〇〇～七〇〇人ほどいました。これだけの大集団を一〇人だけで統率するのは困難です。それでも、頭取が「今度はあの村に行って、誰それの家に押しかけるぞ」などと言うと、一揆勢全体が一応そのように動いたのは、頭取と一般参加者の間をつなぐサブリーダーがいたからです。このサブリーダーを、小頭《こがしら》といいました。

小　頭　一揆勢のトップには頭取がいて、彼らが行動方針を決めます。決められた行動方針は、複数いる小頭に伝えられます。小頭は、各村の参加者の代表です。この小頭が頭取の方針を、自分の村から参加している村人たちに伝えるかたちになります。一揆勢の参加者たちは、村ごとにまとまって行動していたわけです。同じ村からの参加者は、村によって数十人の場合もあれば百数十人の場合もあります。同一村からの参加者全体を束ねていたのが小頭であり、その小頭たちをまとめていたのが頭取です。百姓一揆の集団は急ごしらえではあるのですが、それでも一応統率が取れていたのは、内部が村ごとの集団にわかれていて、頭取と一般参加者をつなぐ小頭というサブリーダーがいたからなのです。

盗み・略奪　二点目は、今言ったこととやや反するのですが、そうはいっても一揆勢が急ごしらえであることは間違いないので、頭取の統制が必ずしも行き届かない面もあったということです。一八世紀の百姓一揆では、頭取の命令一下、自分たちは正義を行うのだから盗み・放火・傷害・殺人といった犯罪行為は一切してはならないというルールが定められていました。しかし、幕末の世直し一揆になると、頭取自身が無宿や浪人であり、必ずしも清廉潔白な者たちではなかったということもあるのでしょうが、一揆勢の規律が緩んでいるところがありました。兵蔵騒動の場合も、一揆勢による盗みや略奪行為が頻繁に見られたのです。

武装による脅し　そして三点目は、一揆勢が鉄砲や刀で武装していたということです。この点については、頭取たちが夜中に川原子村に押しかけたとき、鉄砲を撃ち放って、寝ていた村人たちをたたき起こしたということを、先ほど述べました。また、野川村の彦八も、一揆勢に抜き身の刀を突き付けられて仕方なく参加したと供述していました。このように、一揆勢は、全員とは言いませんが、頭取をはじめかなりの参加者が鉄砲や刀で武装していたことがわかります。

このように言うと、江戸時代の百姓は豊臣秀吉の刀狩によって武装解除されて、鉄砲も刀も持たない丸腰だったのではないかと思う方もいると思います。しかし、実際はそうではなくて、刀狩によって没収されたのはあくまでも鉄砲や刀の一部であって、江戸時代の村には相当数の鉄砲や刀が存在していました。百姓は武士に比べて圧倒的に数が多いですから、百姓の持っている鉄砲や刀の数を全部合わせると武士の持っている鉄砲や刀よりもはるかに多かったのです。

ただ、百姓たちは自分たちが鉄砲や刀を持っていても、それらを人に対して使うことを自制していたために、社会の治安が保たれていたのです。それが百姓一揆などの非常時になると、そもそも鉄砲や刀は村にあるわけですから、それらを持ち出すことになったわけです。ただし、兵蔵騒動の場合、鉄砲や刀は参加を強制する際の脅しには使われましたが、実際に人に向けて使用され、それによって死傷者が出たという記録は残っていません。そういう点では、まだ自制のたがが外れてはいなかったといえるでしょう。

一揆勢は何を要求したか　ここで、一揆勢が富裕な百姓に何を要求したのか、もう一度確認しておきます。その前に、全国各地で起こった幕末の世直し一揆で共通して出された要求項目を挙げておきます。主に三点あります。一つは、質入れ地・質流れ地や質物の返還です。貧しい百姓がお金に困って借金するときに、担保として質入れした土地や品物を無償で返してほしいという要求です。二つ目は、穀物や金を富裕者が困窮者に無償で配ることです。三つ目は、米の安売りと、物価や質利息の引き下げです。これは、富裕者が手持ちの米を困窮者に安く売れとか、貸金の利息を減免せよといった要求です。これら三点が、全国各地の世直し一揆に比較的共通して見られる要求項目でした。

兵蔵騒動の要求　それに対して、兵蔵騒動の場合は、一揆勢の要求が金銭の拠出にほぼ一本化されていたことが特徴です。簡単に言えば、金を出せという一点に尽きていたのです。加えて、一揆勢は活動している間に腹が減りますから、食料や酒を出せという要求もしましたが、基本的には金銭の要求が中心でした。富裕者に手持ちの金を出させて、それを困窮者に分配したり、それで米を買って飢えた人たちに配ったりして困窮者を救うというのが、一揆勢のほぼ唯一の要求でした。これは兵蔵騒動の特徴だと言えるでしょう。

以上、一揆の一部始終、頭取と一般参加者のあり方、参加者の供述、一揆勢の組織的な特徴、要求内容等、幾つかの点から兵蔵騒動について述べました。これによって、村山地方で最大規模の一揆である兵蔵騒動の概要はおわかりいただけたと思います。

4　観音寺村の打ちこわしと百姓たち

百姓一揆をめぐる史料　百姓一揆を本当に知るには、一揆の全体を概観した記録を用いるだけでは十分ではありません。一口に一揆参加者といっても、積極的に参加した人もいれば、無理やり参加させられた人もいるというように、それぞれの思いは違うわけです。また、一揆に巻き込まれた多くの村々の中でも、それぞれ村ごとに抱えている事情は違っていたはずです。それぞれの村が抱えていた事情によって、一揆への向き合い方も当然変わってきます。

ですから、百姓一揆について考える場合には、一揆の全体像がどうだったか、つまり、いつ始まって、いつ終わったか、参加者は全員で何人か、参加した村は幾つか、要求は何かといったことはもちろん基本的に押さえておかなければなりませんが、それだけではなくて、一揆に参加した一人一人の思い、一つ一つの村の個別の事情を詳しく見ていく必要があります。

そのためにはどういう史料を見ればいいかというと、一つは一揆の参加者が取り調べなどの際に行った供述調書を丹念に読んでいくことが必要だと思います。今日は、野川村の彦八の例を挙げました。もう一つはこれからお話ししますが、一揆の前後に各村で作られた、一揆とは直接関係のない史料を分析することです。それは年貢関係の史料かもしれませんし、土地関係の史料かもしれません。そういった史料を読み解いて、一揆の前後に、その村では何が一番問題になっていたのかを明らかにしていくことが非常に重要だと思います。

そういう観点から、以下では、一揆に巻き込まれ、また主体的に参加もした観音寺村（図8－2）を取り上げて、この村の個別事情をさらに詳しく見ていきたいと思います。

名主・久右衛門家の打ちこわし　一揆勢は七月二六日午前一〇時頃、観音寺村にもやって来ました。そして、村一番の富裕者だった名主《なぬし》の久右衛門の家に押しかけました。そのときの様子を、久右衛門の子どもで当時名主見習いをしていた清八郎が、一揆が終わった後、松前藩の役人に対して次のように報告しています。

観音寺村名主久右衛門の倅《せがれ》で、名主見習いをしている清八郎が申し上げ奉ります。去る七月二六日の夜明け方、大勢の者どもが集まって鉄砲を撃ち、近くの村々で乱暴を働きました。彼らは二六日の午前一〇時頃には後沢村に来て、さらに観音寺村の細越《ほそごえ》という所に集結しました。そして、私方へ「久右衛門は出てこい。もし来なければ家を打ちこわすぞ」と言ってきました。けれども、久右衛門は病気だったので、組頭の

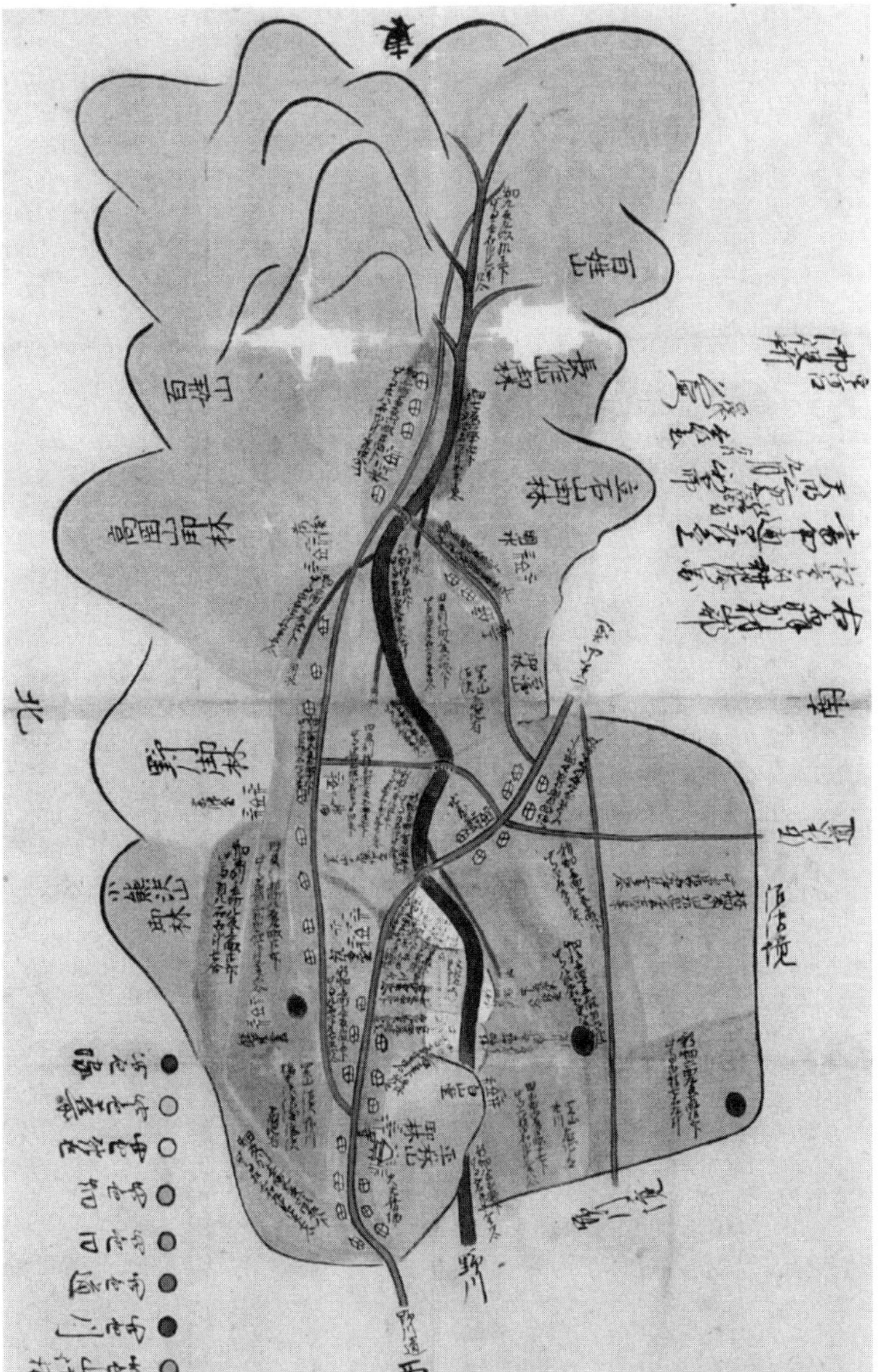

図 8-2　天明 3 年（1783）出羽国村山郡観音寺村絵図（明治大学博物館所蔵）

観音寺村は，山に囲まれた東西に細長い村で，村の中央に川が流れ，村人たちは川の両岸にわずかに開けた平地に屋敷や耕地を作って暮らしていました．

小八郎に行ってもらいました。すると、「代理人では埒《らち》があかない。本人が出てこい」と言われ、追い返されました。

仕方なく私（清八郎）が出向いたところ、徒党の首領とおぼしき、無宿・悪党のように見える者たち三人が進み出て、次のように言いました。「近頃、人々が大変困っているので、このたび村々の富裕者たちからそれぞれ施金《せきん》（困窮者に施す金）を差し出させて、万民の困窮を救うつもりだ。そこもとはこの近辺では有数の富裕者だから、金一万両を差し出すように」。

私はとんでもないことだと思って、次のように答えました。「どんなに手を尽くしても、そんな大金を用意することはできない。しかしながら、困窮した人々を救うということであれば、彼らに無料で米を支給しよう。そして次には、安い値段で米を売り出すことにしたい」。

ところが、首領は全く耳を貸さずにこう言いました。「では、金一〇〇〇両を今日午後二時までに差し出せ。口約束ではなく、その旨を記した証文を今すぐ書け。万一、約束をたがえたときはすぐさま押し寄せて打ちこわすぞ」。このように言って詰め寄ってきたので、仕方なく言いなりに一筆書いて渡しました。

そうしたところ、松前藩の御役人様方が鎮圧のためにお出でくださったので、騒動勢は隣の関山村に引き揚げました。ところが、御役人様がお引き取りになった後、また彼らから出金を催促してきました。もし出金を拒否すれば、すぐに打ちこわしにかかりそうな様子だったので、家族全員が家から避難しました。

すると、先に金を要求してきた悪党どもを先頭に、見知らぬ者どもがおよそ二五〇人ばかり押し寄せてきて、私の家と分家の久七の家に乱入し、ご覧のとおりの乱暴を働きました。彼らは午後五時頃立ち去りました。

これは無宿者や悪党どもが、この間物価が高騰して人々が困っているのにつけ込んで、徒党を組んで押しかけ、盗みなどの悪行を働いたものだと思います。紛失や損壊した品物を書き上げた書面を提出すべきところですが、すぐには調べが行き届きませんので、追って調べて提出いたします。

あまり説明は必要ないと思うのですが、一揆勢は観音寺村に押しかけてきて、村一番の富裕者である久右衛門を最初からターゲットに決め、「出てこい」と呼び出しをかけています。本人は病気だったので、この報告書を書いた清八郎が出ていったところ、頭取から「困窮者を救うための金が必要なので一万両出せ」と要求されました。江戸時代のお金が今の幾らに当たるかというのは、正式な換算率があるわけではないので難しいのですが、ざっと一両を一〇万円とすると一万両は一〇億円です。久右衛門がいくら村一番の金持ちだといっても、いきなり一〇億円出せと言われて、普通すぐには出せません。

同村の百姓参加　頭取側は、自分たちが無理な金額を吹っかけたということがわかっていたのでしょう。すぐに一〇分の一の一〇〇〇両に減額しました。ただ、一〇〇〇両でも一億円ですから、やはり久右衛門に手持ちはありません。そこで、出さずにいたところ、打ちこわしに遭ったのです。他の村でも打ちこわしは行われましたが、観音寺村の久右衛門家の打ちこわしで特徴的なのは、観音寺村の村人が参加していることです。

皆さんは、それのどこが特徴的なのかと思うかもしれませんが、百姓一揆の際に一揆勢が自分の村の富裕者を打ちこわすと、「あいつは俺の家を打ちこわした」と後々まで言われ、村の人間関係がうまくいかなくなります。ですから、普通はA村の百姓が動員された場合、彼はよそのB村に行って、B村の富裕者を打ちこわし、B村の百姓が動員されたら、今度は彼はよそのC村に行ってC村の富裕者を打ちこわします。そういうかたちで、少なくとも自分の村のよく顔を知っている富裕者は打ちこわさず、よその村の富裕者を打ちこわすのです。その方がまだ後腐れが少ないというわけです。ところが、観音寺村の場合、村人たちが自分の村の富裕者を打ちこわしています。これは異例なことだといえます。

酒田買替米をめぐる騒動　そうすると、次に疑問になってくるのは、村人たちが自分の村の富裕者を打ちこわすにはそれだけの深い対立や遺恨があったはずですから、いったいそれは何だったのかということです。そこで、一揆について直接書かれた史料以外の、村に残った史料も見ていく必要が出てきます。そして、それらを見ると、次に述べるような観音寺村特有の問題が起こっていたことが分かりました。それが、酒田買替米《かいかえまい》をめぐる対立です。

酒田買替米とは何でしょうか。観音寺村は、松前藩の領地でした。松前藩は本拠地が蝦夷地（現北海道）にあります。江戸時代の蝦夷地は、米がほとんど取れませんでした。今では北海道でもおいしい米が取れますが、米は元々、南方産の植物なので、本来寒い所では育ちません。品種改良を重ねて、江戸時代には東北地方でも作られるようになり、近代に入って北海道でも作られるようになりました。ですから、幕末に松前藩は本拠地の蝦夷地で米をほとんど得られていません。そこで、村山地方に領地を得たのをいい機会に、村山地方の村々から年貢米を集めて、それを松前に送ったのです。

ところが、観音寺村は村山盆地の外れの山に入った所ですから、そもそも田が少なく、しかも取れる米の質が悪くて、とても領主に差し出せるような米は取れませんでした。それでも、年貢米は納めなければなりません。そこでどうしたかというと、村人たちはまずお金で年貢を集めたのです。江戸時代には、今のように税金が国や地方自治体から各個人に賦課され、各個人が国や地方自治体に納めるのではなく、年貢は村全体で納めるべき総額が領主から一括して村に示されます。それを村の名主を中心に村役人が相談して、各村人の負担額を決めます。各村人は、決められた負担額を領主に直接納めるのではなく、村の名主に納めます。そして、名主は村全体の年貢を取りまとめて、一括して領主に上納する仕組みになっていたのです。

そこで、観音寺村の村人たちは、まず自分が払うべき年貢をお金で名主の久右衛門に渡しました。久右衛門が、それを集めて最上川の河口にある港町の酒田に持って行き、その金で米を買って松前藩に納めました。酒田でお金を米に買い替えて年貢を納めたから酒田買替米というのです。

米の相場と村の損失　兵蔵騒動が起こった慶応二年（一八六六）には、この酒田買替米を巡って村内が大騒ぎになっていました。というのは、前年の慶応元年も、それまでと同じように村人たちはまずお金で年貢を名主の久右衛門に納めました。村人たちは、これだけのお金を納めたのだから、藩に納める米を買うには十分だろうと思って、慶応元年分の年貢はすべて納め終わったつもりになっていたのです。

しかし、ここで問題になるのは、米の相場は日々変動するので、米価が高騰したりすると、当初集めたお金では松前藩に納めるのに必要な年貢米を買うのに不足するという事態が生じる危険性があるということです。実際、慶応二年にはそうした事態が起こりました。慶応元年に百姓たちがこれで十分だろうと思って納めた金を、久右衛門が酒田に持っていって米を買おうとしたのですが、そこで手間取っている間に米価が高騰し、百姓たちから集めた金だけでは、納める年貢米を買うのに一〇〇〇両も足りなくなってしまったのです。一〇〇〇両は約一億円ですから、村の各家に均等に割ったとしたら、一戸当たり五〇万〜六〇万円です。これだけの大金を後からいきなり追加で出せと言われても、とうてい出せません。そこで、これは久右衛門が何か不正をしているのではないかということになり、慶応二年には久右衛門の不正の有無が村の中で大問題になっていたのです。

そういう観音寺村固有の事情があったために、兵蔵騒動の際に、観音寺村の村人たちは久右衛門家に押しかけて、手にした斧や棒などを使って家屋や家財を打ちこわし、さらに彼の家にあった年貢関係等の帳簿や書類まで破棄したのです。そうした観音寺村の特徴的なあり方を解明するためには、直接兵蔵騒動とは関係のない史料も用いて、村の内部事情にまで深く立ち入る必要があるのです。

村の立て直しへの努力　このように、兵蔵騒動の前後に、観音寺村は大変なことになっていたわけですが、そうはいっても兵蔵騒動は三日だけで終わりました。村人たちも、いつまでもいがみ合っているわけにはいかないので、何とか関係修復の方向に向かいます。

まず、先の米購入の不足金については、久右衛門や一般の村人たちが各自相応に金を出し合って米を買うことで何とか収まりました。しかし、それはただ買替米の資金不足の問題が解決したというだけです。根本的な解決のためには村内のわだかまりを解き、村人たちの団結や協力関係を回復しなければなりません。そこで、明治元年（一八六八）三月に、村の百姓一同が一つの議定書を結びました。これは郡中議定とは違い、観音寺村一村だけの議定書です。それを現代語訳したものを、次に掲げましょう。なお、適宜、途中に私の解説をはさんであります。

議定書の事

当村は昔から家々があちこちに離れて建っているため、人心が一つにまとまっていなければ村が混乱するもとになります。そこで今般、村方一同が熟議の上、以下のような議定を取り結びました。

一、これまで出された上様からの御法度（法令）はもちろん、五人組帳の前書に書かれている事項はきっと守ります。

【解説】江戸時代には五人組といって、隣り合う五軒くらいがグループを作っていました。そして、

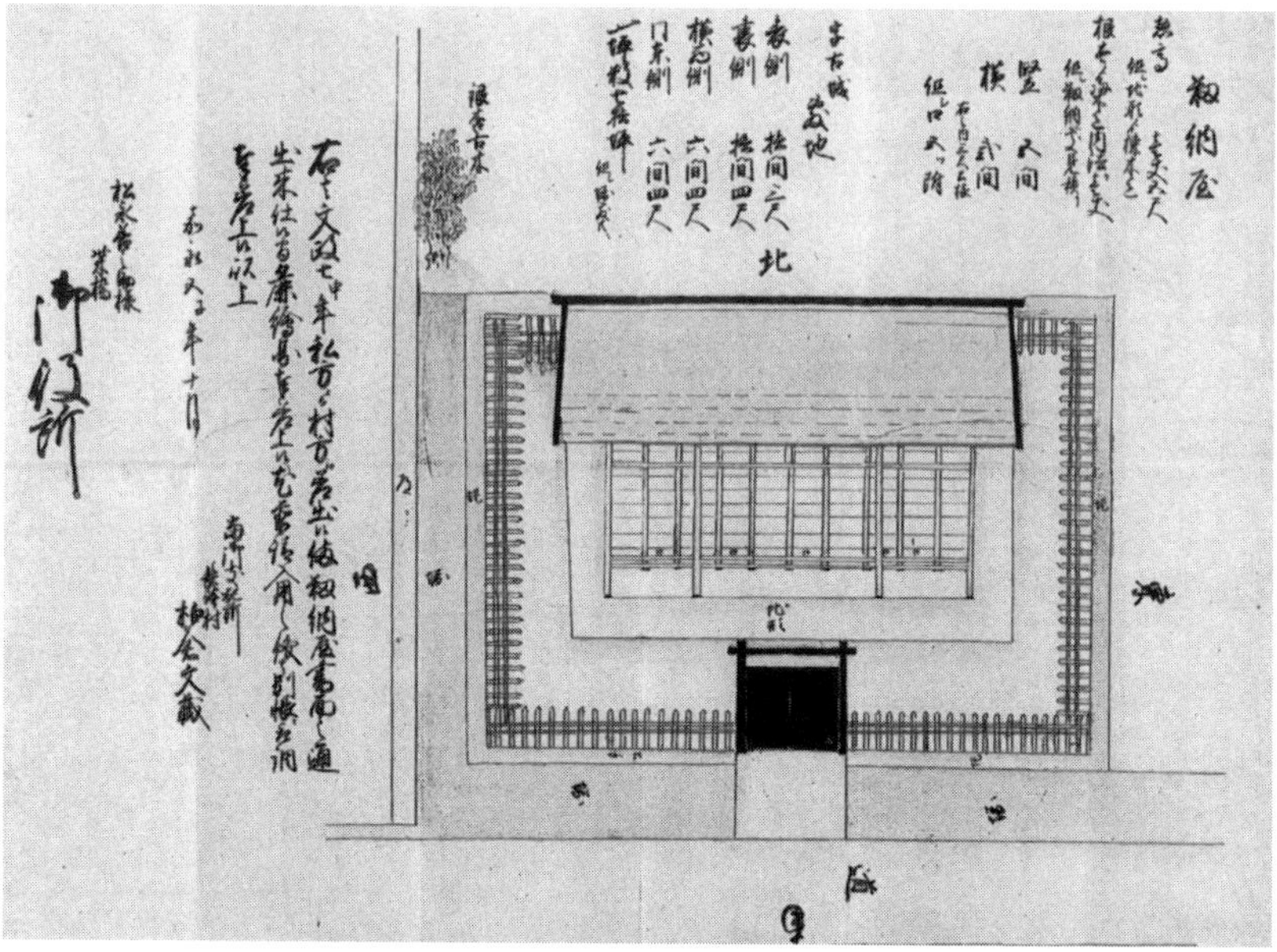

図 8-3　嘉永 5 年（1852）出羽国村山郡長崎村　備籾納屋麁絵図（明治大学博物館所蔵）
「籾納屋《もみなや》」（郷蔵）の詳細を示した図で，床面は竪 5 間（約 9 メートル），横 2 間（約 3.6 メートル）とあり，20 畳敷の広さであることがわかります．

そのうちの一軒がどうしても年貢を納められないときには、他の四軒が立て替えて納めるなど、いろいろな面で協力し合いました。その五人組の名簿が五人組帳です。五人組帳の冒頭には、百姓たちが領主から命じられた遵守すべき事項が列挙されていたのですが（それが五人組帳前書です）、それを守るということです。

一、年貢やもろもろの納めるべき諸負担は、名主から通達された期限どおりに間違いなく納入します。もし期限に遅れた者がいた場合、その者が属する五人組の他の構成員が引き受けて、責任を持って取り立てます。

【解説】前条に関して述べたのと同様に、ここでも五人組の連帯責任によって年貢などを期限どおりに納入することを定めています。

一、名主から人足《にんそく》（働き手）を出すよう通知があった場合は、定刻に遅れないように集まります。もっとも、一五歳以下の男や、女性を差し出してはなりません。

【解説】村人たちの負担は年貢だけではなく、領主から労働力を提供せよと言ってくることもありますし、村独自に用水路や村道を補修するために各戸から一人ずつ出て共同で作業をするようなこともあります。そういう際の人足は、通知があれば遅刻せずに集まるということです。また、労働力として一番期待できる成人男子が出ることとされています。

一、寄合《よりあい》などで郷蔵《ごうぐら》（村の倉庫兼集会所）に集まるときは、入口でかぶり物を取ってから入室することとします。座る席は、高持《たかもち》（土地所持者）と無高（土地を持たない村人）が入り交じらないように心掛けます。必要な相談が終わらないうちは、大声で雑談などしてはなりません。また、村内で何事によらず相談したいことがあるときは、郷蔵で話し合うこととし、みだりに小前《こまえ》（村役人ではない一般の百姓）の家へ集まってはなりません。五人組で申し合わせたいことがあるときは、その組の五人組頭（五人組のリーダー）から名主に届け出たうえで、やはり郷蔵で話し合い取り決めることにします。

【解説】「寄合」というのは、村の全戸主が集まって重要事項を相談する村民会議です。「郷蔵」というのは村にある倉庫ですが、村の集会所、今でいう公民館のような役割ももっていたので、寄合はそこで行いました（図8－3参照）。その際には、入り口でかぶり物を取って入室します。座る席も、土地を持っているかいないかで区別します。雑談などは禁止です。

また、村人たちが集まって相談したいことがあるときは、誰かの家に集まってこっそり相談するのではなく、郷蔵という村の公共施設に集まってオープンに相談することが取り決められています。これははっきり書いてありませんが、兵蔵騒動のように大規模な一揆も、村の中で何人かがこっそり一揆の相談をすることから始まるわけですから、一部の村人たちが他の村人や村役人に隠れて、誰かの家に集まってこっそり相談するようなことはやめようと定めているのです。ここには、一揆の再発防止策という意味合いもあるのです。

一、年貢やその他の諸負担について各家の負担額を決めるときには、村役人と五人組の代表たちが立ち会って決定します。

【解説】酒田買替米の問題が村内で大きな対立の火種になったことからわかるように、年貢やその他の負担を各村人がどれだけ負担するかを決めるのは村人たち自身でした。領主は、村に対してはその村の負担総額を示すだけだったので、領主から示された総額を村内で誰が幾らずつ負担するかを決めるのが、村にとっての最重要課題でした。ですから、それを決める際には、村役人だけで決めるのではなく、各五人組から一人ずつ代表が出て、彼らも加えて相談、決定することにしているのです。そうやって、一般村民も納得した上で年貢や諸負担を賦課・徴収することで、酒田買替米一件のような対立を防止しようというわけです。

右のとおり村人たちで熟議して取り決め、普段から親睦を深めることにします。古《いにしえ》の言葉にも、「和合は万福を生じ、不和合は貧窮の基となる」とあります。以後は何事によらず村内で不取締りがないよう、このとおり議定を締結しておくこととします。

村人たちはこうした議定書を結ぶことで、兵蔵騒動と酒田買替米の一件でぎくしゃくしてしまった村内の人間関係をいま一度まとめ直そうとしているのです。この条文の四条目には、土地所持者と土地を持たない者は別々に座るとあります。土地所持者が上座に座るということです。このように、この議定書には、同じ村人の中にも土地所有の有無によってランク付けをしようという考え方が含まれています。また、年貢や人足などは名主から通達があれば間違いなく出すことを定めるなど、村役人・有力者中心の村内秩序を固め直そうという側面もあります。

村の「和合」　ただ、寄合で座る席に格差がつけられたにしても、それは反面では、土地を全く持っていない村人であっても寄合に参加して発言できる資格を持っていることを示しています。あるいは、年貢などの負担を村の各戸に割り当てる際も、各戸の負担額を少数の村役人だけで決めてしまうのではなく、五人組の代表も加えるというかたちで、一般の村人の意見も反映させた上で負担額を決めることにしています。このように、この議定書には、土地を持たない村人、下層の村人にも配慮した村運営をしていこうという側面も見られます。村内格差を明確にするという側面と、村民の一致協力体制を築くという側面との二つが入り交じっているのです。

そして、最後に「和合は万福を生じ、不和合は貧窮の基となる」とあるところに、とにかく村としてまとまって、幕末維新期という困難な時代を乗り切っていこうという村人たちの決意が読み取れるように思います。二つの側面のうち、後者により比重が置かれているといえるでしょう。

おわりに

ここまで、村山地方の幕末について具体的な事例を挙げつつ、それを通じて百姓たちにとって幕末とは、明治維新とは何だったのかということを考えてきました。その点に関わって、最後に少し述べたいと思います。

幕末における村の変容　歴史研究者の中には、明治維新とは武士たちの政権争奪戦であって、村人たちには関係のないことであり、村人たちの暮らしは幕末も明治になってからも、場合によっては太平洋戦争後も、高度経済成長期くらいまで変わらずに続いていたという見方をする方もいます。しかし、村山地方では紅花生産が活発になることによって、治安維持や食料確保が大きな問題として浮上してきたように、幕末期の村々では大きな変動が起こっていました。したがって、私は、幕末維新期を通じて村は変わらなかったというような見方はしていません。

郡中議定と百姓一揆　では、村は変わったとして、どういう方向に変わったのかということですが、それに関して今日は二つの動向についての話をしました。一つは郡中議定に見られるように、村の有力者を中心に、村山地方全体の村々が足並みをそろえて、領主に過度に依存することなく、治安維持と食料確保という重要課題を解決していこうとする方向です。こちらを重視すると、既に幕末期から百姓が自前の地方自治や地域民主主義を育んでいて、それが近代以降、今日まで継承され発展しているという見方になると思います。

ただ、いっぽうで、郡中議定を結んでも、兵蔵騒動のような百姓一揆が防げなかったことも事実です。そこで、もう一つの動向とは、下層の困窮した百姓たちが、一揆という実力行動によって富裕者から米や金を出させて、食料難を一気に解消しようとする動きです。こちらに注目すると、百姓一揆が頻発するなど幕末に向けて村社会では混乱が深まり、従来の秩序が動揺し、幕府や大名の力では秩序維持が困難になってくるという側面がクローズアップされます。その結果、幕府が倒れて明治政府ができ、そこでやっと秩序が回復するという歴史像が描けることになります。

百姓たちの明治維新　とはいえ、兵蔵騒動は実質三日で終わりました。終わってしまえば、あとはまた元の村の日常が回復します。それを考えると、混乱の深まりや秩序の動揺の側面を過大評価して、幕末になると村や地域は無政府状態に近づいていたというような見方も極端だと思います。したがって、郡中議定による地方自治発展路線と、百姓一揆などに見られる民衆の不満の顕在化の両者を見据えつつ、百姓たちにとっての明治維新の意味を考える必要があります。郡中議定を結んでも百姓一揆は抑えられなかったけれども、百姓一揆も短時日で収束したため、一揆によって村が崩壊したわけではなく、一揆後にはまた村と百姓の暮らしが続いていったのです——そこに注目すべき変化が見られたとしても——。

この二つの動向を、どう統一的に捉えればいいのでしょうか。観音寺村で村人たちが村の共同性や絆を結び直すために議定書を結んだように、百姓たちは時には百姓一揆のような過激な手段に訴えつつも、基本的には村の農業と村全体の団結を重視していました。さらに、郡中議定という、村を超えた地域全体のまとまりにも依拠して、何とか日々の暮らしを維持・改善していこうとしたのです。いろいろな困難はありながらも、百姓自身の努力と村全体でのまとまり、そしてもう一回り大きな村山地方全体での協力関係構築によって、何とか社会矛盾を抑制・緩和し、自らの経営を維持・発展させていこうとしていたのが、明治維新期の村山地方の百姓たちの姿だと思います。

そうすると、そのようにして社会矛盾が増大する中で悩みつつもたくましく生きていた百姓と、彼らを取り巻く村や地域社会が明治に入ってさらにどう変わったのか、百姓たちは近代になって幸せになったのか、という次の大きな問題が出てきますが、今日はもうそこまでお話しする時間がありません。それについては、参考文献にあげた拙著『百姓たちの幕末維新』で少しだけ触れていますので、関心のある方はご覧いただければと思います。

【参考文献】

青木美智男『近世非領国地域の民衆運動と郡中議定』（ゆまに書房、二〇〇四年）
梅津保一「幕末期の羽州村山郡「郡中議定」と郡中惣代名主」（『山形近代史研究』三号、一九六九年）
渡辺尚志『百姓たちの幕末維新』（草思社文庫、二〇一七年）
渡辺尚志編『東北の村の近世』（東京堂出版、二〇一一年）

執筆者紹介

＊配列は 50 音順とした

荒武賢一朗	（あらたけ　けんいちろう）	1972 年生まれ	→別掲
金森　正也	（かなもり　まさや）	1953 年生まれ	元秋田県公文書館副館長
佐藤　憲一	（さとう　のりかず）	1949 年生まれ	元仙台市博物館長・大崎市文化財保護委員
髙橋　守克	（たかはし　もりかつ）	1950 年生まれ	宮城県考古学会「大地からの伝言」等活用研究部会長
高橋　美貴	（たかはし　よしたか）	1966 年生まれ	東京農工大学大学院農学研究院教授
野本　禎司	（のもと　ていじ）	1977 年生まれ	→別掲
藤方　博之	（ふじかた　ひろゆき）	1981 年生まれ	→別掲
渡辺　尚志	（わたなべ　たかし）	1957 年生まれ	一橋大学大学院社会学研究科教授

〔編者略歴〕

荒武賢一朗

一九七二年、京都市に生まれる
二〇〇四年、関西大学大学院文学研究科博士後期課程修了、博士（文学）
現在、東北大学東北アジア研究センター上廣歴史資料学研究部門准教授

〔主要編著書〕
『屎尿をめぐる近世社会—大坂地域の農村と都市—』（清文堂出版、二〇一五年）
『日本史学のフロンティア一・二』（共著、法政大学出版局、二〇一五年）

野本禎司

一九七七年、埼玉県に生まれる
二〇一三年、一橋大学大学院社会学研究科博士後期課程単位修得退学、博士（社会学）
現在、東北大学東北アジア研究センター上廣歴史資料学研究部門助教

〔主要論文〕
「近世後期旗本家家臣団の再生産構造」（『関東近世史研究』第七〇号、二〇一一年）
「天保期旗本家の知行所支配と『在役』」（『埼玉地方史』第七三号、二〇一八年）

藤方博之

一九八一年、埼玉県に生まれる
二〇一一年、千葉大学大学院社会文化科学研究科博士課程修了、博士（文学）
現在、東北大学東北アジア研究センター上廣歴史資料学研究部門助教

〔主要論文・編著書〕
「近世大名家内部における『家』々の結合とその共同性」（『歴史評論』第八〇三号、二〇一七年）
『史料集 佐倉藩幕末分限帳』（共編、明治大学文学部野尻研究室、二〇一九年）

みちのく歴史講座
古文書が語る東北の江戸時代

二〇二〇年（令和二）十一月一日 第一刷発行

編　者　荒武《あらたけ》賢一朗《けんいちろう》
　　　　野《の》本《もと》禎《てい》司《じ》
　　　　藤《ふじ》方《かた》博《ひろ》之《ゆき》

発行者　吉川道郎

発行所　株式会社 吉川弘文館
郵便番号一一三—〇〇三三
東京都文京区本郷七丁目二番八号
電話〇三—三八一三—九一五一〈代〉
振替口座〇〇一〇〇—五—二四四
http://www.yoshikawa-k.co.jp/

印刷＝株式会社 三秀舎
製本＝株式会社 ブックアート
装幀＝渡邉雄哉

ISBN978-4-642-08387-4

暮らしの中の古文書〈新装版〉

浅井潤子編　　A5判・一九二頁／一九〇〇円

出生・学問・奉公・成人・結婚…。江戸時代後期に生きた人々が暮らしの中で綴った古文書を読み解き、その実際の姿と社会状況を描く。収載した古文書は写真とともに翻刻し、平易に解説。初めて古文書を学ぶ人に最適。

はじめての古文書教室

林　英夫監修／天野清文・実松幸男著　A5判・二二六頁／二四〇〇円

軽妙な語り口で懇切平易に「くずし字」一字一字を解説した最強の古文書入門。興味深い古文書を取り上げ、初めての人でも理解しやすいよう、読み下し文に現代語訳を加える。「くずし字」を覚えるヒントや解読技法も満載。

ステップアップ古文書の読み解き方

天野清文・実松幸男・宮原一郎著　A5判・二二四頁／二四〇〇円

古文書を読むために必須となる言葉や用法三〇例を厳選し、くずし字解読の基礎をわかりやすく、かつ効率的にマスターできる待望の入門書。古文書読解の極意をステップを踏みながら習得できる画期的な編集。独学に最適。

武士と大名の古文書入門

新井敦史著　四六判・二〇〇頁／二四〇〇円

騒乱を伝える届書、将軍の病気見舞い、藩校の校則、家督相続の文書、献納金の受取書…。武士と大名の世界を今に伝える貴重な武家文書をテキストに、くずし字を一字づつ分解し平易に解説。解読力が身に付く待望の入門書。

古文書入門ハンドブック

飯倉晴武著　四六判・三一〇頁・口絵八頁／二五〇〇円

古文書の読解は歴史研究の第一歩であるが、初心者には難解なイメージ故に敬遠されている。その解読法を、読み方、用語・文体の用例を通して分りやすく解説。古文書の基礎知識を含め、独学で習得できる最新の入門書。

日本史を学ぶための 古文書・古記録訓読法

日本史史料研究会監修／苅米一志著　四六判・二〇四頁／一七〇〇円

古代・中世の史料は「変体漢文」という独特な文章で綴られるが、これを読解する入門書は存在しなかった。史料の品詞や語法を正確に解釈するためのはじめての手引書。豊富な文例に訓読と現代語訳を配置。演習問題も付す。

花押・印章図典

瀬野精一郎監修／吉川弘文館編集部編　B5横判・二七〇頁／三三〇〇円

日本史上の人物が使用した花押約二〇〇〇と印章約四〇〇を収録し、各人物の基本情報（武家・公家等の別、生没年、別名、主な官職名、法名）も掲載。用語解説や参考図書、没年順索引を収め、古文書を学ぶ上で座右必備の書。

伊達政宗の素顔　筆まめ戦国大名の生涯

（読みなおす日本史）

佐藤憲一著　四六判・二二四頁／二二〇〇円

戦国末期、自らの考え・意思で道を切り開き仙台藩六二万石を築いた伊達政宗。武将・文化人としての事跡を、「筆武将」とさえいわれる数多くの自筆書状をもとに詳述する。人情あふれる書状から政宗の素顔がよみがえる。

大学で学ぶ 東北の歴史

東北学院大学文学部歴史学科編　A5判・二六八頁／一九〇〇円

日本史の中に東北の歴史を位置付けるため最適なテーマを選び、遺跡・争乱・人物や自然災害など東北独自のトピックスを盛り込んだ通史テキスト。歴史愛好家や社会人など、歴史を学びなおしたい人にも最適な入門書。